我们与世界难得相遇一场
不如竭尽全力追寻此生所爱

不负爱热

live up to love

赵丹喵 著

法大、耶鲁、华尔街
历险记

中国民主法制出版社
全国百佳图书出版单位

前　言

如果你曾经在互联网上关注过我，打开这本书，可能会很不屑地想：一定是赵丹喵又在秀优越了！

如果你看了书名，翻了简介，可能此时也有一些疑惑：这大概就是一本炫耀作者精英人设的鸡汤作品吧？

说实话，2015年我刚打算写这本书时，的确是这种心态，在那时也很可能会完成一部这样的作品。

可在创作这本书的5年里，我经历了许许多多的人生变故——在耶鲁的时候每个月大哭的抑郁、找不到自己方向的焦虑迷茫、到纽约后在斜杠青年的人设中迷失自己……甚至与父母、恋人和身边朋友的关系都产生了翻天覆地的变化。

这些人生经历一直在推动着我不断反思自己，也让书稿几度难产，我屡屡想要放弃。

但经过这些年，我渐渐领悟并不断提醒自己铭记的一个道理是：我是一个普通人，而我的任务，是努力做好一个普通人。

“努力做好一个普通人”这句话,被我静悄悄地改到了社交网络账号的签名栏里,算是在红尘滚滚的互联网海洋,给自己的初心做一个小小的标记。

每个人的人生都是一场独属于自己的单机游戏。也许我们都在追求着相似的目的,也都要走向同样的死亡终点,但我们注定要经历不同的人生。不管这个社会给我们设立什么样的标准,我们都注定会发展出独属于自己的东西——我们的爱好、我们的信仰、我们的身体、我们的社会关系、我们的精神领地……

能够定义我们的,不是一套统一的标准,而是独属于每个人的人生经历。什么使你觉得生命有意义?什么支撑你每一天醒来?什么让你开始热爱生活中的每一个瞬间?每个人都会有不同的答案,也没有任何人天生就会知道答案。

在这个世界里,我们都是平等的。因为我们都要走上同一条探索自己内心的道路,让自己可以在尘世中历尽一切,再获得内心的平静安宁。

所以,在这条路上,没有谁比谁更有优势,也没有谁比谁走得更快更好。只要路没走完,只要生命还在,不断地向内探索和自我平衡就是每个人一生的功课。

我们都是普通人,我们也都要努力做好一个普通人。这才是我这本书想要表达的内容。

这可能是一次不同寻常的阅读体验,但我希望你会喜欢。

目　　录

PART ONE

我的故事

1994到2013：
从中国到美国

一、从小到大的我，与众不同却不快乐

2009年的秋天，注定是一个对我们全家都不平凡的季节。

那一年我考上了大学，秋天时要进入中国政法大学外国语学院学习。于是高考完的一整个夏天，我爸都红光满面地跟人吹牛说："我女儿要去中国政法大学了，既学英语又学法律，贼厉害！"

其实当时让我爸真正骄傲狂喜的原因是——2009年，出生于1994年4月的我，只有15岁。

于是，在我高考完的那个暑假，我家饭桌上，我爸酒过三巡后开始指点江山，第一句话就是——"我老赵别的本事没有，就是培养了个这么优秀的女儿，15岁就上大学了！"我妈则比较低调，通常在我爸醉醺醺开始自吹自擂的时候，不动声色地埋怨一句："女儿这么优秀，跟你有什么关系？明明就是我辅导她学习的功劳。"我爸则不服气，嘟囔着说，没有他的智慧基因，我哪有那么好的脑子。

然而，那个时候的我，并不觉得15岁上大学是什么值得骄傲的事情。

事实上，在15岁那年，我觉得“终于考上理想的大学”是从小到大发生在我身上唯一的一件好事了。我甚至有点痛恨自己只有15岁这个事实，“年龄小”这个标签只给我带来了无穷无尽的麻烦。

这就要从很久，很久以前说起了。

* * *

我爸妈是大学同学，1991年从大学计算机系毕业，被分配到了黑龙江一个城市的同一个单位，自然而然恋爱结婚，在1994年生下了我。我是他们唯一的孩子。

我其实一直记得自己4岁以前的很多片段，甚至很多回忆细节丰富、栩栩如生。只是这究竟是我自己真正“记得”，还是我爸妈总不厌其烦地给我讲我小时候的事情，就无法分辨了。

我妈总爱沾沾自喜地跟我说，我从小就是个聪明孩子，不到10个月就能走路，不到1岁就能说话，3岁就能背古诗、认识几百个汉字，甚至能做简单的加减乘除。如果说我妈喜欢做总结，我爸则喜欢讲故事，在他的版本里，我3岁的时候上幼儿园，坐着他的自行车回来，十几分钟的路程，他一路走一路教我背岳飞的《满江红》，从“怒发冲冠”到“朝天阙”，我虽然半个字的意思都不懂，却只重复几次就把这些字的发音和组合倒背如流，成了在亲戚朋友面前表演的绝佳材料。

1997年，香港回归，我却第一次体会到了什么叫“生离死别”，每天早上被我爸送到幼儿园的时候，那种痛彻心扉的恐惧和绝望一直活灵活现地留在我的脑海里。于是，我到现在还记得这样一个片段——我爸早上照常把我送到幼儿园，正转身准备走的时候，身后忽然爆发出一声大哭：

“爸爸，你一定要第一个乃（来）接我！”

我小时候一直有点“大舌头”，“l”发不出来，只会发“n”，满声哭腔着急的时候，更是连话都说不清楚。

我爸一开始还好言好语地安慰我几句，可是我紧紧抱着他的大腿，就知道哭，反反复复地重复着这一句话，老师怎么劝都不行，慢慢引来越来越多的家长围观。

我爸要面子，实在被我哭得受不了了，虎着脸开始骂我，使劲把腿抬起来，试图甩掉橡皮糖一样的我。我顺势躺在地上开始打滚，不依不饶地哭喊，我爸没辙，只能蹬上自行车落荒而逃，我赶紧爬起来试图去追，可自然追不上，被幼儿园老师拖了回来。这样的戏码，几乎每天都会上演。

就这样反反复复折腾了一年后，由于我死都不愿意去幼儿园，动不动就装病、逃学，在学校也时常调皮捣蛋拒绝睡午觉，我爸妈冥思苦想后，把我托付给了我妈的闺蜜——我小学班主任张老师手中。

我妈说：“这孩子从小就皮，你也甭搭理她，给她个桌子让她自己在那儿玩就行了，我估计她看周围都是大孩子，也就不好意思闹了，能消停会儿，只要别折腾我们就行了。”

于是，阴错阳差，1998 年 9 月，4 岁零 5 个月的我，背着小书包去上学了。

转眼到了小学一年级第一次期末考试，连桌子都有点够不着的我，居然也被发了一张试卷。几场考试下来，让所有人都大跌眼镜的是，我考了全班第三名。我妈到现在都保留着那张奖状，以为是捡到了宝，发现我竟然是个擅长读书的小天才。她立刻开始严阵以待，觉得不能再放任我自由自在，决定对我严加看管，监督我学习之余，还开始培养我的各种兴趣爱好，誓要把我所有的天赋都挖掘出来，培养成一个德智体美全面发展的优秀少女。

我儿童阶段的大部分记忆，就是我妈严格地教育我，每天考我功课，从三年级开始就给我找奥数题来做，教我背新概念英语，让我看全国高考作文，同时让我学钢琴、学书法、学声乐。我爸则专注于拓宽我的世界，从来不在乎我成绩如何，每次出差都给我带各种各样的毛绒玩具，买各种各样的书——从金庸小说到外国文学，从科幻到武侠，从青少年读物到儿童插画，反正他爱买，我也爱看。

我小学时候的成绩一直很好，七八岁的时候，当同龄的孩子刚开始上小学时，我已经快小学毕业了，而且跟同班十几岁的大孩子一起学习，考个班级前五名一般不成问题。

那几年是我记忆里非常快乐的时光，虽然年龄比同学小，但是有班主任“罩”着我，很受老师宠爱，还经常在学校的大型活动上当主持人、表演节目。

在这光鲜亮丽的另一面，我有些横行霸道，喜欢欺负同学，但班里的同学也都拿我当小妹妹看，逐渐养成了我飞扬跋扈、自私任性的性格，总认为自己是宇宙的中心，应当受到万众的瞩目和喜爱。

小学时，有一次一个新转学来的男生抢了我的铅笔盒，我就哭哭啼啼去找班主任告状，不依不饶地让老师惩罚他，最后那个男生不得已转回了原来的学校。我内心有些小窃喜，第一次有了享有特权的得意。但我未曾想到的是，命运的礼物从来都别有深意，人世间总有绕不开的因果联系。我当时带给别人的伤害，终将在不久的将来悉数回到自己身上。

*　　*　　*

2002 年，我爸妈作出了改变了他们的一生，也改变了我的一生的决定——去北京。

出生、长大在东北，大学毕业直接去国企捧“铁饭碗”的他们，在那个年代，为了他们和我更好的将来，决定拼一把，双双买断离职，去北京找工作。一开始他们自己都无依无靠，自然不会带上我，于是我小学四年级的时候，姥姥、姥爷从家乡过来照顾我，一直到小学毕业，我爸妈在北京找了工作，贷款买了第一套房才把我接过去。

2003 年小学毕业，9 岁的我被爸妈接到了北京。东北老家那边是小学五年、初中四年的九年义务教育，而北京则是小学六年、初中三年。我爸妈装模作样地思考了一下，便迅速排除了再让我上一年小学的选项，他们毫不犹豫地认定，我的智力绝对可以上初中，没必要再耽误一年。

然而，去哪里上初中，是个大问题。

我爸妈才刚到北京一年，户口和工作居住证自然是没有，离家近的公立学校几乎都进不去。后来爸妈思前想后，给我找了一所位于北京昌平的私立寄宿学校。只要交够一年 3 万的择校费，一切都好商量，不管你有没有户口。

如果时间可以重来，我真希望可以在那个时候拿出我小时候偶尔当“熊孩子”撒泼打滚的本事，求着爸妈不要送我去寄宿学校，我宁可在他们出差的时候辛苦一点，也不要被送到那噩梦一般的地方。

可惜，我当时只是一个心智比同龄人稍微成熟一点的小孩子，丝毫没有意识到自己要面临怎样的厄运。

*　　*　　*

初中三年，是我跟父母关系最紧张的时候。在寄宿学校这种几乎脱离了原生家庭的地方，我那骄纵不讨好的性格很快让我吃了不少苦头。

初中宿舍是封闭的军事化管理，要求我们每天早上叠被子、整理床铺，连牙具的摆放都要朝着一个方向。从小到大都没怎么学会整理家务的我，迅速成了拖累整个宿舍扣分的“替罪羊”。我依旧大大咧咧地没当回事，每天带零食回到宿舍床上吃，早上也是草草收拾一下就出门上课。

那时我已经9岁，在十几岁的初中同学眼里，我已经不是一个可以撒娇耍赖的小姑娘了。我的种种表现更像是一个自私自利、没有生活自理能力的“熊孩子”。当宿舍的女生开始结伴一起活动，却总是不叫上我时，我丝毫没有意识到是自己的行为方式出了问题，反而愤愤不平地觉得是她们在欺负我。

即使我学会了打扫卫生，这种情况也没有好转。我甚至还去找班主任反映过这个问题，可是到了初中，班主任的权威在学生们的眼中早就不如小学了，我反而因为是受老师喜爱的“好学生”而更遭同学们的白眼。

初中的小孩子心理成长极快，寄宿学校的家庭往往非富即贵，同学们很快就开始热爱攀比球鞋、随身听、新奇的零食等事物。那时我爸妈刚到北京，为了还房贷正咬紧牙关过日子，还要支付寄宿学校高昂的学费，自然没有闲钱来满足我的物质需求。于是我在同学眼里，又多了一条“土气”的标签。

10岁那年，我上初二，由于跟同学们的关系持续恶化，很快遭到了我短暂人生中最大的打击。

我在学校的生活开始越来越吃力，总是一个人去吃饭，课间休息时也是自己坐在桌子前看书，晚上回到宿舍时，其他女生都在欢声笑语中听歌、吃零食，我就默默缩在被子里，因为想家而哭泣。

初二上学期的时候，班里的一个女生忽然被孤立了。因为她外表成熟，很多男生都喜欢她，班里的有些女生开始聚在一起说她“脏”“有病”，逐渐开始煽动大家集体孤立她。我一半因为同情，一半是自私地想要拥有一个朋友，开始和这个女生越走越近。

这种孤立和敌视很快也转移到了我身上，而且越来越暴力。我宿舍里的被褥和行李会被人扔到走廊上，课堂里的桌子被翻得乱七八糟，在班级里同学见到我会像见到脏东西一样，迅速闪开，躲得远远的。

闹得最凶的时候，我们班主任组织了一次全班女生的谈话，问她们为什么要这么对待我们两个。女生们开始七嘴八舌地说着我们的不是，半真半假地来为自己的行为找借口，比如说我们不洗澡、有狐臭、喜欢偷吃零食、发型难看、说话有口音等，那天我哭得很惨，觉得整个人的自尊都被人踩在了脚底下。

没过多久，那个女生因承受不了而转学了。得知她要走的那个周末，我绝望地站在我们家的楼顶上，忽然非常想就这样跳下去。我的内心极度痛苦，丝毫不明白为什么这样的事情会发生在我身上。我也开始厌恶跟自己有关的一切，甚至开始痛恨我爸妈——是他们把我送到了这个地方，也是因为他们太穷，没办法让我受到同学的喜爱。

而我在他们眼里，也从一个小时候乖巧可爱的孩子，变成了进入寄宿学校沾染了攀比风气的叛逆少女。他们理解不了我为什么周末一回家就把自己关到房间里听音乐，总是闷闷不乐，也不理解我为什么总是在周末想要钱跟同学出去玩，更不理解我为什么需要 mp3 随身听、手机这些新鲜东西。

从上帝视角看，寄宿学校的生活让我跟爸妈都如同二维空间上的蚂蚁，各自在自己的世界里苦苦挣扎，痛苦和焦虑都只有自己的回音，无法交流，无法倾诉，好似被一堵天然的墙所阻挡。

最后的最后，我好像走出来了，又好像没走出来。

初二的时候，有一次，我被一个女生当着全班同学的面，用一瓶雪碧淋了脑袋，透明腥甜的液体冒着气泡，流过我的头发、眼睛和嘴。我哭着去厕所用冷水冲干净头发，哆哆嗦嗦地回到教室，在门口踌躇良久，却还是没躲过刚进门的哄堂大笑。

那一个周末回家后，我跟爸妈说，我要转学。

爸妈看着我，叹了口气，二话不说给我办了转学手续，转到了家附近一所非常普通的初中。同学们都来自普通的工薪家庭，更好相处，然而我却没有想象之中的那种解脱感——我觉得自己做了逃兵，夜夜辗转反侧，本能地觉得如果我就这么走了，那段经历会永远成为心里的一根刺，成为我一生的阴影。

在新学校上了两天课以后，我又跟爸妈说——我要回去，我要面对。

回到原来的学校后，我开始放低姿态，想尽一切办法让自己融入进去。因为成绩一直保持得很好，我会主动拿作业给别人抄。课间我会去给班里的“大姐大”揉肩捶腿，帮她们跑腿买零食。当别人讽刺我的家庭、外貌时，我只会装作不介意地笑笑，甚至会接话来自嘲两句。那时的我，放弃了一切骄傲与自尊，只想绞尽脑汁地获得别人的喜爱。

初三的时候，有许多人转学，学校重新分配了宿舍。因为我的谨小慎微、察言观色，终于让新宿舍的几个女生接纳了我，愿意带着我四处活动。我们四个关系很好，还给这个组合起了个名字叫“四叶草”。虽然我是地位最低的搞笑角色，常常被嘲讽打击，但我内心却特别快乐——我终于有朋友了！

2006 年，只有 12 岁的我，却感觉仿佛走过了一生。

*　　*　　*

那段经历给我的性格带来了不可磨灭的影响，而我要到十几年后才能想明白其中的意义。

三年的初中生活结束后，我的身上其实分化出了两种截然相反的性格。

一个是作为强者的我——热爱竞争、喜欢胜利，会为自己的成就感到十足的骄傲，甚至有些目中无人，喜爱炫耀自己。

另一个是作为弱者的我——总是在怀疑自己，不断将自己与别人比较，生怕被排除在主流价值之外。我非常在意别人对我的评价和眼光，有时甚至敏感自卑，很怕别人说出我的缺点，一点点的负面评价就会让我的心情跌到谷底。

这两种性格是如此不同，但又矛盾地并存在于我身上，将各自的优点和缺点表现得淋漓尽致。那之后的整个青春时代，我时而骄傲、自信、阳光，又时而自卑、怯懦，受到一点打击就一蹶不振。这种埋藏在性格深处的对立一直深深困扰着我，让我很难去理解自己——我到底是一个什么样的人？我为什么心情起伏如此之大，仿佛时而在天堂、时而在地狱？

*　　*　　*

2006年初中毕业，我考上了朝阳区的一所重点高中——北京市陈经纶中学。

在陈经纶中学的一年半是我学生时代最快乐的时光。高中的人际关系十分正常，我也没再告诉同学们我比他们的年龄都小。我有了自己的朋友，是那种真正平等、一起诉说心事的友谊，每天嘻嘻哈哈，日子过得十分轻松快乐。

初中因为在寄宿学校，加上我成绩一直不错，父母其实很少管我学习。上高中后，我的物理和化学总是学得十分吃力，幸好有语文和英语的显著优势，期末时成绩才能勉强混个中游。我妈开始着急了，她不断地跟我强调学习的重要性，告诉我高考是一个人一生中最重要的一道关卡，一定要认真对待。

可不管我妈怎么说，我都无法静下心来学习，提高自己物理和化学的成绩。我对世界有着强烈的好奇心，但仅限于我感兴趣的领域。我喜欢学英语，觉得在不同的符号和声音系统中转换，能带给大脑奇妙的刺激。语文也很有趣，加上我高一时的语文老师风趣幽默，彻底激发了我对文学和写作的兴趣。

于是，我整个高一的学习风格都是自由散漫式的。对自己有兴趣的科目才看上两眼；不感兴趣的就百般拖延，连作业都不想做。高二分班，我毫不犹豫地选了文科，分班之后成绩排名一跃成为全班第一，我还因此当上了乐于借别人作业抄的学习委员。

到了2007年的冬天，我美滋滋地觉得，人生真美好。

然而我真是高兴得太早。就在高二上学期刚结束，我回家准备跟爸妈收拾东西回东北老家过年的时候，爸妈严肃地告诉我：他们搞不定北京户口，我必须回黑龙江参加高考，因为黑龙江与北京高考难度不同，为了我的前途，他们决定让我高二下学期就自己回到爷爷奶奶所在的城市，转学去当地的高中读书。爸妈会留在北京挣钱，有空会去看我，但是没有能力给我第二条出路——他们没钱让我大学就直接出国，更不放心我15岁高中毕业就一个人去国外，但也没有本事让我留在北京高考。能不能回北京上大学、跟他们在一起，就看我自己的努力了。

听闻这消息，我简直欲哭无泪。叫天天不应，我只有认命，收拾细软，趁着老爸开车带我们回去过年的工夫，带上我的全部家当，灰溜溜地去了一个我9岁时就已经离开、没什么太多记忆的城市读书。

2008年过完年，我在东北一切重新开始，读高二下学期。

那一年我14岁，人生又经历了翻天覆地的变化：上课的进度不一样，新学校早就教完了高二一整年的课程，开始进入复习阶段；教室里是一张张陌生的脸，同学们的穿着打扮、口音习惯都与北京的朋友完全不一样；2008年的时候我很喜欢上网，看各种名人的博客、逛贴吧和论坛，回东北之后奶奶家没有电脑也没有网，我仿佛与世隔绝了一般，一下子丧失了获得外界信息的所有来源。

刚刚回东北的时候，我整个人都闷闷不乐，感觉自己遭受了巨大的人生打击。我坐在教室的最后一排，上课也提不起兴致，甚至很厌恶回家和父母说话。开学几天后，爸妈就又开车回了北京。我感觉自己被抛弃了，心里酸楚，脸上却十分冷漠，没有任何和他们沟通的意愿。

也许是有了初中的经验，我对于逆境的适应力强了很多。过了一个多月后，我逐渐接受了现实，开始琢磨着怎么在新环境生存下去。我自己读完了高中所有科目的课本，开始认真听课记笔记，还会主动给身边的同学讲题。高二下学期期末考时，我的成绩从刚转学时的中下游一跃成了全班前三。

我被老师换到了第一排，跟同桌成了好朋友。在完成学业之余，我虽然没办法上网，但渐渐开发了许多其他的生活乐趣。我爱上了看杂志，学校书店常进货的几种历史和文学杂志成了我的心头好，我每天都要去逛一逛。

我开始画漫画，记录每天课堂上发生的有趣的事情。在那之前，我从来没有学过画画，但有一天在课堂上老师一个口误让全班哄堂大笑后，我就忽然想用漫画来记录这种快乐。我的漫画最开始只是给同桌看，后来渐渐传遍了全班，大家像追连载一样追。为了让自己画得更好，我还从书店买了一个速写教程，每天都会花 20 分钟临摹一幅人物速写。

除了看杂志、画画，我还喜欢用手机摄影，当时用的诺基亚 N73 有简单的后期调色功能，足够我进行简单的创作。我会拍学校的花鸟鱼虫、下课后空荡荡的楼梯、转角处学生跑过的剪影。我把照片洗出来放在相册里，时常会有同学借我的相册看，还会央求我带他们出去拍照。我享受着每一次构图、寻找光线和阴影、用画面定格时光的机会，也都欣然应下同学们的请求。

那一年半的时间过得很快，我有规律的主线任务，要完成高考考回北京的重要目标。但带给我最多快乐的是这些不问结果、只看过程的支线任务。我开始渐渐意识到，人生的外在境遇是永恒变化的，但内心是可以保持相对不变的。一个人如果有能力为自己“种植”快乐，那在任何情况下都会是一个乐观开朗的人。但如果一个人只会抱怨世界待自己不公，透过阴暗压抑的滤镜去看世界，那也只能体会到世界给自己带来的无限痛苦。

2009 年高考的时候，我在那所普通高中考了第一名，602 分，第一志愿报了中国政法大学的英语专业，自然毫无悬念地被录取了。那是 2009 年，我 15 岁。

二、偶遇 JD 这条路，初识梦想的滋味

高考结束后，全家人心里的一块大石头落了地。我爸除了满面红光地在饭桌上吹吹牛之外，也从我妈手里接过了教育子女的接力棒——基础技能培养已经完成，我妈觉得我可以自主进行大学期间的学习了，而我爸开始觉得，他需要帮我决策人生下一步的大方向。

我刚上大学，我爸就频频提起：我大学毕业一定要出国，钱他给我出，专业我自己决定，但一定要是好学校。我刚从高考的“炼狱”中走出来，只拿他的话当耳边风，觉得莫名其妙。于是我大一、大二每次回家，我爸都要带我去一个环境优雅、适合喝酒聊天的地方吃饭，顺便开始对我展开“精神攻击”——孜孜不倦地给我传授他的人生大道理。

我爸从青年时代起就口才绝佳，他是销售出身，最擅长讲述、说服和谈判。他具有极其高明的谈话术，通常会以一个看似不经意的故事开头，一边观察我的反应，一边抽丝剥茧、层层递进，说得我心服口服，简直如施展一个杀人于无形的武林绝技一般，不声不响地就让他的思维在我心里扎下了根。

那两年，我爸通过各种方式，循循善诱地让我接受了他的理念：

- 人活着一定要有目标，有清晰的规划，要确定一个最主要的长期任务后，步步为营地去实现，绝对不能为眼前的短期利益或成绩而放弃。

- 社会上，人和人是站在不同平台上的，但这个平台具有一定流动性，像他就是通过自己的努力从黑龙江到北京，实现了一次平台的飞跃。
- 实现平台飞跃需要一定的外部条件，但最重要的内因是自己有想法、有规划。很多事情一定要敢想，要想了才会去做。
- 人的思维是有局限性的，受包括家庭、阶层、教育水平在内的外因影响，但是要学会站在更高的平台上去思考问题，不要局限于眼前的琐碎争斗、蝇营狗苟。

我爸这套典型的“社会达尔文主义”理念，其实就是想告诉我，进入大学后我要开始努力寻找自己人生的方向了，高考这关过了之后，人生还有无数的关卡要走。他教会我社会永远充满竞争，所以做人要向上看，要突破环境的限制，给自己定一个更高的目标，然后永不停歇地努力跃迁到下一个平台。

大学前一年半，我还是抱着高中时那种探索世界的热情去体验大学里的一切。我第一个学期了加了 12 个社团，有为学校活动画海报的、有坐办公室整理文件的、有去当志愿者支教的……我甚至还参演了一个舞台剧，作为主角之一辛苦排练了三个月。其中最耗费时间的还是辩论队，我们每个学期都有一场全校比赛，我作为外国语学院的辩论队成员，每个赛季都要和队友一起通宵达旦地准备比赛，非常认真地将打赢比赛视作人生中唯一重要的事情。

对于专业课和未来规划，我一直没放在心上。我时常翘课，8 点开始的第一节专业课永远起不来床，导致我们班长不得不发短信说，你这样影响真的不太好。我只有期末才会拼命复习一下，平时每天都有忙不完的新鲜事，不问将来，只在乎眼前的新奇体验。

也许是我爸千方百计敲响的警钟起了作用，到大二上学期快结束的时候，我的心态不知不觉发生了变化。

最开始，我只是听室友聊天提到，对面宿舍那个女生去年就考了全年级第一，拿了国家奖学金，今年期末更是整天泡在自习室里，听说是想打定主意保研了。平时一起在辩论队打比赛的好朋友，忽然就说假期要去报个托福班，可能考虑毕业后出国读书。

我忽然就有点慌——我的下一个目标是什么？我大学毕业要去哪里？我第一年的英语专业课成绩中等偏上，这学期刚刚开始辅修法学，还只上了一门《法理学导论》，似乎在英语和法律上都没什么显著优势。我爸一直在念叨我年龄这么小，19 岁大学毕业是肯定要继续念书的，最好能出国，可我出国又要去念什么呢？

有时我忍不住觉得，这世界可能冥冥之中有一个推送系统，会让迷茫的人在不经意间遇到他们最需要的东西。

那是大二上学期的末尾，2011 年的 1 月，距离期末考试还有几个星期，一个再普通不过的北京冬日里的夜晚。窗外偶尔有寒风拍打着玻璃，楼下有晚课归来的女生大笑不止，宿舍里的暖气正热得蒸腾，有三个室友在房间里，我们正如同平常一样，各自坐在电脑前看剧或复习。

我正在宿舍百无聊赖地浏览网页，忽然在学校 BBS 上看到了一个别人转发的“清华理工男”的经验帖。我漫不经心地点开，就这样接触到了改变我一生的信息。

这位“清华理工男”从清华大学毕业后，先是去耶鲁大学读了一个环境学相关的硕士，然后近水楼台先得月地申请到了耶鲁法学院，去读了一个叫作“Juris Doctor”的学位，简称 JD。这个学位只能本科毕业才能去读，是美国人进入法律行业的敲门砖，因此需要三年非常严苛的全日制学习。只要拿下JD学位，即使是像“清华理工男”这样的外国人，也可以在美国考取律师执照，申请工作签证，进入大律所工作，每年拿十几万美元的年薪，轻松过上精英阶层的生活。

我的眼前一亮：这不就是我爸一直跟我念叨的“平台飞跃”吗？从中国到美国；从黑龙江来的家境普通的小女孩，到华尔街上叱咤风云的大律师，这不就是我要努力追求的人生目标吗？

那位“清华理工男”的帖子寥寥几千字，但结构清晰，资料翔实，从JD项目介绍、法学院毕业的就业前景、准备LSAT（申请法学院需要通过的考试），再到他的申请过程，把整条路线清晰地勾画出来。那篇帖子在我脑海里起了奇异的共鸣，我开始呼吸急促，面色潮红，脑子里甚至出现了自己抱着厚厚的案例书，穿梭于古色古香的常春藤建筑里的图景。

我开始在网上到处搜集跟“JD”有关的信息，可是最初的兴奋过去，越看越觉得心沉到了谷底。

第一，中国大陆的学生想要申请到美国顶级法学院的JD就极其困难。耶鲁有着全美排名第一的法学院，出过许多美国有名的政要和学者，包括好几个美国总统。耶鲁很少招收中国学生，从来就没有招收过中国大陆直接申请的学生，那位“清华理工男”也是因为先在耶鲁读过书，有教授写推荐信，LSAT的分数又很高，才能进入这所全球顶级学府。

第二，美国最顶级的前14所法学院（即所谓的T14），除了耶鲁法学院以外均有过直接招收中国大陆学生的先例，但还要先突破最难的一道关卡：LSAT。LSAT考试据说难度极高，是全英文的逻辑测试，有些人苦学数年也达不到足够申请法学院的成绩。即使LSAT成绩不错，法学院申请还需要优秀的本科成绩，来自中国大陆的学生更需要积攒一些海外经历、国外教授的推荐信，才能从众多美国本土申请者中脱颖而出，毕竟这学位本来就是给美国人进入法律行业准备的。

第三，即使顺利被法学院录取，还要考虑经济问题。美国法学院的学费一年最少 5 万美元，基本上很少有奖学金，我知道家里这时刚还完房贷，能否有余钱都不清楚。就算解决了经济问题，美国法学院的学习难度极高，据说第一年的成绩尤其关键，学生们每天都要读书到凌晨，在课堂上压力大到会冲出去呕吐。法律本来就很难学，更何况我是作为一个外国人，用英语去和美国人一起学法律。

第四，就算我在美国法学院成绩尚可，还要通过重重面试才能找到工作。外国人因为需要工作签证，在就业时本来就不占优势，需要先力求进入最好的法学院，取得上游成绩，在面试里还需要用近乎母语流利程度的英文和人沟通，证明自己会是比那些本土美国人更优秀的律师。

最后，即使拿到了大律所的工作 offer，美国的工作签证居然还需要抽签，还有将近一半的概率会因为无法拿到签证，而无法留在美国工作。

不知不觉，我看得入迷，几个小时过去了，直到晚上 11 点宿舍熄灯断网，我才忽然反应过来。我摸黑草草洗漱后躺在床上，盯着天花板却毫无睡意。我脑子里一团乱麻，既有初识梦想的喜悦，又有面临巨大挑战的自我怀疑和压力。那晚我彻夜难眠，大脑闪过一个又一个的意识碎片。我既相信自己，有着强烈想要成功的欲望，又怀疑自己是否在痴人说梦，幻想着根本不可能实现的梦想。

三、LSAT 备考之路

2011 年冬天，我打算从 LSAT 开始，一步一步走向我的 JD 梦想。

我先是从学校论坛上买了原版真题集，打算先见识一下这传说中高难度的逻辑测试到底是不是真长了“三头六臂”。我满怀信心地打开第一套真题，从“逻辑分析”（logic reasoning）部分开始做起。这部分的题目会给出一小段陈述和一个跟逻辑有关的问题，然后要在五个选项中选择一个相应的答案。

那短短几十个字的题目，一个生词没有，但我愣是看得云里雾里，更是分不清五个选项之间到底有什么逻辑关系。我硬着头皮做了七八道题，翻到后面看了一眼正确答案，发现只蒙对了一个。

不死心的我又开始尝试阅读。阅读理解部分要读四篇 400—500 字的文章，每个文章后有 5—8 个选择题。我开始跟自己较劲，阅读题而已，大不了我慢慢做，把所有的生词都查出来，这总能读懂了吧？结果第一篇文章我就读了 20 分钟，要知道这一整块阅读理解部分只有 35 分钟的时间！读完文章，查了所有生词，我还是愁眉苦脸，这文章前后衔接极为困难，根本就无法理解。题目都并非文章的字面含义，而需要提纲挈领地寻找逻辑。

我叹了口气，对自己不抱丝毫希望了。翻开最后一个逻辑游戏（logic games）的部分，我感觉自己仿佛回到了初中学排列组合的时候。这部分共有四个“游戏”，每个会给出一个假设的情境和固定条件，让答题者针对每个问题做出相应的推理，找到最合理的结论。这“游戏”看似简单，但我画满了两大张纸，才勉强把第一套解出来，而且只对了一半。

不到一个小时，我对LSAT考试的初尝试就以全线溃败而告终。

第一次溃败彻底打击了我的信心，我有整整两周没有再想读JD这回事，也不再想研究这个考试了。寒假回来后，我开始转而研究托福。

其实申请法学院并不需要托福成绩，有很多美国法学院认为，学生的LSAT成绩已经足够代表英语水平了。但那时的我，一方面，被LSAT折了锐气，觉得托福这种不考逻辑的纯语言考试总归是容易一些。另一方面，我推测自己做LSAT真题遇到困难，应该是英语水平不够，因此考托福也算是“曲线救国”。最后，我一遇到挫折就有些心灰意冷，甚至觉得JD这条路根本不适合自己，想着出国读书也未必需要读法律，而托福是申请任何专业都需要的，先考下来也好。

很多电影和小说里总有这样的情节，主人公在明确了自己的梦想后，会毫不犹豫地直奔目标，一步步披荆斩棘走到终点。但在现实里，通往梦想的路总是七拐八绕，就好像老天在跟你做游戏一样。人生就像迷宫，我们四处摸索，但永远不确定哪条路才通往出口。

“坚持梦想”这件事情听起来美好而容易，可现实总会不断敲打你，让你不断拷问自己：我怎么知道这条路是最好的？我有能力去完成这些事情吗？这件事这么好，最后会轮到我吗？当你对以上问题全部给了否定的答案后，其实已经做了选择，但还会得寸进尺地进入找借口的模式。你不肯承认放弃梦想是因为你不相信自己，是因为你不愿面对困难，反而会想着也许另外一条路才是更合适的！

我暂停准备LSAT，先准备托福，真的更合适吗？最后事实证明，我整整浪费了一个学期的时间，在做仅仅能感动自己的无用功。

大二下学期开学后，我给自己报了4月底的托福考试，除此之外，在4月中旬还要参加英语专业四级的考试。我开始发狠要开启地狱学习状态，拿出大一准备期末考试的劲头，准备除了上课以外都泡在图书馆和自习室，没日没夜地学习。

那时我过了将近两年自由散漫的生活，早已忘了“专注”是一种什么感觉。我最多只能在座位上坐上十几分钟，然后一定要停下来刷刷人人网、看个美剧。我还很容易彻底放弃自己，有一次我在“休息”的时候打开了一个美剧，注意力被牢牢吸引，一口气看了五六个小时，结果那一天我在图书馆戴着耳机坐到闭馆，托福题一套也没有做。每当这时，我倒很会安慰自己：反正离考试还有几个月！浪费一天没关系的。

那个学期我们还有辩论队比赛，我也有三四个星期几乎完全没有学习，全身心准备辩论赛。我内心有时会闪过一丝焦虑，但更多还是大大咧咧地安慰自己，还有时间。

离考试还有一个月，我终于有些着急了。我开始每天认真花上三四个小时做托福和专四的题，但学英语需要实打实地小步伐训练，才能迎来能力的扎实进化。我“临时抱佛脚”并没有成功，最后托福只拿了一个远低于自己期待的 98 分，根本达不到大部分 T14 法学院的录取要求。

我心态依然很好，还是告诉自己不要太难过，大学还有两年呢，我还可以慢慢考。当时，我丝毫没有意识到，缺乏自律性与专注性会让我从根本上无法拥有实现目标的能力。我性格中骄傲自大的一面主导了一切，因为缺乏有效的参照物，我反而自我陶醉地想，这么早就开始考托福的人本来就不多，这个分数也不算太差了！

* * *

也许是命运看我即将走入歧途，适时拉了我一把。那个夏天，我偶然看到新东方有 LSAT 培训班，就兴冲冲地拉上了一个对此也有兴趣的辩论队好友一起去上课。这一去，我终于摸到了通往梦想那条路的起点。

2011 年 7 月，北京的夏天还是一如既往的酷热，我每天从东四环坐到西四环，穿越四分之一个北京城去海淀学习 LSAT。在辅导班上，我们还惊喜地见到了另外三个大学同班同学，包括那个刚上大学时语气严肃地发短信让我不要翘课的男班长。原来他们跟我不谋而合地了解到了美国法学院的 JD 项目，也将上 LSAT 辅导班当作了万里长征的第一步。

对当时缺乏自律性的我而言，最需要的就是这种互相对比激励的同伴。辅导班循序渐进的思路，也让我扎扎实实学到了 LSAT 考试的入门技巧。LSAT 虽然本质上是逻辑测试，只能通过自身不断地训练来提高，但是如何提高自己的逻辑水平，却有一套可以传递出去的方法论。

那个夏天，我们不断跟着老师拆解题目逻辑、学习逻辑思维的训练策略，我切实感觉到了自己越来越了解“逻辑”是什么，对于这项考试有了极大的热情。我们在中午吃饭时都会聚在一起讨论题目，我下课后更是会拉着辩论队好友，去附近的大学找个自习室继续做题。

其实，有的时候，当一个人发现自己在一项目标上卡住了，比起随便找个方向埋头往前冲，只为了获得一点“在努力”的心理安慰，更重要的是回过头来分析自己挫败的原因，寻找解决问题本质的策略，再给自己量身定做下一步计划。

我初次尝试 LSAT 便遭遇失败，其实与英语能力并没有太大关系。LSAT 只考阅读，而托福还有听力、口语和写作，如果只为了给 LSAT 做准备而花大量时间来训练托福，对那时的我完全是低效率的做法。如果我不死心于 98 分的托福成绩，在暑假继续与托福“死磕”，那就会错过了学 LSAT 的最佳时机，也就没有后面的故事了。

辅导班这条路未必适合每个人，可在那时却非常适合缺乏自律、遇到困难便容易放弃的我。我现在还记得在辅导班的课堂上学到了逻辑游戏的解题套路，有种茅塞顿开的感觉，下课回家我自己做题，准确率居然一下子到了 90%。我激动地一下子跳了起来——被 LSAT 这个“大魔王”欺负了这么久，终于扳回了一局。

我还特别喜欢跟班上的同学讨论题目。每次遇到有同学不明白老师上课讲的题目，我就喜欢兴致勃勃地分析一番，同时沾沾自喜地觉得，虽然大家都一起上课，但我终究还是聪明一点的，最终一定可以去读一个顶尖法学院的 JD。

我后来才渐渐明白，我身体里面那个“强者”的人格，总是不断在寻找自己比别人更优秀的地方，一旦确认了可以用来做参照物的目标，就会获得强大的驱动力。这也是为什么在大学里一向有些自由散漫的我，会在辩论队投入最大的热情。辩论赛是一个展现强者实力的过程，我享受着别人的关注、惊叹和赞美，为了获得这种外在的能量投射，我会心甘情愿地付出大量的努力。

这种人格是把双刃剑。在那个夏天，在我最需要激励自己去努力准备 LSAT 的时刻，辅导班的学习环境激发了我赢得竞争、成为强者的欲望，也给我提供了强大的初始动力。但当时的我没意识到，这种成为“强者”的欲望也终会慢慢将我送入深渊。

* * *

2011 年的 8 月，我原本报了法大的暑期牛津交换生项目。然而，天有不测风云，那年只有 17 岁的我申请英国的签证两次被拒，理由是未成年人没有家长随行。原本8月的计划被迫取消，我不知所措地一个人从家回到了学校，打算就用这个月好好备考LSAT。

8月的校园空无一人，平时熙熙攘攘的食堂只开了一个窗口，供应几百个留校复习司法考试的学生的一日三餐。夜晚的校园安静得能听见自己脚步的回声，我一个人住在宿舍觉得害怕，就跑去和正在准备司法考试的学姐一起住，每天搭她的自行车去自习室，她复习司考，我做LSAT题。

按照我原本的雄心壮志，这一个月我每天做一套题，最少要做30套，要运用辅导班上学到的技巧，不断磨炼自己快速解题、拆解逻辑的能力。结果，脱离了辅导班每天上课的环境，在一屋子准备司法考试的同学里，我没有了竞争的欲望，“强者”人格隐匿，而我愈懒拖延不自律的本性又浮出水面。

我迷上了看科幻小说——那个8月，我在自习室读完了刘慈欣的《三体》《球状闪电》和他所有的中篇小说。我沉迷于故事里描绘的那个宏大深远的宇宙、波澜壮阔的人类未来，完全把现实世界的LSAT抛在了脑后。最后我只完成了计划的一半，完整做完了15套左右的真题。不过好歹还是比7月有了些进步，我能勉强掐时间做完题了，平均成绩徘徊在150—160分之间的水平。

2011年9月，去牛津游学的朋友们回来了，学校也开学了，校园终于又人声鼎沸，热闹了起来。我报了2011年12月的LSAT考试，给自己下了三个月考到170分以上的死命令。

我开始组织那些暑假一起上课的同学在周末一起去模考LSAT。模考是准备LSAT最重要的环节，因为LSAT本质上是一个在高压环境下测试逻辑输出能力的考试，所以在平时练习时模拟这种时间压力极为关键。

必须严格按照每个部分35分钟的限制来做题，才能逼自己在紧张的胃部抽痛时，依然具有稳定清晰的逻辑思维。

LSAT一共有五个部分，全部按照规定时间做完的话，也要一动不动地坐上将近4个小时，自己一人模考时很容易放弃。我的“强者”人格重新上线，蠢蠢欲动想要和别人一起模考，在紧张的竞争氛围下展现自己的实力。从9月到12月，我大概有一半的周末时间是在和同学一起模考。我把60多套真题都做了一遍，水平也有稳定进步，总体模考成绩徘徊在160—170分左右，但距离我的目标还差得很远。

LSAT是一个需要大量重复性训练的能力测试，就如同弹琴、跳舞这些身体肌肉技能一样，功夫没下到是不可能看到结果的。按照我的情况，其实应该把60套真题都完整做完两遍后，才能达到一个稳定在170分的水平。但我模考只有零星几次能考到170分，就说明我在真正考试的时候，有极大的概率会无法达到这个水平，从根本上说实力未到。

为什么没有达到自己期待的水平呢？也很简单，无非还是缺乏自律。与同学模考的时机可遇不可求，毕竟大家一起有空的时间不好找。找不到人一起，我只能独自做题，效果又是大打折扣。我无法严厉地监督自己，有时超时了还会继续做题，更是没有那种紧张感，做完一个部分甚至会给自己找借口，直接休息一个小时或睡个午觉。这就导致我虽然表面上刷完了60套题，但真正对能力提升有效的部分，其实只有和同学一起模考的那20多次。其他自己复习的时候，我依然深陷在耗费时间、假装努力，逻辑能力却没有太大实质性变化的陷阱里。

当然，这些都是我很多年之后回过头来看，发现自己是如何欲盖弥彰地掩饰那些能力缺陷，才完整总结出来的。在2011年12月，我虽然实力不够，但信心很足，总是莫名觉得自己可能是上天的宠儿，考试一定会超常发挥的。

* * *

2011年的12月，北京的冬天一如既往的冷。我和当初一起上辅导班的同班同学一起订了一间北大校园旁边的酒店，提前一天从昌平长途跋涉到了海淀，在酒店住下准备第二天的考试。

也许是酒店太冷了，也许是我太紧张，第二天起来的时候我觉得手脚冰凉，胃隐隐作痛，头也晕晕的，整个人处于一种冬天早晨还没睡醒又不得不去上课的状态。我心里暗叫不好，使劲儿告诉自己不要紧张，结果适得其反——我遇到的第一个部分是逻辑分析，我忐忑地开始解题，然而却忽然遇到一个五个选项都不太对的题。

我咬咬牙，回头仔细把题目读了一遍，居然还是不明白，我瞬间就慌了，使劲咬牙让自己冷静下来。因为在这道题上多耽误了几分钟，还有两道题没答的时候，已经只剩最后一分钟了，我稀里糊涂地用最快速度勉强看完选了答案。

第二个部分是逻辑游戏，这是我一般模考时几乎不错或者只错一个的部分，我暗暗松了一口气。然后，当做到第三个游戏最后两道题的时候，我忽然发现，我在前面读题时画的逻辑关系图，由于粗心漏掉了一个条件，整个假设和推理就都错了！我手心疯狂出汗，只能回去重新读题，画图，把整个逻辑游戏的前面五道题重新再做一遍。这就导致到最后一个逻辑游戏时只剩下不到四分钟了，远少于平均5—6分钟的解题时间。我大脑疯狂地转，但最后还是有两道题来不及看，时间就结束了。

中午休息的时候，我闷闷不乐，觉得自己完蛋了。在最后提交答题卡的时候，我毫不犹豫地选择了 cancel（取消）成绩。

坐公交从北大回昌平的路上，我一路都在神游太空，看着车窗外飞驰而过的早冬萧索的景色，心里十分苦涩。

2011 年就这样过去了，我从年初就发誓让自己进入学习状态，经历了两个考试，结果都很不理想。我的确有认真学习、提高成绩的意愿，这一年我看完了整整五季的《波士顿法律》，对在美国做律师更是无比向往。以此为动力，我几乎每天一睁开眼睛，都告诉自己今天一定要高效模考，让自己离梦想更进一步。

理想与现实之间的差距是残忍的。可问题到底出在哪里呢？

沉重的打击使我清醒，我意识到自己最大的问题在于两点：第一是缺乏自律，第二是喜欢给自己找借口。我不愿意面对自己缺乏自律这一系统性缺陷，就在每一次偷懒拖延时告诉自己，这次只是个例，并不是什么大问题，我还可以明天再努力。

可到底要如何提高自律的能力？我冥思苦想，却很难找到答案。是要加强改变自己的“意愿”吗？可自律从来就不只是一个意志力的问题，我每次一觉醒来，再强大的“意愿”也好像被重启了，无法战胜新的一天那种拖延、懒惰的本能。不过我凭直觉意识到，有一种可以人为创造的外部环境会使我专注、激发斗志——那就是竞争。

*　　*　　*

2012 年 1 月寒假期间，我又去考了一次托福。因为过去一年准备 LSAT 和专业课的缘故，我的英语水平自然有了提高，这次集中复习了两周就考了 108 分。我长舒了一口气，这个成绩虽然不算特别优秀，但是申请美国法学院也足够了。

寒假结束，我回到学校开始大三下学期的生活。我已经报了2012年6月的LSAT，并且为了赶上2013年9月去美国读书的时间线，在这次考试中拿到理想的成绩至关重要。意识到自己缺乏自律的问题后，我决定找一个可以长期和我一起模考的战友。经过12月考试的磨炼后，去年一起模考的同学大多都已经放弃，唯一还准备6月继续考的只有那位男班长了，于是我们自然而然地结成了模考同盟，每隔一天都要找一个教室，相约一起做题。

班长是个自律性极强的人，似乎天生有着比我更强的自我管理能力。每次到了该模考的时候，他都会雷打不动地提前发短信提醒我，然后准时出现在教室里。在做题的时候，他也是严格按照考试标准计时，时间到了就坚决停笔，绝不欺骗自己。他为了模拟正式考试时遇到加试的情况，模考时也坚持一口气做六个部分，即使最后只有五个部分会计入成绩。

有班长这个全情投入的人在身边模考，我也不甘落后，每次都全神贯注地做题。我们每次模考完都会一起对答案、算成绩，我此时“强者”的心态被发挥到极致。如果我模考分数比他高，我就会掩饰不住自己的兴高采烈、得意自满，对自己的未来也充满希望。但如果他分数比我高，我则愤愤不平，发誓第二天一定要超过他。

我们俩的水平基本差不多，但班长偶尔有发挥超常的时候。有一次模考，他只错了三道题，考了178分——这可是接近满分的成绩！我痛苦极了，连续两三天都闷闷不乐，暗中咬牙切齿地想着我一定要好好努力，不能让他超过我。

时间就在我“冰火两重天”的心情中飞速过去，我在潜意识里已经把班长当成了我的战友和竞争对手。因为他的存在，我可以风雨无阻地激励自己去模考，在大三下学期的时候把所有真题又做了三遍。有一次我感冒很严重，周末本来想休息一下，但一想到休息就意味着班长有可能超过我，我就一骨碌从床上爬起来，吞了几粒感冒药就跑去教室模考。

到了临近考试的时候，我的模考成绩已经很少低于 165 分，平均在 168—172 分之间，班长除了偶尔几次发挥超常，成绩基本也在这个区间。最后一个星期的时候，我们都开始做以前从未碰过的真题，测试自己真正的实力。我的分数大部分都在 170 分以上，只有一次发挥失常掉到了 166 分。在 6 月正式考试之前的一天，我还特地坐车到北大附近，找了一个跟考场很相似的教室模考了一次。

最后一次 LSAT 模考，我考了 174 分。对答案的时候，我的心情激动又紧张，差点趴在桌子上大哭一场。一年多的准备，60 多套真题我一共做了四遍，每次模考一套题要五个小时。1200 多个小时的努力，从 16 岁到 18 岁，终于把自己从 2011 年那个连题目都看不懂的“废柴”，提高到了能模考到 174 分的水平。

我一直喜欢北京的夏天胜过冬天，夏日的傍晚总是充满了美好与活力。考试前的晚上我在北大校园里散步，看着路边石椅上坐着看书和闲聊的男生女生们，自行车的铃声好像总在身后响起，湖边绿意盎然，一派热闹的凡世人间。

在这种轻松的心情下，我次日醒来，只觉得精神饱满、头脑敏锐、脚步轻盈。直到正式考试结束，我都还沉浸在这种轻松愉悦的眩晕感里。这次考试我的自我感觉好极了——没有遇到上次那样让我卡壳的题，一切自然顺畅地进行，我在规定时间内轻松做完了所有的题，节奏完美。考完试我嘴角上扬，心里很明确地知道这就是我最后一次考 LSAT 了。

考完试我看到班长，赶紧跑过去问他感觉怎么样。经过了半年一起模考的经历，我们早就成了很好的朋友。他一脸愁苦，说上午做阅读的时候有点犯困，感觉一般。我咬了下嘴唇，不敢说我自己感觉很好，但也许满脸喜色藏不住，班长强笑着说，看来你考得不错啊，恭喜你。

我赶紧说没有没有，我也考得一般，不过你别怕，万一你这次考得不好，我可以继续陪你模考准备下一次考试。

*　　　*　　　*

我那时已经沾沾自喜，彻底以为自己是一个强者了。我已经开始幻想、计划着自己申请到了最好的法学院，说不定是哈佛、耶鲁，或许去哥伦比亚大学也不错。我热衷于拉着班长讨论未来的计划——接下来的申请要怎么准备、有哪些程序要走、去读书前要做哪些功课，胜利的欲望和喜悦给我带来了源源不断的动力。

大概过了将近一个月以后，我收到了 6 月 LSAT 考试出成绩的邮件通知，查到成绩后第一时间打电话告诉了班长。他电话里也像是情绪不高的样子，说自己不敢查成绩，我还做好了安慰他的准备。第二个电话打来的时候，他先问我考得怎么样，我说——我考了 168 分，不好不坏吧，勉强够一个申请 T14 的水平，虽然没有平时模考成绩好，但还算是满意的，你呢？

他顿了一下，欲言又止：我考了 175 分。

我“哇”的一声就哭了出来，上气不接下气地哭了一个下午，一个星期没跟他说过话。

四、人生的岔路口

LSAT 出分后我一蹶不振。那时大三下学期的期末考试刚刚结束，我本来打算拿一整个暑假来准备申请材料，9 月一开学就把申请全部投出去。168 分的成绩却冷冰冰地将我推下了深渊，让我意识到自己并不是一个强者。在与班长的这场竞赛中，我输了。

2012 年的暑假，我消沉了一段时间后，做出了一个让所有人都大跌眼镜的决定——我要用三个月的时间，全力准备司法考试！

国内的司法考试与美国法学院 JD 相比，不管是思维方式还是职业发展上，都是风马牛不相及的两个选项。从思维方式来讲，司法考试注重大量知识点的记忆，美国法学院 JD 和 LSAT 考试注重逻辑分析和批判性思维，而非对知识的准确复述。从职业发展来说，司法考试针对的路线是在国内执业做律师，而美国法学院 JD 是在美国执业的必要条件。

换句话说，两种考试的准备过程无法互补，它们的职业道路也没有交叉。因为两国法系不同，通过国内的司法考试，对申请美国法学院的影响微乎其微，对将来在美国执业更是几乎没有任何助力。而 LSAT 分数再高，即使是被哈佛、耶鲁录取，司法考试也不会对你网开一面，而无法通过司法考试的话，即使是哈佛法学院毕业，也不可能在国内执业。我既然早就已经坚定了要去美国发展，想去美国做律师，又花了一整年的时间在托福和 LSAT 上，又为何要转头考司法考试呢？

因为我退缩了。168 分的 LSAT 成绩让我的强者人格破灭，而我的弱者心态和懒惰本性便卷土重来。我开始怀疑自己根本不适合去美国读法学院，同时又很抗拒努力，班长建议我可以 9 月再考一次 LSAT，我却把头摇得像拨浪鼓一样，一想到要再模考就头大，连带着申请也不愿意准备了。

人生也是公平的，当我把自己幻想成强者，从而依靠这种虚幻的竞争和荣耀感（而非内生的兴趣与自律）来准备 LSAT 时，就要承受当强者梦碎后一切动力消失，人生归于原点的代价。

如果我当时没有深陷在这些性格问题中，应该可以客观地认识到，168 分并不代表我是弱者，但我同样也不是一个强者。我的真实水平大概就在 168 分到 173 分之间浮动，但考试前过于骄傲轻松的心态，一定程度上影响了我解题的状态，导致我因为马虎而犯了几个错误。这并非不可原谅、无法挽回的巨大失误，我完全可以理清自己的情绪，9 月以最好的状态再考一次 LSAT，同时在暑假先准备法学院的申请材料，并不会耽误申请的时间线。

可当时的我脑子一片混沌，感觉自己在一片迷雾中乱撞，根本摸不清楚人生的方向。我因为怀疑自己而想放弃 JD 这条路，先探索一下别的可能性。

那一年，我身边几乎所有的同学都在准备司考。中国政法大学所有的非法学专业都可以选修法学作为双学位，通过相同的培养方案，毕业时还可以选择将法学作为主学位毕业。因此，即使是我们这种英语专业的学生也有一种全民学法律的氛围。我当时已经读了一年双学位，几门法学专业课的成绩都不错，受这种氛围感染，忽然就对司考跃跃欲试，想在复习的过程中把这些年学到的知识点系统串起来，最后说不定发现自己在司考上其实也很有天赋呢。

我还美滋滋地想着，如果司考通过，我还可以多留在法大一年，把双学位读完，然后我可以开始在国内律所实习，有几年工作经验后再考

LSAT，说不定更容易申请学校。或者，我还可以拿下法律学位后去美国读一个 LLM 学位——一个一年制的硕士项目，不需要 LSAT，只要托福就可以了，我正好还有托福成绩。虽然 LLM 很难在美国找工作，那我回国发展也不错……哦！我还可以去读研究生呢，听说司考和考研很多东西是相似的，那我 9 月司考结束，正好可以接着考研，反正读研究生期间还可以继续工作实习，还是想读 JD 的话，可以过几年再尝试一次 LSAT。

人生这个迷宫，即使正确的路线只有一条，在你前进的路途中，也会有无数的岔路吸引你去一探究竟。在迷宫里摸索的时候，生活会给我们展示所有的变量和选择，我们无法知道每一种选择会带来怎样的结局。我们能做的只有选择，然后努力等待命运的来临。

在那个人生岔路口，我真的很想放弃读 JD 这条路，思前想后，在脑海里给自己编织了几十种人生。最后，我模模糊糊地觉得，还是去读 JD 吧，只有这种感觉“好像”是对的，会是我最终想要的生活，虽然我完全不知道怎么去实现它。

多年之后回过头看，也许那种模模糊糊的感觉才真的是“命运在召唤”吧。站在上帝视角的我知道，美国法学院所传授的一切，从批判性思维、逻辑能力到观察力与抽象总结的能力，全都恰好在我的天赋和技能点上。一旦我进入这个环境，就好像是鱼儿入了水、鸟儿飞上天，我所有的兴趣和能力会被全面释放，让我迅速成长为一个在自己擅长领域的强大存在。

可惜，这命运的召唤力度还不够大，我虽然心里觉得不应该放弃 JD 这条路，但却打定主意不要再考 LSAT 了。用一整个暑假准备法学院的申请绰绰有余，不如先准备司考，万一司考通过了，也算是多了一个在国内执业的人生选项。

*　　*　　*

那年夏天，期末考试一结束，我便买好了全套的司考复习材料，准备在暑假每天白天用七个小时来复习司考，晚上用两个小时来准备法学院的申请文书。

我并没有找什么司考小组，就准备自己独自在校外租的房子里复习。想要学习的念头虽然强烈，但我自律性不够的老毛病又犯了。没有人每天一起复习，我自然无法让强者人格主导，给我提供努力的动力。结果可想而知，整个暑假我还是将大量的时间花在了乱七八糟的事情上，每天花在复习司考上的有效时间最多只有三四个小时，而申请文书更是拖延着迟迟不肯动笔。

因为要同时做好两件事，我的专注力和自律性进一步下降，有时会拿为申请文书“检索资料”当借口，好几天都将司考资料扔到一边，兴致勃勃地在网上刷与法学院申请有关的论坛，文书却是一笔没动。

到那个暑假结束、北京终于不再那么闷热的时候，我才勉强将司考的录音配合着讲义全都听完，真题一点没做，讲义也没有背过第二遍。申请文书的话，勉强写了一篇 2000 字的“个人陈述”，但我心知肚明，这不过是我为了糊弄自己随便拼凑的，其质量和内容距离真的拿来申请还有很大的距离。

2012 年司法考试前两周，我才意识到大事不妙，每天开始跑自习室，真正开始花六七个小时在准备司考上。然而为时已晚，任何考试，不管是司考这种记忆类还是 LSAT 这种逻辑能力类，都需要真正投入聚集了大量专注力的有效时间才能“通关”。前期没有足够的专注准备，后面不管怎么补救都没有用了。

最后，我还是硬着头皮去考了两天，一大堆题不会，只能抓耳挠腮连蒙带猜。因为选择题知识缺口太多，有的时候甚至提前一个小时就蒙完了试卷，只能坐在那里。

考试结束后，我有一种深深的挫败和沮丧感，不用等成绩出来我都自知司考肯定无法通过。两年里，这已经是第三次我想做好一件事情、一腔热血地许下梦想，最后却以一地鸡毛而结束了。2012 年的整个 9 月，我都沉浸在这种消极的情绪里，过得浑浑噩噩，连申请文书都不愿准备。

人往往不愿意面对自己的缺点。在做一件事情失败时，很多人会首先陷入一种颓丧消极的情绪里，混杂着愧疚和对现实的不满。但这时候真正需要的是抛开情绪，理性地分析失败的原因，找出自己性格中的弱点和策略上的失误，并尽快从负面情绪中走出来，将理性总结的经验应用到下一个目标中。

那时我很明显没有这个段位——18 岁的我，不仅不够自律、专注力差，情绪管理也是一塌糊涂。我要么是作为强者极为骄傲自满，根本看不到自己身上的缺点，总是为自己的小失败找借口，对根本性问题视而不见。要么是作为弱者不断怀疑自己，因为小挫折而自暴自弃，不敢去面对真正的问题。

但幸好我没有彻底放弃，因为人生的下一个转机，很快就来到我面前。

五、转机与希望

2012 年 10 月，趁着国庆节放假，我回到家，几乎每天都宅在家里，躲在被子里吃零食、看剧，申请文书一笔未动。爸妈问我有什么打算，我赌气地说不想去读 JD 了，LSAT 成绩这么差，肯定申不到什么像样的学校。

我爸妈面面相觑，虽然他们对美国法学院了解不多，也知道 168 分的成绩申请 T14 并不是毫无希望，我无论如何应该在今年申请试一试。我从小就很容易因为一点小事的不顺利，而陷入一个彻底否定自己的情绪黑洞，排斥外界的一切，人生也进入一个停滞的状态。我爸妈了解我这一点，也开始使用他们从小对付我情绪问题的一贯策略——使劲儿将我拖出来，强迫我去面对现实。

我妈先是打开了我的电脑，让我找出我现有的申请材料给她看。逼不得已，我只好把暑假东拼西凑的 2000 字“个人陈述”给她看。我妈因为在 30 多岁时考了研究生，英语很好，看得特别认真，还给我添加了许多批注，写了很多修改意见。我忽然有些无地自容——我对待我的人生和所谓的梦想如同儿戏一般，说放弃就放弃了，但我妈并没有放弃，她也一直相信我的能力。

我虽然整个人状态还是很差，但打定主意要一点点来，先把长期目标细化为短期计划，这两个星期先把个人陈述打磨成一个可以用来申请的版本。我让自己先不去想未来，也不纠缠在过去的失败，甚至不去担心我要不要申请 JD，接下来一年要怎么办。我只要先做好眼前这一件事就可以了。

当把自己的视野放窄，目光集中到当下时，任务似乎开始变得简单而有趣了。我先是花了一整天读完几十篇美国各种专业申请个人陈述的范文精选，然后渐渐总结出一些规律。

我的第一版个人陈述，字数虽多，但最大的问题是没有明确的主线，只是单调材料的堆积。比如，我写了大学辩论赛的成绩、我的专业课分数、我去香港游学的经历。因为担心我这种中国国内本科的申请者经历太单薄，我拼命地想在个人陈述里把自己包装得“国际化”一点，让自己看起来更有竞争力。

但是那些优秀的个人陈述，从来就不是用几千字来堆积、夸耀自己的个人成就，而是用800字来讲一个让人印象深刻、关于自己的故事。从这故事中，招生官仿佛可以看到申请者栩栩如生地站在自己面前。这故事并不需要体现一些所谓的“国际化”，而是要能让人共情，看到一些跨越了种族、地域、语言，共同属于全人类的美好品质——比如，突破自我、帮助他人、坚持不懈，等等。所以写个人陈述的第一步，就是要先从自己身上找故事，由小及大，先有框架才有内容。比如，要先根据自己的人生经历确定一个非常抽象的主题，再选一个能表述清楚的故事来服务于这个主题。

第二步，这个故事要如何写出来，先写对话还是先写结论，何时讲述、何时煽情，就是要通过不断地“写”去推敲和调整出最佳方案了。但最重要的是，主题一定要明确，不能先写一个突破自我、挑战极限的故事，再一转身去讲自己服务社会的精神，那样学校招生官读下来便很容易一头雾水了。

我最后给自己个人陈述确定的主题是“挑战”。我仔细回忆了大学期间的经历，最终挑选了两个故事，描述了我通过挑战自我、突破瓶颈所带来的成就感。一次是我大二那年打赢了一场很艰难的辩论赛，另一次是我上了一门很难的课，但通过对学习方法的创新，最终取得了很好的成绩。在写完这些故事后，我自然而然地回到一个招生官最想了解的问题：为什么这些经历会引导我去美国读法学院？我很顺利成章地解释道，我热爱接受挑战、热爱突破自己带来的快感。从来没有去过英语国家的我，去美国读法学院本身就是自己的下一个挑战，是我全心期待并做好十足努力的下一个人生目标。

* * *

花了两周的时间，终于把个人陈述捋清楚了。在这个过程中，我第一次体验到了专注做好一件事本身所带来的快乐。我不必用一个虚无缥缈的梦想来激励自己，也不需要树立一个竞争对手来逼迫自己努力。那些外在的吸引，终究没有发自内心的驱动来得深刻。

我不是为了达到某个结果，而只是为了过程本身。在雕琢这篇 800 字的个人陈述时，我竟然找到了表达自我的快乐。也许正是因为我并没有指望用这篇陈述来扭转乾坤，深知申请结果还是取决于 LSAT 成绩，我对它能带来的效果也没报太大期望。相反，我只是希望借助于这个专注做好一件事的过程，将自己从沮丧的情绪深渊中拉出来。我无比享受这个过程，它也治好了我的阶段性自暴自弃。

2012 年 10 月中旬，我完成了个人陈述后，势如破竹地准备好了其他的申请材料，联系老师拿到了推荐信，填完了所有学校的申请表，然后在 LSAC（法学院录取委员会）网站上陆续将申请递交了上去。T14 里面我唯一没有申请的就是耶鲁，因为耶鲁还要求写一篇 250 字的文书。我心知以我的 LSAT 成绩完全没戏，便由着自己进入懒散状态放弃了。

刚把申请全都提交上去不久，9 月的司考成绩就下来了。我意料之中地距离通过线差了十几分。

在等待申请结果的那几个月，我的心态其实并不是很好，时而打电话跟爸妈哭诉。班长同学申请了哥伦比亚大学的提前录取（early admission），一旦录取便必须接受 offer，但是会更早出结果，学校也会优先考虑这些录取了便一定会来的学生。果然不出意料，班长很早就拿到了 offer，更让我压力倍增。

这种强大的心理压力，让我没办法去规划人生的其他可能。比如，我完全不想在 12 月再考一次 LSAT，也不想去准备考研，只想快点知道这条路的结果。在疲惫和焦虑下，我甚至还开始给未来的自己写信，在信里鼓励自己不要因为不确定的未来而放弃眼前的生活。

好像从大二开始，我整个人的心情都是随着外界环境的发展而不断变化的。当我有目标、有竞争时，我会发奋努力，但当我遇到挫折或对未来不确定时，便会沉浸在消极的情绪里，没有认真生活的动力。过去的三个月更是如此，司考失利后我沮丧了一个月，但通过准备个人陈述和申请材料，我找回了劲头。但把申请都交出去以后，我又开始消极懒散了。

我隐隐约约地意识到，这一切可能跟我童年时期的经历有关，小学和初中期间天堂与地狱的对比，在我的心里埋下了魔鬼和天使两种人格。在小学时，我所有的快乐来自别人对我的夸耀和关注，来自那种成为优秀者、胜利者的自豪感。到了初中，我的痛苦则来自他人对我的轻视，对自己一事无成、众叛亲离的恐惧。我将自己内心的感觉建立在外界环境的变化、他人对我的看法上，也因此不停地拿将自己与别人比较，情绪如同坐过山车一般大起大落。

这是第一次，我敏锐地意识到了自己情绪的变化，也下决心主动把自己拉出来。我开始创造那些有利于提高自己心情的外界环境，比如，主动报名参加模拟法庭比赛、和低一级的学弟学妹一起模考、指导新生辩论赛等。我让自己去为了一系列的短期目标而奋斗，然后从成就感中获得走出阴霾的动力。

到了12月，我终于又找回了一种轻松积极的状态。

* * *

2012年12月中旬的一个夜晚，我手机上忽然弹出一封邮件：Welcome to Georgetown Law！我一下子从昏昏欲睡的状态中清醒了过来，从床上一跃而起打开灯，颤抖着捧着手机。这是乔治城法学院的院长写给2013年入学新生的一封信，他先是恭喜我们收到offer，然后介绍了乔治城法学院，表达了来自全院教授的热烈欢迎。

我看得有些懵——这信是不是发错了，我没有收到offer啊。但收件人确确实实是我的名字没错。我赶紧打电话给我爸妈，让他们去楼下查一下信箱，说不定乔治城大学非常传统地给我寄了纸质offer。果然，一封来自华盛顿特区的录取信躺在我家邮箱里，已经有两周了，我们都以为学校会发邮件offer，谁都没有想着去看信箱。

一段鸡飞狗跳之后，一切尘埃落定。我就这样收到了这个申请季的第一个offer。

那之后的一个星期我都处于狂喜的眩晕状态。从第一次了解美国JD的那个彻夜难眠的夜晚到现在，已经过去了将近两年的时间。我痛苦过，纠结过，也努力过。几次差点放弃，也从来没相信过自己。可是命运的音符跳动，种种因素随着时间的五线谱汇集在一起，阴差阳错地让我一步一步走到了这一天。

*　　*　　*

那个寒假回到家，一向紧跟我生活变化的老爸早就查好了所有关于乔治城大学的资料，一本正经地跟我讨论起来。乔治城大学位于美国首都华盛顿特区，是顶尖的私立大学，有很多知名校友成了美国的政要和法官，比如，美国前总统比尔·克林顿和美国最高法院大法官安东宁·斯卡利亚。因为身处美国政治中心，其本科的政治、国际关系、外交等专业尤其出色，还有很多外交官的子女在此就读。据说乔治城法学院与主校区不在一起，而是正好位于国会山脚下，只相隔几个街区，说不定国会议员上班时都会路过那里。

在现代美国法律起草和产生的中心学习美国法律，这是多么奇妙的缘分啊!

时间就这样进入了2013年，我退掉了双学位的课程，只需要考完英语专业八级考试，再完成毕业论文，就可以结束大学四年的旅程了。两年的长跑目标结束，我的心情好得很，每一天都过得积极而充实。我花了一个寒假来复习专业八级考试，最后拿了最高等级的“优秀”成绩，毕业论文也按时完成。我开始收集材料准备赴美签证，一切都在井井有条进行着。

我还查了很多资料，来为自己去美国读书做准备，并开始练习打字，找了一些专门测试和训练打字速度的网站，训练自己手指快速移动的能力——这对将来在法学院记笔记至关重要；另外就是开始读美国法律课程的辅导书（hornbook），对于这些科目有一些提纲挈领的认识，比如，很经典的《Examples and Explanations》和《Emanuel Outline》系列。我还读了好几本指导美国法学院学习、考试和生活的书，比如，《Getting to

Maybe》《One L》《Law School Confidential》《Planet Law School》。这些书我基本都只看了开头，唯一一本坚持读完的是《Getting to Maybe》，原因也很简单——英文环境里针对美国人如何适应法学院的书，实在是很难对我们中国学生起到有意义的指导作用。比如，有些指南书会把法学院的课堂跟美国大学教授的风格进行对比分析，对我没有丝毫帮助。我更需要的是对美国法学院甚至整个美国课堂环境从零开始系统全面的介绍，如果能有来自与我有相似起点的中国留学生的第一手经历更是无比珍贵。可惜，那个时候在这条路前面的人还太少，我好似在黑暗的隧道中打着一盏火光微弱的灯笼摸索着前行。

很多年之后回头看，我那几个月做的事情，对于未来真正在法学院的学习并没有太大帮助。但它让我保持了一种积极向上、乐于学习探索、对未来充满期待的精神状态。事后证明，这种状态比任何装进脑子里的知识都更加有用，也是促成了我去美国后飞速成长的重要前提。

* * *

2013 年初，我又陆续收到几所其他学校的 offer，其中最好的便是排第 15 名的得州大学奥斯汀分校了，而且还给了我每年数额不菲的奖学金，可以涵盖三分之二的学费。因为这个 offer，我还跟爸爸大吵了一架。我对这个学校的印象其实不错。虽然排名比乔治城差一名，不算通常概念的 T14，但那笔奖学金能让我爸妈的财政压力小很多。

当我纠结是否要去得州奥斯汀时，我爸反而态度坚决地说绝对不行。他摆出一副家里我做主的大男人样子，挥挥手说钱的问题不用我来操心。我气他都没有认真了解过这个学校就乱下结论，我爸只觉得我目光短浅，为了一点眼前的利益而放弃更长远的规划。在他眼里，位于首都的乔治城大学和位于得克萨斯州的州立大学是两种完全不同的存在，他固执己见地认为只有乔治城才算是“更高的平台”，为了能让女儿去那里，他付出一切代价都在所不惜。

拗不过我爸，我便回绝了得州奥斯汀的 offer，决定去乔治城了。

2013 年 7 月，我正式从中国政法大学毕业了。毕业那一周几乎每天都在各种聚会和活动中度过，如同过去每一年的 7 月一样，整个校园里充满了离别的气氛。夜晚有许多人在图书馆楼梯上唱歌，啤酒瓶子堆了一地，校门口的餐馆和大排档总是十分火爆，笑声和哭声与各种复杂的情绪混杂在一起，构成了我对那个夏天最后的回忆。

真正到了说再见的时候，我的心情却非常平静。早知道自己终将离开这个地方，我的心早在过去半年就飞去了大洋彼岸，忐忑不安地等待着一场来自未知世界的全新挑战。

2013 年 8 月，我收拾好行李，最后跟爸妈朝夕相处了一个月，在一个夏日的清晨离开了北京，坐上了去往华盛顿特区的航班。

2013 到 2014：
从乔治城到耶鲁

一、美国法学院的第一课

到美国的第二天，我便迫不及待地去看乔治城法学院的校园。校园果然位于国会山附近，近到我参观完校园后还顺便去国会山转了一圈。法学院的校区一共只有三栋建筑，一栋是宿舍楼、国际图书馆和健身房，一栋是教室和办公室，一栋是主图书馆。乔治城法学院的风格十分现代，与我想象中古色古香的美国校园并不一样，完美融入周边的建筑之中。

因为还在暑假的缘故，学校非常安静。我走了一圈，拍了几张照片后，就兴致勃勃去了华盛顿特区的下一个景点。

临近开学，Facebook 上的新生群都开始活跃了起来，学生们开始自发组织活动，在正式开学之前先彼此熟悉。我报名参加了一个女生组织的一起去逛动物园的活动，早上先去她家集合，不久就来了七八个陌生人，大家大声地自我介绍、握手聊天，迅速就变得十分热络。去逛动物园之前，大家还去了趟超市，买了啤酒、红酒、烈酒、雪碧和一箱矿泉水，然后把水倒掉，把各种酒精混合着饮料装进矿泉水瓶放进了书包里，准备边逛动物园边喝酒。

那个下午的天气炎热干燥，美国同学们却丝毫不受影响，一边喝酒一边情绪高昂地聊天，说上几句便哈哈大笑，身上全是汗，却依然大步流星往前走。美国人好像只要有酒精助兴，通过漫无边际的聊天，便能体会到巨大的兴奋，远远超过了炎热气候所带来的不适。

我愁眉苦脸，完全无法体会到这种社交活动的乐趣。用英文交流本来就要消耗额外的精力，何况还是在这样的天气。好不容易逛完动物园，我赶紧说我身体不舒服，有点头晕，飞一般地跑回了住的地方，打开空调把自己蒙在被子里舒舒服服地睡了一觉。

又过了几天，我搬到了学校宿舍，和另外两个中国女生一起住在一个三室一厅里。学校组织了大巴，连续好几天带学生去附近的沃尔玛、宜家等地方采购生活用品，我连跑了几趟，终于把我的小房间布置得有模有样，算是在新环境里正式安顿下来了。

万事俱备，就等开学了。

我第一学期一共要修五门课：法哲学、财产法、民事诉讼法、合同和侵权法以及法律写作。这五门课并不是美国法学院的传统科目，原因是我选择了乔治城法学院的 B 类培养方案（Curriculum B），是学校在 1991 年另辟蹊径开设的一套教学体系，全美上下只有乔治城在使用这套方案。乔治城第一年有六个“班”（Section），只有第三班的人会使用这套培养方案，可以说是美国版的法学实验班，也就是我们这个 Section 3。

传统的法学院教学体系里（也就是乔治城的 Curriculum A，A 类培养方案），第一年要学习的法学科目基本包括宪法、合同法、侵权法、民事诉讼法、刑事诉讼法、刑法、财产法以及法律写作。相比而言，B 类培养方案的特色在于：

- 高度整合基础学科，包括把侵权法和合同法放在同一门课里面学习。
- 加强法学理论的学习，包括单独开设一门法哲学课，并且在其他科目中会涉及大量理论内容，比如，财产法会专门学习法经济学的内容。
- 大量的写作任务，比如，增加课后写 essay 的作业，并计入成绩。

除此之外，B 类培养方案的课程名称也不一样，比如，民事诉讼法不叫 Civil Procedure，而叫“法律程序与社会”（Legal Process and Society），具体对比如下。

Curriculum A	*Curriculum B*
Torts（侵权法）	Bargain，Exchange and Liability
Contracts（合同法）	
Civil Procedure（民事诉讼法）	Legal Process and Society
Property（财产法）	Property in Time
Constitution Law（宪法）	Democracy and Coercion
Criminal Procedure（刑事诉讼法）	
None（无对应）	Government Process
None（无对应）	Legal Justice
Criminal Law（刑法）	None
Legal Writing（法律写作）	Legal Practice：Writing and Analysis

第一个星期的阅读任务并不多，五门课加起来大概有300页左右，可能是考虑到新生需要时间逐渐接受的缘故。我兢兢业业完成了全部的阅读任务，还在力所能及的范围内整理出了笔记，但并不确定自己读懂了。在刚开始读法学院的时候，我还不太明白到底要从这些阅读任务中读到些什么。

2013年9月3日，是我在法学院第一年开始上课的第一天。第一门课便是侵权与合同法，当然在B类培养方案中它叫Bargain，Exchange and Liability，直译是“讨价还价、交换商品和责任构成”。开始上课前，几乎每个学生面前都放着一个苹果笔记本电脑。因为这门课前几节的阅读材料是电子版，桌子上并没有案例书。我提前到了教室，因为担心自己听力不好而坐在了第一排，打开电脑上阅读材料和自己阅读笔记的窗口，正襟危坐地等着上课。

与我战战兢兢的状态相对比，班里的美国同学可是自在悠闲多了。距离上课还有两分钟，教室里还是一片嗡嗡声，几乎每个人都在跟身边的陌生同学聊天，跟我想象中大家都一脸紧张地盯着电脑回顾阅读任务的内容相差甚远。相比起中国人习惯在集体中隐藏自己，低调行事随大流，美国人在人越多的环境下越放松，会尽情地与他人聊天并展示自己，全心全意沉浸在释放个人魅力并与其他个体发生联结的过程中。

这时，教室门开了，一个看着有些瘦弱，头发和胡子有些灰白的大叔走了进来。教授看着只有50多岁，休闲衬衫配牛仔裤，一脸轻松但目光犀利，并不是我想象中西装革履板着脸的样子。教授的右臂残疾，所以他用右臂夹着一个笔记本，一言不发开始用左手在黑板上写字，这时教室渐渐安静了下来。这位教授姓Peller，也就是皮勒教授，毕业于哈佛法学院，维基百科显示他是“批判法学理论”的领军人物。

大家纷纷开始打字，我也赶紧集中注意力看看皮勒教授在黑板上写了些什么：

Sources of Law	*Hierarchy of Authority*
Constitution	Federal law
Legislation	State law
Common Law	

写完这些，皮勒教授放下粉笔，一句废话没有，甚至连自己的名字都没有介绍，就开始给大家讲 Section 3 成立的目的和课程设置的特色。他说道，这套培养方案设置的目的就是将一年级的传统科目进一步抽象化，从更为理论的角度发掘它们之间的内部联系，比如，侵权法和合同法中有许多相互呼应的法律概念，后面都对应着同一种思想和理论。

对于他写下的这两列板书，他进一步解释道，这是美国法律的基本框架，是我们应该完全内化的基础概念。在美国，“法律”的来源有三种：（1）宪法；（2）根据宪法由国会或州议会制定的“成文法”，以及法官在宪法权力范围内对成文法的解释；（3）在成文法没有涵盖的领域直接判决案例从而形成的“普通法”。而法律的位阶又有两层，就是联邦法律和州法律。两者并非是完全从属关系，而是根据宪法有各自的领域和分工。

接下来，皮勒教授又帮我们奠定了一个在法学院学习中贯穿始终的概念——三层法律理论，这个概念让我受用无穷，为我之后的许多年在理解其他问题时提供了一种有效的思维模型。皮勒教授解释，我们理解任何法律，都要知道它有三个层面：Level 1、Level 2 和 Level 3。

Level 1	Level of the Rule	法律的规则本身
Level 2	Level of Justification	法律规则背后最直观的逻辑、理由和政策
Level 3	Level of Philosophy	逻辑、理由和政策背后，一个社会在一段时期主流的思考模式和价值取向，根植于哲学和历史

接着，我们通过一个普通法案例，把这“三层法律”的概念过了一遍。

这个案例是 *Hurley v. Eddingfield*，1901 年的一个案例，原文非常简短，案情也很简单。被告是原告的家庭医生，原告身患急病，请求被告上门就诊。原告明确告知当时没有其他的医生有空，被告是他唯一的希望。被告当时并没有其他的患者，也没有别的紧急事务，但拒绝为原告就诊。因为医生未能到场，原告死亡。原告的家人将医生告上法庭，声称如果被告能及时到场，原告便不会病情恶化而死亡。原告的家人要求医生赔偿一万美金。

这个案子有两种判决：被告应该承担赔偿，和被告不应该承担赔偿。

在 Level 1 层面，这两种解决办法后面代表着两种不同的法律规则。

- 被告不应承担赔偿：医生在治病救人时，属于与患者进入了劳务合同，患者支付诊金，医生提供专业的医疗服务。基于合同自由原则，任何人都可以选择不进入合同。因此，医生没有义务为原告就诊，不应该承担赔偿。

- 被告应该承担赔偿：合同自由原则存在例外，需要考虑现实因素和不进入合同所造成的结果。在这个具体案例中，医生拒绝就诊直接导致了病人的死亡，因果关系牢固，所以被告应该承担赔偿。

在 Level 2 层面，这两种规则背后有两套完全不同的逻辑、理由和政策。

● 被告不应承担赔偿：侵权与合同法中都强调一个基本原则，就是不作为则无责任。如果一系列事情在你身边发生，你岿然不动，则不管事情发展到什么程度，你都无须承担责任。但如果你主动参与到了事件里，不管你的行为有多微小，也可能引起一连串的蝴蝶效应，那你就进入了有可能承担责任的范畴。比如，你看见一个人落水而没有去救，那个人溺水而亡，你不用承担责任。但如果那个人在落水之前，你正好在岸边洒了一摊水，弄得地上很滑，那你就算“作为”了，有可能要为这个人的死亡承担责任。这背后的逻辑是，当一个人“作为”了，对社会和他人会产生不可控制的影响，因此从自由的私人领域进入了公共领域，需要为自己的行为负责。但是当一个人没有“作为”，法律假定他依然处于私人范畴，不应该利用公权力来施加惩罚。在 Hurley 案中，医生属于不作为，所以依然保持在合同自由的私人领域里，法律不能强迫其踏出私人领域进行“作为”，承担公共责任。

● 被告应该承担赔偿：否定区分“作为”与“不作为”这种僵硬的司法规则，认为更重要的政策性考量是被告的行为，与事情结果之间的因果关系，以及对被侵害人的现实影响。如果法律认为医生的不作为可以让其逃脱责任，而不管其不作为是否会造成另外一个人的死亡，那法律就是在鼓励这样一种冷漠和袖手旁观的道德观，不利于建立起热心互助的公民社会。在Hurley案中，因为当时的种种因素，医生是唯一一个可能挽救原告生命的人，他的不作为实质上造成了原告死亡的事实。基于这种因果关系，法律应该惩罚医生的不作为。

更深一层的Level 3，则是要探究不同的逻辑、理由和政策背后的司法哲学，甚至是社会主流的价值观。

- 被告不应承担赔偿：代表着美国19世纪末20世纪初的法律古典主义（Classical Legal Thought）。法律古典主义在经济上可以对应亚当·斯密提出的自由主义经济理论，强调政府少参与经济，鼓励公民自由参与竞争，从而形成市场经济。从法律和政治制度的角度来说，这种哲学要求对“公”和“私”作出严格的区分。政府对市场的干预不仅体现在立法和行政领域，司法同样属于“公”的范畴，不能任意介入和影响属于公民自由的“私”的范畴。从方法论的角度来说，法律古典主义推崇形式本身（formalism），强调法律是一门科学，需要采用界限分明、强调严格逻辑的推理过程。“作为”和“不作为”便是一条用来区分公权力和私权利的明确界限。个人如果“作为”则属于自愿进入了公权力范畴。

- 被告应该承担赔偿：代表着20世纪前期流行的法律现实主义（Legal Realism）。法律现实主义者们意识到，法律不是一门科学。面对个体案例背后代表的复杂现实，法律无法用严格的推理和等式得出一个放之四海而皆准的结果。因此，法律作为一种公共政策，必须要有弹性，在涉及个案时考虑到具体的因果关系和对社会的现实影响。信仰法律现实主义的人们要求法官不能机械地适用规则，而要积极参与到政策辩论中，鼓励司法能动主义。在 Hurley 案中，不应该机械地套用公式，因为医生不作为而判定无责任，而是要分析不作为的后果对社会的影响，包括是否会影响未来人们在作出类似决策时的动机。

皮勒教授用一个案子串完了 Level 1 到 Level 3，将近两个小时的第一节课就这样结束了。

二、学习方法论初养成

第一课结束时，我在电脑上拼命敲了十几页的英文笔记，但对这“三层法律理论”的理解还是非常有限。到底如何从三个不同的层面来理解 Hurley 案，我用了一整年的时间才真正做到融会贯通。

万事开头难，开学的前两个月，我一直处于一种濒临崩溃的状态。我发现，相比于美国人甚至是在美国读了本科的中国同学，我即使是大学英语专业毕业，英语水平还是差得太远，听说读写样样都不行。那一个月，我觉得自己上课最多能听懂一半，而且有的教授声音比较小，吐字又很快，一节课下来我似乎什么都没听懂。每节课都敲了一大堆笔记，但是回头看起来却无法连成完整的概念。第一个星期过后，阅读任务越来越重，每天上课到下午四点，晚上还有一两百页的 reading 要读，每天都要读到深夜一两点才能勉强完成。我的写作也很费劲，有一次想要写封邮件问教授一个问题，却憋了半个小时才写出来 200 字。有时候课上小组讨论，我的发言总是结结巴巴，与同学聊天也总是节奏慢上半拍，要反应一会儿才知道要回答什么。

当时的我，基础差、起步晚、英语不好、一点自信都没有，开盘便自动落后一丈远。但现在往回看，唯有一点是远超众人的：我心态特别好。

现在回想起来，我之所以没有像之前准备 LSAT 那样，遇到一点阻碍就彻底陷入消极和痛苦，是因为我是真的很喜欢美国法学院的这些课程。那些新鲜有趣的案例，教授们深入浅出、对比分析的解读方式，在我眼里是那样充满魔力，牢牢吸引着我。

说白了，我觉得自己终于选对了路。我感觉到灵魂深处有一种强烈的渴望，想要不断提高自己的能力，来吸收这些美妙的信息。于是我并不会担心自己的成绩、能否找到工作、能否留在美国这些远在天边的目标，而只是做好眼前的事情，并沉浸在自己一点一滴微小的进步中。

我开始一个个琢磨具体难题的解决方案——

Reading 太多读不完怎么办？上网搜索案例总结（case brief），先看一遍别人写好的总结，阅读案例的效率就提升了，理解速度快了许多。同时我也自己开始尝试做 case brief，发现“按照逻辑规律总结复杂信息”这个练习对于进一步拆解复杂信息的能力是很有效的提升手段。

上课听不懂，笔记一团乱？我咬咬牙想，笔记做得再烂也要坚持，不然永无提升之日。先单纯速记，把听到的所有单词和句子都打下来，再逐渐培养自己边听边理解，并只记录自己大脑第一层提炼过后的信息的能力。每次下课，我都厚着脸皮问金发碧眼的同桌妹子借笔记，并且在上课听不懂时四处偷窥身边的电脑，看看一脸专注的美国同学们都记了什么。

不敢开口说话，觉得口语太差？虽然学习繁忙没空社交，但我会非常积极地去教授的 office hour（办公室时间）。我经常抱着电脑去教授的办公室，一坐就是一下午，努力听同学的提问和教授的回答，等同学们都走光了再怯生生地向教授提出自己的问题。我口语不好，问个问题要想半天，担心丢脸而总是留到最后。好在教授们都很有耐心，看我似懂非懂的样子，一遍遍用各种方式回答我的问题。

写作能力太差，又慢又啰唆？我认真完成每周的写作任务，在做 case brief 的时候尽量用自己的语言来总结案例的内容，培养自己一边输出一边理顺逻辑、遣词造句组合信息的能力。我还爱看教授群发的邮件，一边看一边琢磨他们的句法结构，研究如何能将信息传递得如此优美又简练。

法学院毕业后，我搬到纽约，开始利用假期去学滑雪。2018 年 1 月我去了盐湖城，跟着教练连上了两天当地的越野滑雪训练班。在一个晴朗的午后，教练带我们小组去了 Alta 滑雪场难度最大的一个陡坡，山很高，雪又是野雪，坑坑洼洼的，起伏极不规则，对转弯技术和重心控制要求极高，看一眼都觉得心里打鼓。

教练指着坡对我们说："不要看山下，要看眼前。"

"这个坡又高又陡对不对？但这不是你需要担心的问题。你唯一需要解决的，就是你眼前的这一点点路。"他指着我们眼前的一丈地说道，继而开始讲解如何在陡坡和野雪的条件下，转一个动作标准而完美的弯，就眼前这一个弯。

我直到那一刻才恍然大悟——在面对极大的阻力、挑战与困难的时候，最为有效的克服办法并不是一直盯着那个最终的目标，用成功来激励自己或者用失败来让自己逃离，而是把长期挑战分解成短期目标，并将所有注意力都集中在解决眼前的事情上。

滑雪如此，学习亦如是。

但2013年的我，并没有向滑雪教练后来教导我们的那样，有意识地去采用“分解目标”的手段来攻打法学院这场长期战役。我只是误打误撞地沉浸在自己的世界里，想着从听说读写全面追上法学院的进度。

开学前两个月，我除了吃饭、睡觉，就是在上课、看书和做饭。我不爱去图书馆，喜欢穿着短袖睡裤在房间里学习。于是除了每周末出门去超市采购一堆食材之外，我每天都宅在宿舍里。宿舍楼就在教学楼对面，我常常上课前五分钟才草草收拾，随便套一件衣服就往教室跑。中午在食堂随手拿个汉堡，回来边啃边复习笔记，定好闹钟在床上午睡20分钟，然后睁眼迷迷糊糊地继续往教室跑。

美国人热爱社交，喜欢聚在一起闲扯聊天，法学院生活枯燥无味更是不能抛弃这种爱好。于是所有法学院每周都有“bar review”——“bar”既有律师协会又有酒吧的意思，“bar review”这个本来指代法学院毕业后准备司法考试复习过程的词，在这里却意味着“每周固定一次和同学去酒吧喝酒”的活动。除此之外，乔治城的各种学生团体也会组织活动，从一年一度的游轮秋游舞会，到学校分配的“学生导师”带小组出去吃冰激凌。学习艰苦，注重心理健康和适当放松的美国校园更是要给学生创造社交和休闲的机会。

然而这些通通都跟我没关系。

由于初中被霸凌孤立的心理阴影，我对于陌生的集体总是有种恐惧感，走在一群人中间会担心自己是奇怪的那个。因此我在接触新环境时比较被动，会逃避有陌生人的多人活动，只喜欢和熟悉信赖的朋友相处。

初到法学院的第一学期，不管是中国人还是美国人，对我来说都是陌生人，通过社交来建立友谊对我来说是莫大的挑战。加上本来就迫在眉睫的“追赶计划”，我索性闭门不出，在家看书、做饭、跟爸妈视频聊天，内心安定又自在。都说法学院社交、睡觉和学习只能三选二。我毫不犹豫地凭着本能放弃了社交，地球照样转，一切都刚刚好。

*　　*　　*

2013 年 10 月底，开学将近两个月的我，已经完成了初步追赶任务，越学越来劲。

那时候，我已经可以轻松平衡好 reading、上课和作业这三大任务了。我会按时读完大部分 reading，有策略地放弃一些 reading，将精力用在整理课堂笔记上。我上课的内容已经能听懂 70%到 80%，但依然厚着脸皮时不时和邻座的艾米小姐要笔记做参考。

我的打字速度越来越快，每节课的笔记越记越长，但逻辑和体系却愈加分明。根据教授的风格不同，美国法学院的课堂每节课有 10%到 40%的时间是在“教授与学生的对话”中度过的，美其名曰“苏格拉底式教学法”。经过两个月的训练，我已经可以分辨出美国同学的回答是真的顺着老师的思路走，还是在自顾自夹带私货地扯皮，并趁后者的时间埋头狂看自己的笔记，以追上教授的思路。

甚至，连我磕磕巴巴的口语都有了进步。十月初我经历了开学以来第一次“cold call”（突然提问），被民事诉讼法的教授当着全班 100 多个同学的面叫起来一问一答，被逼着把一个案例背后法官的分析套路全部理顺。我心脏狂跳，但好在我上课前就自己做过这个案例的 brief，正反两方的分析都熟记于心。教授逻辑性极强，循循善诱，我居然流利而自信地回答了他全部的问题，手心捏了一把冷汗。

然而我写作速度依然很慢——当时两节需要每周交作业的课里面，法律文书写作比较公式化，有固定的套路，我按图索骥写得还算快，但是法哲学一周一篇不限字数不限主题、根据本周学习的法哲学思想来自由发挥的essay，实实在在愁煞我也。我只好力争每周日中午之前完成前一周所有的笔记整理工作，看完周一的reading，写完另外一门课的作业，再拿出七八个小时的大块时间来憋这篇essay。

完成“初步追赶计划”之后，我开始琢磨下一个目标：如何准备考试。

我很早就知道为了考试而自己整理复习提纲（outline）的重要性，因此一开学就向亚太学生联合会（APALSA）的学长学姐们要了他们的outline，还获得了当时代代相传的一些非常宝贵的资料。

所谓“outline”，就是一套独属于自己的复习材料，长度从几十页到上百页不等，由自己的阅读笔记、课堂笔记，再加上参考往届别人做好的复习提纲整理而成。在法学院，outline自身的体系、逻辑和深度直接对应学生对这门课的理解程度，更是考试时最直接参考的材料，outline做得好，考试拿A基本就成功了一半。

在10月中旬的时候，我就曾尝试过自己把这两个月学到的内容整理成outline。第一次尝试花了大半天的时间，一直试图在把握整体结构和理解具体细节上做一个平衡，结果还是越写越细。一整个下午过去了，我才刚整理完一门课第一周讲的内容。我觉得事情有些不对，于是起身去吃了个冰激凌冷静一下。

5个小时整理完一门课第一周的内容，有四门课需要做outline，也就是一周的内容等于20个小时做outline的时间。现在已经上了八周课，按我现在这个速度，做完全部 outline 需要 190 个小时！此时离考试还有不到七个星期，意味着按照我现在的进度，光是搞定过去所学内容的 outline，每周就要花 27 个小时，平均每天 3—4 个小时。而我还要继续上课、做 reading、整理笔记、完成写作任务，而且接下来学的内容也要做 outline。这根本是不可能完成的任务啊！但 outline 是一定要做的——哪里出了问题呢？我吃着冰激凌，坐在图书馆一楼大厅里，看着窗外北风呼啸，金黄的叶子飞满天，脑子飞速地运转着。

我做 outline 的速度太慢，一定是方法出了问题。那 outline 究竟是个什么东西？它对考试起到什么作用，需要做成什么样子？我闭上眼，一系列场景翩然出现——我正在进行法学院第一场考试，看到题目，我希望手边有什么样的材料？需要对某个案例进行法律分析，我希望手边的材料如何对这门课上讲过的法律原则和案例事实进行排列？

想着想着，我脑海中大概出现了这套 outline 的样子：它不需要特别详细，但需要在恰当的时刻帮助我把脑海里庞杂的知识库以一条清晰的逻辑线串起来。它需要有非常明确、有序的结构，让我在争分夺秒的考试中扫一眼就能找到我需要的语言。

我进一步往细里推——我刚刚花 5 个小时整理完的第一周的内容，在考试时能达到这些目的吗？有没有更有效率达到这个目的的方法？要知道，法学院第一年比拼成绩，是一场典型的资源有限、全凭调兵遣将能力的艰苦战役。在第一年能够用来学习的时间，每个人都差不多，能否在这段时间拿到高分，取决于如何安排和利用自己的时间——先对不同任务占用的时间进行合理分配，再细化任务的完成路径，争取做到最大化利用有限的时间。

脑海里过完这一套三十六路拳法，我的一个冰激凌也慢悠悠吃完了。

我起身回到座位，把刚才做的 outline 丢到一边，翻出手里往届的经典 outline，仔细思索起它们背后的方法论。我越想越清晰，对于如何利用和安排学期剩下的时间来做 outline、要把它做成什么样子，脑海中也渐渐有了一幅指引明确的地图。

*　　*　　*

那个学期剩下的六七个星期里，一切都按部就班地进行着。我按照自己的计划，在每门考试的前三天定稿了 outline，有条不紊地开始做模拟试题的流程。

法学院第一年结束后很久我才知道，原来并不是每个人都像我当初一样，把每一节课的内容都做成了适合自己思维方式的 outline。有的人因为时间有限，只能集中完成一门，有的人干脆认为做 outline 是浪费时间，把大量的时间都花在了整理和理解个别案例上，或直接在考试时参考往届的 outline。当然，也并不是每个人都像我一样，在投入大量时间开始做 outline 之前，先花了一个晚上想明白了做 outline 的目的、对考试的帮助和影响、做 outline 的方法论以及其最终成稿的样子，以及如何最大化安排利用有限的时间去完成所有学科的 outline。

这种思维方式，在之后的很多年帮我度过了一次又一次的难关：在开始做一件毫无经验、不知从何入手的事情时，即使时间紧迫、压力巨大，也要自始至终保持着（甚至专门空出时间来练习）一种“全局观念”。对于眼前任务系统方法论的掌握、目的和实现路径的思索，永远都有利无害。相反，在没想清楚“为什么”和“怎么样”之前，贸然将法学院第一年最重要的资本——时间和精力投入进去，反而会有走错路、浪费宝贵机会成本的风险。

第一年的第一学期，我一共会拿到五门成绩：一门以结课文书算分的法律文书写作课，四门要考试，其中两门是“in-class”，全班同学坐在教室里一起考，每门各3个小时，另外两门是“take-home”，到了规定时间自己去网站上下载题目，可以在任意地方完成答卷提交，一门8个小时，一门24个小时。

在outline定稿后，集中准备考试的那两个星期，我对于不同类型的考试采取哪种策略和心态，以及考试周那两周的时间如何分配，也规整仔细地进行了思考。我找出历年试题和老师给出的标准答案，仔细分析了每个老师的套路和高分答案的共性，然后针对自己的情况设计了备考策略。

法学院的考试都是写essay，每门课都是3—5个案例，根据教授要求的思路来写小作文进行分析。所有考试都是开卷——但美国法学院难就难在记法条根本不重要，因此老师并不在乎你是不是抱着课本来答题，只关注你对案例进行批判、分析和论述的能力。但是每个教授风格迥异，有的教授喜欢看你长篇大论阐述法理，有的喜欢看你左右互攻从多个角度进行分析，有的喜欢你不断引用他上课说过的话和教过的内容。

由于我outline准备的完善，这些最终的备考步骤只不过是对号入座，看看我临考前把精力集中在了哪些方面。

- 物权法（Property）：教授喜欢逻辑清晰、论述严格按照框架来的答案，且3个小时的答卷时间极为紧张，案例内容又极多。我的策略是准备“超精简版”的outline，在考试前对所有重要知识点的分析框架都熟记于心，高亮outline中可以在考试时直接引用的句子，并给自己限定3个小时的时间来疯狂地做模拟考试，练习答题速度。

• 侵权和合同（Bargain, Exchange and Liability）：答题时间 24 小时，标准答案篇幅反而很短，教授是法理学出身，喜欢看到有深度、贴合深层哲学思想的答案，欣赏对很多问题有自己独到见解的学生。我的策略是 outline 能做多长做多长，反正考试时有充足的时间可以看，但一定要把上课讲过的哲学内容都放进去，而且研究高分答案提到过的哲学思想，自己试着从不同角度解读后，再到 office hour 拿给教授看，看他是否欣赏我的论述角度。

• 民事诉讼法（Legal Process）：答题时间 8 个小时，没有字数上限，所以标准答案都篇幅极长，民诉因为是程序法，是课程里“技术性”最强，“法理性”最弱的一门，教授本人是个逻辑极强、非常有条理的人。我的策略是 outline 要清晰，把一些艰难知识点比如说 personal jurisdiction 背后的分析流程搞清楚，形式上做成流程图而不是传统的列表分级结构，提前把一些对复杂法律框架的论述先写一遍，在考试时可以节约时间，直接跳入该如何应用法律的分析环节。

• 法哲学（Legal Justice）：答题时间 3 个小时，纯粹是从不同哲学流派的角度对具体案例进行解读，教授的风格是强调我们把不同的法哲学思想先搞清楚，平时上课时对不做 reading，凭借朴素的正义观天马行空胡乱发言的学生嗤之以鼻。我的策略是先确保自己读懂了每个流派背后的思想再放到 outline 里，考试前仔细梳理一遍关键的 reading，以确保我能在看到案例时迅速想到要从哪些哲学流派的角度来答题。

一切准备就绪后，法学院的第一轮正式考试也不再是洪水猛兽。我像一个神功初成的剑客，迫不及待要在即将到来的试剑大会上一展身手。

三、收获的季节和下一步的人生

两周的考试波澜不惊地过去了，时间一转眼来到了 2013 年 12 月底。刚经历过一个学期的折磨，法学院的新生们迎来了三个星期的寒假，暂时抛去了担心成绩的焦虑，放松地度过一个圣诞和新年。

我在寒风呼啸的华盛顿特区过完了圣诞，在一周的休息时间里陆陆续续准备好了申请一年级暑期实习的材料，包括简历、cover letter（随申请材料的附信）和写作样本（writing sample），等着下学期开学成绩出来后就开始找实习。

材料准备好了以后，我开始了在美国境内的第一次旅行，和同学坐飞机去了温暖潮湿的迈阿密，兴冲冲地坐上了去巴哈马的游轮，上船吃吃喝喝，下船浮潜、拍照、躺在沙滩上晒太阳。加勒比海灿烂的阳光让我把第一学期所有的压力都抛到了脑后，只想尽情享乐。

那之后我又从迈阿密去了奥兰多，在迪士尼的几个公园暴走了两天，在人挤人的 Epcot 公园守着跨年的焰火。零点倒计时的那几秒，到处都充满了人们的欢笑。我看着湖边肤色和服饰各异、来自世界各地的游客，站在漫天绽放的烟花下面想，美国真是个神奇的地方，希望我能凭自己的能力在这里扎根生长，有自己的一席之地。

*　　*　　*

旅行回来后就是 2014 年了，我很快开始了第二个学期的艰苦生活，法学院的学生们也迎来了第一个验收成果的季节：上学期的成绩出来了。

法学院终究是个竞争激烈、成绩至上的地方，在出成绩的那天，这种同学之间微妙的气氛静悄悄弥漫在整个宿舍楼里，每个人看起来都毫不在意，又想欲盖弥彰地打探别人的成绩。

我宅在宿舍里，头嗡嗡地响，紧张得坐立难安。我对自己的方法论非常自信，又自相矛盾地觉得可能一切都是我的幻觉，毕竟我一个学期闭门不出，也从不跟同学交流我的学习进展，也许所有人都跟我一样准备了呢？法学院的成绩本质上就是个排名，即使我练成了独孤九剑，在没能实战来拼个高下的时候，谁能对自己的剑法有绝对的自信？

上午第一门出来的是写作课的成绩，我拿了个相当于 A-的分数，不好不坏，毕竟这是中国人最有可能拿高分的课了，我喝了口水，假装什么事情都没发生。

下午又陆续出来两门我心里最没底的成绩——3 小时“in-class”考试的物权法和法哲学。物权法卷子最难，很多人连分析都写不完，法哲学则云里雾里，根本不知道自己有没有答到点子上。我忐忑地打开网站，看到红彤彤的两个 A-，心里一松，脸上笑开了花，恨不得昂首挺胸地蹦出去昭告天下。

晚上出来了我最自信的一门课——侵权合同法，我这时已经成功验证了自己方法论的正确性，果不其然迎来了第一个 A。我立刻给国内刚起床的爸妈打电话报喜，爸妈自然也喜出望外。

经过了无比踏实的一夜，第二天出分的民诉法教授只给了一个基础分，因为这门课要连上两个学期，要两个学期的基础分合在一起才有最终成绩。我民诉基础分还不错，加上另外四门课的喜讯，成绩单上已经有了两门 A-，对于找暑期实习来说是绰绰有余了。

我快马加鞭投了几家法院和律所，很快开始了第一轮面试。律所实习虽然带薪，但是竞争激烈。我比较想去法院实习，虽然没有薪水，但可以满足我对美国司法实践巨大的好奇心。我想从法院系统内部了解，我们课堂上学习的案例到底是如何被分析和审理的。

我的第一场面试就是我非常心仪的一家法院——位于华盛顿特区的联邦基层法院。从暑期实习的角度来说，联邦法院优于州法院，但联邦级的上诉法院（也就是巡回法院）全美国只有 13 个，普通学生想进去实习自然难上加难。于是地理位置优越（如在华盛顿或纽约）的基层法院自然成了学生们的首选。其中纽约的联邦法院有许多金融犯罪和商事诉讼的案子，华盛顿特区的法院则有很多宪法和民权诉讼案。

面试非常顺利，法官的职业助理对于我刚从中国的大学毕业，来美国几个月就能取得这样的成绩大为惊奇，又对我的写作样本（也就是我法律写作课的期末作业，一篇法律备忘录）赞不绝口。我回到学校后第二天就接到了录取的电话，心里一块大石头落地，暑期的归宿这么快就有了着落。

*　　*　　*

搞定了实习后，我忽然有了一个大胆的想法——我成绩不错，可不可以试试转学呢？

我很早以前就知道，法学院是有转学系统的，在第一年学业完成后，如果成绩够好，可以申请转到排名更高的法学院学习，然后和新学校的学生一样上课、毕业，并无太大差别。因为转学生可以参加新学校的校园招聘，对于找工作而言，排名更高的学校自然机会更多。

有了这个想法后，我立刻开始查资料，搞清楚“转学”这个任务的大概方案。其实就跟申请法学院一样，转学需要第一年完整的成绩单、两到三封最好来自原来法学院教授的推荐信、个人陈述和简历。这其中第一年的学习成绩占比最大，就如同 LSAT 一样，直接决定了可以转到哪个排名的学校。

乔治城法学院排名第 14，想要转到排名前六的法学院，需要第一年拿到前 20%—30% 的成绩。转学到排名前三的学校，则要前 5%—15%。我上学期的成绩大概在 30% 左右，如果下学期能好好保持的话，应该可以转学到哥伦比亚大学、纽约大学或者芝加哥大学。如果下学期考得还要更好的话，说不定可以去前三名的法学院……我打了个寒战，完全不敢想象我可以去哈佛、耶鲁或斯坦福那样的学校。

不过，是否要转学这件事情，并不影响我接下来一个学期的策略。所有文书的准备工作在期末考试结束后再开始也来得及，既然转学最看重成绩，那接下来最主要的任务也还是学习。转学需要推荐信，而我本来就喜欢跑教授的 office hour 练口语，跟好几个教授都混了个脸熟，尤其是我拿了 A 的侵权合同法，“独臂大侠”皮勒教授一看到我就笑眯眯地打招呼。

我并没有太纠结是否要转学这件事情，决定等期末考试结束以后再决定。现在眼前最吸引我的还是下学期全新的学习任务——我们开始学难度较大的行政法、宪法、刑事程序法，还有上学期延续下来的民诉和侵权合同法，案例也变得更加复杂。

当时我丝毫没有意识到，相比起国内大学那几年，我的思维方式已经有了巨大的变化。

在我来美国法学院之前，在“学习”这件事上，我一直是一个结果导向的人。在高考之前，除了有限的几个科目，我学习都是为了满足大人的期待，死记硬背一下知识点，让自己通过高考这条必经之路。到了大学，我在期末时为了应付考试而学习英语，受学校氛围的影响而学习法律，为了让自己飞跃平台能去美国读书而学习托福和LSAT。我每一次专注学习，都是为了实现一个结果，而没有真正享受那专注的过程。

来到美国法学院之后，也许是这些案例、政策和哲学实在太迷人，从level 1到level 3层层递进的思路，为我打开了新世界的大门，让我发现了理解知识的全新维度。我彻底沉迷在这种思维能力的迭代中，将每一天听课和整理outline的时间都当作上天给我最好的礼物。

在法学院第一年的时候，我很少以找工作或转学为最终目的来衡量自己的学习过程。对于那时的我而言，那些都是很遥远很遥远的事，没必要作为目标来激励自己，也没必要作为终点线来使自己焦虑，我唯一要做好的任务，就是享受每一天在学习时那种突破自己思维能力的快乐。

* * *

到了3月底，为了备考，我软磨硬泡让爸妈给了我额外的生活费，在学校旁边的公寓楼租了一个40平方米左右的开间小公寓，网购了一些简单的家具，从此彻底开始了闭门学习、天堂一般的生活。

那一个多月，我每周出门大采购一次把冰箱填满，自己准备一日三餐，除了上课就是回到我的小天地里看书、听歌、做饭，累的时候就在地毯上翻跟头、自己组装家具、跟父母视频电话或看个电影。安静的环境让我的学习效率一飞冲天，已经摸熟了法学院套路的我，在考试前10天就定稿了outline，甚至还准备了许多不同的版本，然后开始疯狂地做往年试题。

考虑到转学这条路，在临近期末的时候，我单独发邮件约了两位对我最欣赏的法学院教授，在见面时表达了我转学的意向，并咨询他们的建议。教授们毫不意外并欣然表示支持，我回家后又进一步邮件确认了推荐信提交的方式，以及最终需要提交的时间，算是完成了转学最重要的准备。

4月底，在我生日那天上完了法学院第一年的最后一节课，我拉着“独臂大侠”皮勒教授合了影，开始回家四五天闭门不出，进行最后的冲刺。考试周我过得异常安静和快乐，心平气和又信心十足。

所有考试结束后，我犹豫再三也没去参加班里同学的庆祝聚会——我从宿舍搬出来后在同学眼里就如同人间蒸发了一样，这一个月的闭门生活更是让我染上了轻微的社交恐惧症，于是我在家看了个电影、开了瓶酒作为庆祝。我告诉自己，一切都暂时结束了。

5月初，爸妈第一次来美国看我。我到机场接了他们，飞奔扑入爸爸妈妈的怀抱。我带他们来到我的小公寓，但我妈一来就嫌东嫌西，我精心布置的小窝被她嫌弃成了草棚猪圈，第二天就给我里里外外打扫了一遍。

在华盛顿待了几天后，我带爸妈开始了我在美国的第一次公路旅行——从华盛顿特区出发，一路向北沿95号公路开到了费城、纽约和波士顿。在纽约时，我们住到了金融区，这一小片土地七拐八绕，却是整个美国金融体系的中心，决定着千万人的命运。那时拿着地图问路的我，无论如何都想不到，几年后我将会在这里工作，从而渐渐对那些小巷子无比熟悉。

* * *

从美国东部的城市玩了一圈回来后，爸妈还在的最后几天，我开始了第一天实习——旁听了法官的一场审判会议、开始帮忙起草第一份判决书、看了几个正在等待判决的诉讼卷宗，只觉得在法院工作非常新鲜刺激。

两周的时间很快过去，在机场送走爸妈的时候我眼泪不停地掉，站在电梯边上往下看，目送他们的身影过了安检还死活不肯走。天下所有的关系都是为了相聚，唯有父母子女，从开始就注定着要别离。我 19 岁离家，自此每年最多不过与父母相聚一个月。独自在外的日子我成长飞速，爸妈却只是微笑地留在原地，看着我飞得越高越远。

2014 年 5 月底，在我开始实习后的两个星期，华盛顿特区又迎来了一场狂风暴雨。我离开法官办公室的时候外面狂风大作，拍打得窗户直响。法官叫住我，叮嘱我小心天气，回家注意安全，我满口答应，出门打车去了一场律所的招待会。

那戏剧性的一刻终于来了——那天晚上，下学期的四门成绩一口气都出了，我拿到了整齐排列的四个 A，第一年综合绩点 3.83，根据往年数据大概能排到年级前 5%。

我握拳又放开，眼泪落下又笑出来，我拿起手机告诉爸妈这个消息，回家躺在床上难以入眠。

我知道，最关键的时刻到了。计划走到了这一步，我要开始准备申请转学了。

四、进入耶鲁！不可思议的转学成功

正式转学材料的准备比我想象中还要简单和顺利。结合我第一年的成绩，我判断自己申请到T6的法学院应该不成问题，便只打算申请两个最喜欢的学校：哈佛和哥伦比亚大学。因为早就做过调研，在脑海里清晰地把整个转学的流程走过，该提前完成的步骤也已完成，最后的几步路按部就班，一点都没有出差错。

出了成绩之后的两个星期，我利用每天实习结束后回家的时间，写完了个人陈述、更新了简历、填好了哥伦比亚大学和哈佛的申请表，还一直远程指挥在国内的朋友帮我跟教务处申请毕业成绩单，打包寄给LSAC做更新的本科成绩评级。

这一回，我的个人陈述写得行云流水。相比起本科时冥思苦想两个月才能找到一条自己的故事线，我读了一年法学院，从地狱中爬出来又走回去，考了一大圈试以后，忽然清晰地发现了我身上最能打动人的故事是什么。

一年前的我是一个来自中国、本科学英语的普通大学生，为了探索大千世界，加上那一点本科时的耳濡目染和挑战自我的目标，决定来美国读法律。

一年后的我，为这场自我挑战交出了满意的答卷：我19岁才第一次来到美国，和一群母语是英语的同学在同一个课堂上竞争，在学习难度甚至高于正常法学院课程的Curriculum B，最后还拿到了前5%的成绩。而想要转学，也是希望给自己创造更大的挑战。我想去一个更优秀的环境，和更优秀的同学并肩学习。

我花了两个晚上就写完了自己的故事，前后看了一遍，改了几个语法错误，根据学校的不同特色添了几笔，就直接传到了系统里。

到了6月中下旬，我所有的材料都准备好了，提交了哈佛和哥伦比亚大学的转学申请。一个晚上我跟爸妈打电话的时候，顺便汇报了我的转学申请进度。

我妈听了后问我，现在美国最好的法学院是哪个？

我说，那当然是耶鲁啊。

我妈说，那你为什么不申请耶鲁？

我笑笑说，耶鲁每年好像就招10个转学生，这么多年就没听说过有中国人转学进去，而且耶鲁的申请材料搞特殊，还要准备一篇250字的小短文，我实在懒得写了，反正又申请不上。

我妈是个认定了一件事就特别执着的人，而且不达到目的誓不罢休。我的理由显然没有说服她——她觉得既然我实习又不忙，一篇250字的文章还写不出来？为什么不申请一下试试？

接下来的几天，我妈每天给我发十几条60秒的微信语音，喋喋不休地让我申请耶鲁。我点开之后听得头大如斗，被唠叨得实在烦不胜烦，只好答应她我申请试试。这时候，距离耶鲁的转学申请截止日期只有3天。

这篇250字的小短文只有耶鲁要求写，天下仅此一家别无分号，因此江湖传言这小短文对于能否录取至关重要，甚至比重高过个人陈述。我随手搜了一下网上流传的250字范文，发现它们最大的风格便是——没有风格。有人讲一个故事、有人描写一件事物、有人写几句诗、有人写一些似懂非懂的哲理。耶鲁到底是怎么通过这些无奇不有的250字小短文，来评判申请者的写作能力和个人特色的？

无法通过目标逆推出解决方案，我只能换个思路，从原材料入手——250个英文单词啊，还不如高考英语作文的字数多，我能写些什么？我想不出一个用250个字能写出来的故事，也不会作诗。思来想去，只能回到我过去一年在法学院唯一学会的事情：怎么考试。

我很快想到了一个思路：既然我的个人陈述重在强调我的学习能力，那为什么不用250字小短文佐证一下这点？

于是，我用250个字，把法学院的第一课总结了一遍，以Hurley案为引子，用高度浓缩提炼的语言给出了法律古典主义、法律现实主义和后来学到的批判法学派（critical legal studies）的三种分析思路。法学院第一年的高强度学习、无数次精简语言总结outline的经验，忽然让这篇短文对我来说变得轻而易举。

我用了一个晚上思考方向，一个晚上写完短文，最后一个晚上润色语言，在距离午夜截止期限的半个小时内，提交了转学到耶鲁法学院的申请。我拍了张电脑屏幕发给我妈：“刚提交申请了，别再唠叨啦！”

当时的我万万想不到，这3个晚上是我人生至关重要的转折点，命运的旋转门徐徐转动，庄严又不留情面地将时光分割成永不相交的平面。我站在十字路口，一个为了应对父母压力而看似漫不经心的选择，就这样改变了我的一生。

* * *

提交申请后，我平日的晚上忽然就多出来许多空闲时间。

法院的实习工作十分轻松，朝九晚六，白天去旁听有趣的庭审，阅读分配到自己手里的案例资料，不紧不慢地写着备忘录或者判决书初稿，偶尔跟其他正在实习的小伙伴聊聊天，日子过得很慢，又很悠闲。

来美国的一年，无孔不入的高强度学习彻底改变了我的生活方式。

读法学院之前，我并不以高强度的学习和思考本身为乐，每一次让自己专注下来，只是为了达成目标的一个手段，这就让专注本身对我而言变得极为困难。比如，当初每天花5个小时来模考LSAT时，我需要付出极大的努力，甚至创造出一种与班长的竞争环境，才能让自己拥有更好的专注力。

专注力对于每个人而言，其实都是一种决定命运的终极能力。人想在任何领域取得成就，都必须要投入一定的有效时间来提高自己的某项能力。这其中的关键词在于“有效时间”——同样是坐下来读书1个小时，有的人半个小时都在走神，唯有真正投入了专注力的那半个小时，才算是积攒能力的有效时间。

大脑能否承受长时间的专注，本身就是能力的体现。专注力不是意志力，并非咬牙坚持就能做到，而是和体能、柔韧、力量这种身体能力一样，需要长期训练。那些拥有强大的专注力，可以高效学习、训练自己的人，往往都是在专注中能够获得快感的人。对于他们来说，专注的快乐不仅仅在于达到某个目的，而是为了专注的乐趣本身。

拿长跑来举例——对普通人来说，心跳达到最大心率80%时那种呼吸不畅、血管狂跳、身体撕裂的疼痛，对马拉松爱好者来说是冲锋的号角和进步的动力。身体上的生物学痛苦在他们的大脑中被转化成了“我在进步”的信号，刺激了多巴胺和内啡肽分泌，疼痛变成了愉悦，愉悦刺激人不断地训练，提高了身体机能，让疼痛变得不再那么疼痛，形成了最大化提高体能的正向循环。脑力的训练也是如此。

在法学院第一年，我为了理解那些难啃的案例，大脑仿佛在拼命奔跑，专注力极限被无限提升。而我也如同训练长跑的人一样，从这个过程中咀嚼出了快感。当我在专注学习的时候，思维仿佛变成了溪水，在时间的长河中涓涓流淌，甚至让我忘却了时间的存在。

于是，提交了转学申请后，每天朝九晚六的实习生活开始让我觉得枯燥——大脑每天闲置的时间太多，得给它找点事情做。

*　　　*　　　*

做点什么呢？

有一天我忽然想到，不如试试写作吧——在中文网络上，把自己法学院第一年的经历分享出来。那是 2014 年的夏天，我在知乎上写过几篇关于美国法律和美国法学院的答案，有几千个关注者。我打算再接再厉，写一篇系统化、逻辑通顺、兼具可读性的分享法学院学习经验的文章。

在落笔之前，我其实就在脑海里总结过，我的法学院第一年为什么能考得这么好？最最重要的一点是我摸索出了一套学习方法，并不断地、有意识地在实践中去完善和更新这套方法。这是我很多年之后才接触到的“元认知”（metacognition）的概念——是布鲁姆的教育目标分类法中最高梯度的一种认知，意味着人对自己学习过程和认知过程本身的总结和反思。

法学院的第一年，我除了埋头学习、享受专注，还在不断反思自己的学习策略。我通过对于法学院考试内容的理解，来逆推我需要拥有的知识储备，再量体裁衣设计我的学习策略。在具体的学习过程中，我会不断反思我每天在各种任务上所分配的时间，以及理解知识的办法，无时无刻不在优化这套策略。

我回忆起我去读美国法学院之前，在中文网络上几乎看不到任何关于学习策略的分享。那种在一片黑暗中紧张忐忑的心情，依然历历在目。我决定把我的学习策略分享出来，也许能对将来的留学生有所帮助。

我利用下班后的空闲，写了大概 10 天，最终定稿将近两万字。文章反响不错，传播广泛，根据不完全的观察和统计，的确对一代又一代美国法学院的申请者提供了非常有意义的指引，而我也在文章的传播过程中收获了第一批忠实读者。

分享和写作的过程同样是快乐的。如同在法学院吸收知识一样，总结、输出和写作也需要大脑高强度的专注思考。那 10 天里，我白天上班，下班回来吃个饭就开始写作，文字仿佛是在我指尖跳动的音符，而我则是那个创造者。

创作是一件如此快乐的事，也许人类本来就有表达自我的天性。

* * *

也许是贡献出一篇系统翔实的学习攻略增加了我的好运气。2014 年 7 月 11 日，我拿到了耶鲁法学院的录取通知书。

那是一个云淡风轻的上午，命运的转折悄无声息地来到我面前。

我正坐在法院实习生办公室里奋笔疾书写着备忘录，电脑上忽然弹出了一封邮件，我抬头扫了一眼标题，忽然整个人如同被雷劈了一样。

“Oh my God guys I just got admitted to the YALE LAW SCHOOL!”（天啊！我被耶鲁法学院录取了！）我脱口而出，同在办公室里的另外两个一起实习的美国人小伙伴大卫和萨拉立刻拔高了语调，像所有典型的美国人一样大呼小叫地跟我表示恭喜，起身跟我拥抱，还表示我怎么连申请转学这么大的事都没告诉他们。

我不好意思地告诉他们，毫无把握的事情自然不好意思提前说，能被耶鲁法学院录取，我也是十足意外。

趁着在中国的爸妈还没睡觉，我赶紧跑出办公室跟他们打了个电话报喜。爸妈自然也是兴奋得不行——我妈说，这可是你们老赵家祖坟上冒青烟了啊！我哈哈大笑，说那赶快回家替我拜拜，谢谢祖宗保佑。

我脸上的笑容藏都藏不住，这个夏天的好消息太多了。这可是耶鲁啊！是我2011年的那个冬夜初识梦想的滋味时就想要去到的终点。耶鲁那时从来不招中国大陆本科生，我刚刚20岁，只是因为在乔治城度过了一年，居然就这样创造历史，通过转学进入了全美国最好的法学院。

如今回过头来看，我觉得耶鲁当年对我青眼有加、开了先例，最可能的原因是——我在申请材料中展示了我对法学理论和法律研究的热情，恰好与耶鲁法学院重视理论和跨学科教育的理念不谋而合。美国法学院中，除了耶鲁，大部分法学院都以培养律师为主要任务，重视实务型教育，哈佛和哥伦比亚大学更是每年源源不断地产出优秀的商业律师。而耶鲁的校友有许多遍布于法院、政界和学界，以研究“Level 3”的法律为主要任务。

本科的时候，我申请美国法学院的初衷的确是成为一名商业律师，从我青年时的成长教育圈子走到大洋彼岸，学一份安身立命的技能。在乔治城的第一年，阴差阳错地选了B类培养方案却永远改变了这一切。偏重于理论和跨学科的教育彻底释放了我的潜能，让我看到了法律与社会科学之间的火花，学会了从哲学的角度去不断地探究法律深层的意义。这种思考和学习所带来的快感让我觉得法律是如此的迷人，蕴含了人类社会的种种哲学道理，让我只想继续深入下去一探究竟。

想要学习理论，进行深层的法律研究，耶鲁自然是最合适的地方。

在个人陈述的最后，我写完了我法学院的第一年从无到有学习了这一切的故事，还给出了一个下一步走向何处的答案：我想去耶鲁——这个在全美国甚至全世界有着最先进法律学术研究的地方，去进一步学习理论，完成我剩下两年的法学院生涯。

从一开始因为不自信而想放弃申请，到在父母的压力下去面对现实，为了写申请材料而重新审视自己，回答了为什么想去耶鲁这个问题，我逐渐重塑、坚定了自己的人生目标。过去和未来在时间的长河上缓慢地流动着，我理想人生的模样逐渐打碎重组而形成新的形状：中规中矩的学习技能，成为商业律师已经不再能满足我，我就是想去耶鲁，去顶级的学术和知识殿堂继续深造，即使这辈子无法成为学术研究的一员，也愿意用接下来的两年去一睹这个迷人领域的模样。

看来我不仅说服了自己，也说服了耶鲁。不是吗？

五、进一步搞定校园面试

2014 年的夏天的确发生了很多事。

我拿到了法学院第一年的成绩，提交了转学申请，认真写了一篇文章分享学习策略，拿到了耶鲁的录取通知书。接下来则是长达一个半月的求职面试的全新考验。虽然刚在给耶鲁的个人陈述中激情澎湃地表示我想进行学术研究，但作为国际学生，找工作的机会还是不能错过的。

7 月下旬，在法院实习的最后两周，我先是撤回了哈佛和哥大的转学申请，然后开始走耶鲁法学院这边的校园招聘流程。

全美法学院的校园招聘都是同样的流程：第一年暑假结束后的 7 月，先由学生在系统里自行“竞标”（bid）心仪律所的面试机会，每个学生只有固定的几十次面试机会，因为律所面试席位有限，为了在学生中进行公平分配，学生需要给所有自己想进行面试的律所进行排名（也就是“竞标”的意思），统一在截止期限之前把排名（bids）提交给学校，由系统通过抽签（lottery）的方式决定谁获得席位。

抽签的方式对学生来说是最公平的，本质上是双方都没有太大选择权。律所必须面试一定数量的学生，面试哪些人由抽签决定，这样成绩不好的学生也能保证面试机会。

在耶鲁的抽签并不激烈，毕竟有相当一部分比例的学生不打算走律师这条路，根本不参加校园招聘。耶鲁的学生少，律所可面试的人本来就不多，有些冷门的小所门可罗雀，一天也面试不了几个人。

耶鲁的校园面试在8月中旬，虽然找工作的压力不大，我还是提交了许多律所的bids，给自己安排了满满35个面试，在5天的时间里，几乎每天都是从早上9点面试到下午5点。

来到美国已经一年，我早已发现，面试这种一对一谈话才是最适合我的社交方式。美国最常见的社交，不管是正式的工作场合还是学校里的party，都是几十人到上百人的聚会。场子里大部分人都彼此不认识，但都端着酒，四五个人围成一圈聊天。我每次一到这种场合就觉得浑身不自在。要我打入一个正在聊得兴起的小圈子，跟陌生人做自我介绍，然后落落大方地接话、聊天，对我来说比登天还难。但是在所有与陌生人一对一的场合，比如，与教授、同学、律师前辈聊天，我却可以侃侃而谈，抓住合适的机会展现自己。

我事后分析，这其中的缘故，应该还要归功于我同时并存的“强者”和“弱者”人格。每次进入有很多陌生人的社交环境，我那畏惧群体的“弱者”人格就会被激活，无法建立起自己与人社交的信心。但是在一对一的环境中，也许是模拟了一种公平的竞争环境，“强者”人格占主导，我会表现得非常自信。

也正因为如此，我决定尽量少参加律所组织的招待会，反正凭自己的社交能力，也没办法通过这种场合来获得工作机会，还不如多参加些面试，也算是在自己擅长的场合锻炼自己的社交能力。

2014 年夏天我一直都是忙得团团转的状态。7 月中旬拿到录取后，我跑了一次耶鲁所在的纽黑文（离华盛顿特区有七个小时的车程），租了一间一室一厅的小公寓，然后开始准备搬家。

7 月底，实习的最后一天，我跟法院的同事们一起吃了告别餐，互相拥抱着说了声珍重，就回家做最后的搬家准备了。在乔治城的同学暑假大多都不在华盛顿特区，学校放假，也没有跟教授说再见的机会，我就这样离开了这个城市，心里轻飘飘的。

作为我初来美国就住了一年的城市，华盛顿曾经是我非常喜欢的地方。街道大气宽敞，建筑简洁宏大，真如美剧《纸牌屋》片头曲描绘的那样，每一个街角都默不作声地显示着美国政治和权力中心的庄严。

华盛顿的白天是热闹的，国会山和白宫附近永远是数不清的游人，华盛顿纪念碑的大草坪很适合夏日跑步骑车。但是一到夜晚，白天人声鼎沸的街区就变得寂静无声。

住了一年之后，我才意识到我其实并不属于这里。这里的白天喧嚣热闹，让人觉得自己仿佛站在历史的中心点。可到了晚上，这座城市太安静了，就好像一个舞台一样——灯亮时，所有的大戏都在这里上演，重要的角色粉墨登场，声嘶力竭地扮演着自己的角色。但帷幕拉下后，观众都摇着头，交头接耳地散去，演员们也卸下伪装，各自匆匆回家。

没有人真正住在剧院里。而我也终将是一个过客。我校园面试几乎全都报了纽约的律所，一心想去那个喧嚣热闹、灯火永不熄灭的繁华城市。我想找到那座真正属于我的城市。

*　　*　　*

2014 年 7 月底，我搬到了纽黑文。这里房租更便宜，我的公寓也由一个大开间（studio）升级成了屋顶高高的一室一厅，客厅有两扇大窗户，宽敞明亮，还有开放式厨房。搬到纽黑文的第一个晚上，公寓和窗外都静悄悄的，我的心怦怦跳，这就是新生活了吧。接下来一个星期，我一边准备面试，一边偶尔逛逛宜家选选家具。到美国以来第一次不用上班和上学的日子，还是过得非常充实和忙碌。

我是怎么准备面试的呢？一个非常古老而原始、事后却被证明非常有效的办法：不断地自言自语。

我很早就意识到，听说和读写是两套完全不同的认知系统，声音信号和文字符号在人脑里转化为可以理解、利用的信息，所通过的也是不同的处理系统。我对法律理解得再到位，第一年完全基于写作的成绩再好，跟我能否在面试中自如地表达自己也没有半点关系。

能说是能说，能写是能写，这是两种完全不同的输出能力，要在两条平行线上独立培养。

我从小到大都很爱说话，作为独生子女的我，小时候自言自语、自己演戏是家常便饭，大学更是热爱参加辩论赛和演讲比赛。只不过在美国这一年，我因为埋头学习，基本没怎么张嘴跟人说过英语，在准备面试时，还是有些担心自己的英语口语能力。

但让我惊喜的是——过了这一年，我一张嘴，居然是一口流利的美式口音。原来听和说是同一套系统，我这一年因为上课，相当于每天都有6个小时以上的英语听力练习，大脑自动识别了这些新的发音和语调，直接帮我把对英语的发音记忆给升级了。

口音对于面试有什么帮助呢？律所面试其实并不要求你舌绽莲花、滔滔不绝，只需要能够流利正常表达自己的观点就足够了。最重要的是——要让别人不需要太费力就能听懂你在说什么，口音的作用就类似一个边际递减曲线，到达一个“能让人听懂”的门槛后，其实不需要无限接近于任何所谓的标准口音。

除了口音之外，律所面试需要言之有物，表现出对相关领域和问题的基本了解。面试的题目基本上各家都大同小异，比起其他行业来说简直就是小儿科，大体上都是类似于为什么要读法律、为什么要当律师、为什么要来我们所、喜欢做诉讼还是非诉这种基础问题。

因为问题固定，准备面试的时候只需要对答案自己心中有数、话出口能正常表达就可以了。练习的时候也无须写答案背答案，而应该着重训练自己“听—说”系统的能力。拿着模拟问题，心里计划一下回答的角度，对着镜子开始反复表达和练习，录下来反复分析，有说得不流畅的地方自己换种表述再试一遍。

准备面试那几天，我每天至少自言自语五六个小时。去超市逛街、去宜家挑家具的时候，我就自己一个人低着头嘟嘟囔囔。如果有人正好路过，大概能看到一个一手拿着白菜的亚洲女子，一脸严肃地说：“The reason I want to become a lawyer is that………”

* * *

一切准备就绪后，我迎来了人生第一个大型面试周。

那年律所集中招聘的地方被学校安排在一个酒店，恰好就在我新公寓的旁边，我倒也省去了奔波的烦恼，中午还能回来睡个午觉。那一周5天，我每天都要对着不同的面试官说得口干舌燥，晚上有时还要参加被面试官亲自邀请、实在躲不掉的律所招待会。

最开始我抱着“挑战与锻炼自己”的目的塞了一整周满满当当的面试，最后真如跑了一场马拉松一样，全凭耐力咬牙坚持下来。

还记得参加第一场面试前，我早上六点就醒了，心一直紧张地怦怦跳，推开门的那一刻，我觉得自己的心脏都快跳出来了！我都不记得自己上一次这么紧张是什么时候了，也许是大一第一次参加辩论赛时？

但幸运的是，第一场面试极其顺利，完全围绕着我已经模拟应对过很多次的问题展开。那场面试给了我很大的信心，我之后再没有因为面试而紧张，反而能随机应变回答很多完全没有准备过的问题，感觉口语能力都提高了不少。5天面试下来，我对我为什么要转学，又为什么要跨越大洋从中国来美国当律师，对诉讼和非诉的偏好这一类问题的答案已经倒背如流。

不过我的面试状态也不是百分之百的稳定，很受心态的影响。有一次在面试中途，我忘记关静音的手机忽然响了，我手忙脚乱地关掉声音，抬头看到面试官的脸冷了下来。我一下子就失去了所有的气势，后来想想应该是弱者人格又被激活了的关系。我嗫嚅地回答完了剩下几个问题，然后就站起来落荒而逃了。

不过好在我参加的面试够多，最后一共有一半的律所给了我二轮面试的机会，我从中选了Vault排名最高的六家，约好了在接下来的两周进行，每周正好三家。

二轮面试是律所出差旅费，让我们到律所所在的城市面试。那两周我基本就住在纽约，拖着行李箱在各家律所安排的不同酒店里转来转去。面试一天休息一天，面试的时候则通常要在律所待一个上午，见三个律师、三个合伙人，再跟两个低年级律师出去吃个午饭。

大部分二轮面试都很顺利——我的法学院成绩和转学经历让律所毫不怀疑我的工作能力，简单交谈也没有问题，有些律师跟我眼缘极佳，能拉着我生生把半个小时的面试聊到 50 分钟，有的便简单客气，问到 15 分钟后就把手里的材料一扔，身子往后一靠，叫我有什么问题就直接问。

当然也有一次遭遇了滑铁卢。有一次面到一位合伙人，她正有一个项目要交割，半小时的时间里她一直在对着电脑打字、接电话，并没有认真听我说话。失去了别人的关注，我的气势沉到谷底，说话变得结结巴巴，导致本来没注意我的合伙人都开始皱着眉头看我。这之后，我在同一家律所接下来的四个面试也表现得很糟，最后不出意外地没有拿到 offer。

那次失利对我打击很大，面试结束是在周五，我坐火车回纽黑文，一路上流了许多眼泪。但一个周末过后，我又把这些不愉快抛到脑后，兴冲冲地去准备新一周的面试了。

那个夏天我过得太顺利了，顺利到以为我已经成了自己世界的主宰。但少年时的经历带给我的那些严重的心理问题依然没有得到解决，我只能成为生活里暂时的强者，通过一些幻象来维持稳定的精神状态。这种幻象极易被戳破，就好像我在面试中必须能先确定对方的关注，先奠定了强者心态，才可以侃侃而谈。若对方开始无视我或皱着眉头看我，我就如同戳破的气球一样瘪了下来。

归根结底，我没有一个强大、稳定、平和的内心。那时的我，在过去的一年取得了一些小成就，又在社交网络上获得了别人的认可，整个人正飘飘欲仙，自我感觉良好。这些生活中偶尔的挫败和莫名其妙到来的情绪低谷，都被我抛在脑后。

六个召回面最后有三家给了 offer，也算是中规中矩的结果。我直接选择去了 Vault 排名最高的，以工作风格严谨高标准著称的律所。

8 月底，我回到纽黑文，上演了三个星期的面试大戏终于结束。我累得半死，但终于不辱使命地完成了我这个阶段最主要的任务——找到工作，顺利进军美国法律行业，不出意外，两年后我会从耶鲁毕业，通过纽约州司考，入职这家有百年历史的华尔街大律所，成为一名美国律师。

回首看看眼前，我还剩下两年的法学院时光。没有了就业压力，又来到了我梦想之中学术氛围浓厚的耶鲁大学。夏末秋初，傍晚最是惬意迷人，耶鲁校园的大草坪上躺着许多晒太阳的学生，或聚在一起聊天，或戴着耳机读书，正是我心中常春藤学校的样子。

我对着太阳伸个懒腰，觉得前途一片大好。

当时的我没有意识到，接下来的两年，会是我人生最大的挑战。

2014 到 2016：
我在纽黑文的两年

一、初遇纽黑文—— 一切似乎没那么容易？

与耶鲁法学院的第一次接触，其实早在我搬到纽黑文之前就开始了。

在刚刚拿到 offer 的时候，我就收到一封来自高年级学姐的欢迎邮件。学姐名字叫吉莲，是上一届的转学生，从纽约的福特汉姆法学院转过来，自愿报名成为 mentor（导师），来帮我们新一届的转学生适应学校生活。

耶鲁是全美国最小而精的法学院，每年只招 200 个新生和 10 个转学生。暑假的时候，吉莲约我们新一届的转学生在纽约先见个面，互相熟悉一下。于是我从华盛顿坐火车去了纽约，在中城一家餐厅见到了大家。

这 10 个人里面，只有我不是美国人。有 3 位同学来自排名第四的哥伦比亚大学，其他人的法学院排名也几乎都比乔治城要高。除了我和另外两名亚洲裔的同学是黄色皮肤，其他同学都是白人。10 个人里大部分都是侃侃而谈的白人男性，只有 3 个女生。

这一顿饭吃得我内心五味杂陈。

早听说耶鲁法学院招人不仅仅看重成绩，更喜欢个人经历独特、有自己梦想和追求的学生，这些转学生也是如此。有一位白人女同学从小练习芭蕾舞，还做过专业的芭蕾舞演员，看起来如天鹅一样优雅漂亮，但她可是舞蹈学习两不误，20 岁结束芭蕾舞生涯后，考上大学，又读了法学院，现在又转学来了耶鲁。

另外一位东南亚裔的男生叫约翰，第一眼见他我还以为是一个十分英气的女生，他面部轮廓非常立体，眼神清澈。他在许多东南亚国家生活过，有非常丰富的志愿者经历，对公益组织特别感兴趣。

其他的同学做完自我介绍，几轮聊天下来，每个人都很有特色。有的专注学术，法学院第一年就参加了学术期刊的文章编辑工作，有的参加过模拟法庭，有的立志要当检察官专攻金融犯罪……轮到我说话时，我忽然语塞。他们都太优秀了，英语都比我这个外国人流利，人生经历丰富多彩，对未来还有清晰的规划。我过去一年唯一值得骄傲的事情就是法学院的好成绩了，但在这些其他法学院中的佼佼者面前，也没什么值得一提的。

跟这些同学比起来，我从小到大的成长经历是如此的朴素而平淡。我甚至也不知道我未来要做什么，我对法学理论感兴趣，可也没有立志走学术之路去当教授的志向。我只想在大律所找到份工作，能拿着优渥的薪水留在美国。

我有些紧张，忽然脑子里的一根弦搭了起来，灵机一动说："我身上最有趣的故事，应该是现在还不能合法饮酒吧!"

美国的合法饮酒年龄是 21 岁，而那时是 2014 年，我只有 20 岁。同学们有些惊讶，我就自然而然讲了我提前上学的经历。大家听到我 15 岁就上了大学，19 岁就独自一人出国读了法学院，眼神里闪过一丝赞叹。

对"早上学"这件事，我曾经很痛恨这个标签，因为它在初中时定义了我“弱者”的身份。可它也在许多其他场合让我成为被众人艳羡、夸赞的对象，满足了我内心想被人关注的虚荣心。所以我又躲不开这样的标签，当希望在一个新群体博得关注时，我如同饮鸩止渴一样，总会不经意地提起这件事。

那天聚会结束后，我因为标签而获得的那些短暂关注，并没有挽回我低落的心情。这些同学都太优秀了，他们的人生是如此丰富多彩，而他们眼神里坚定自信的光芒，更是让我黯然失色。

不过，我很快就忘却了这种感觉。我跟家里打电话，告诉他们耶鲁法学院这一届的转学生是多么优秀。爸爸鼓励我说：“你比他们更优秀，你一定也会像以前一样，渐渐成为这个群体里最优秀的那个人。”

爸爸一向相信我，可我这次却没有那么相信自己了。跟这些同学相比，我的人生是如此的单调无趣。我在国内度过了平淡的 19 年人生。在来到美国读书前，连国门都没有出过。我不擅长体育，没有其他特长，甚至说英语的时候也是唯唯诺诺。我还能像以前一样创造奇迹，遇强则强，从这个更优秀的环境中脱颖而出吗?

*　　*　　*

很快，证明自己的机会就来了。《耶鲁法学杂志》（*Yale Law Journal*）给我们这些转学生出了一个任务，可以以此参与竞争编辑职位。

每个法学院都有几种自己的学术期刊，但所有工作都是由学生完成，完全不会招募全职的编辑。虽然只有学生编辑，但这些刊物在学术界都有着举足轻重的分量，因为全美法律界大部分的学术刊物都是由学生编辑主导，鲜少采用同行评审制。每个学校都有一个规模最大、在学术界评誉最佳的期刊，在耶鲁就是这本《耶鲁法学杂志》。

因此，学生进入学术期刊当编辑，往往要经过严格的选拔考试。比如，要考学术文献的写作能力、对脚注引用规则的熟悉等。进入期刊后，往往是从最基层的校对编辑做起，然后一路往上做文章编辑、执行编辑等不同的角色。那些能做到学术期刊总编辑的人，自然也就是一个法学院公认最精英、最优秀的一小批人之一。

我其实对学术期刊并无太大兴趣。法学院第一年的学习都是比较实务型的案例分析，我的写作技能也是诉讼文书写作，对于学术文章一窍不通。但是，每年耶鲁能进入《耶鲁法学杂志》的人并不多，大概是十中取一的比率，在这届转学生中，更是只招一个人。刚刚见过转学生同学，认识到自己和别人的差距，我迫切地想要拿到这个编辑职位，来重塑自己的信心。

我们的任务是阅读一篇学术论文，然后写出一篇 800 字的修改意见。我打算拿出我第一年学习案例的精神，先把文章精读一遍，一边读一边总结出要点，然后列出提纲，写出一篇结构清晰的修改意见。过去一年的“逆袭”经历，让我有些轻敌，觉得论文和案例应该没太大差别，我可以轻松完成这个任务。

那时我并没有意识到，人做一件事情能否成功，最初的那个动机往往很重要。起码对我而言，在我过去的人生中，若纯粹为了“赢”而做一件事，几乎总是跌得很惨。而如果我真的取得了成就，一定是因为我热爱这个过程本身。我在享受着自己眼前的每一个动作，在不关心最终能否到达终点时，反而获得了无心插柳的结果。

拿到《耶鲁法学杂志》任务的时候，正好是在二轮面试的最后一周。那一周，我白天都要在律所跟人说上七八个小时的话，晚上回到酒店，打开电脑就觉得浑身疲惫，根本没有研读学术期刊的动力。但即使是在没有面试的时候，我打开电脑一天，却还总是走神，被其他事情吸引，真正投入在任务上的时间只有两三个小时而已。

缺乏了“热爱”这个关键的佐料，我大学时拖延懒惰的“熟悉配方”又回来了。一直到提交修改意见的最后一天，我连论文都没有读完。最后的那个下午，我只好匆匆读完论文，皱着眉头动了笔。我勉强凑够了800字，但根本不知道自己写了什么。如同当年考的那个司法考试一样，我在提交任务的一刻就已经知道了结果。

果不出所料，我几天后就收到了来自《耶鲁法学杂志》的一封标准拒绝邮件，语气简洁平淡。最后再次见到转学生同学时，我知道那个东南亚的男生约翰拿到了这个编辑职位。

我难过了很久，一直有种喘不过气的感觉，可又不明白是哪里出的问题。转学到耶鲁，真的是一个正确的选择吗？未来两年，我又会如何度过呢？

* * *

不知不觉，开学已经一个月了。

耶鲁法学院一般在每学期的最后选下个学期的课，也采取报名律所面试的“竞标”制度，因为热门的小班课往往需要抽签，有的还需要完成一定的任务。最火的小班课早在上个学期就被抢完了，所以对我们转学生来说，我们只能选一些比较容易进的大课。

我对着课表纠结了一番后，最后选了法律职业道德伦理、知识产权法、冲突法和一门商学院和法学院合开的多德·弗兰克法。对标我去年在乔治城的学习环境，这些课程的难度最少降低了一半。阅读任务少了许多，课堂上教授也以发散性的讨论为主，案例过得很慢。对我来说最难的反倒是在商学院上的这门多德·弗兰克法，涉及很多我从来没有接触过的金融财务知识，每节课之前都要查很多背景资料，才能完全理解阅读任务。

但即使如此，我的学习时间还是只有法学院第一年的一半。生活中忽然多了很多空闲时间，我就将注意力转移到了社交上，想多交点朋友。来美国都一年了，我将生活中全部的时间都扑在了学习上，现在来了耶鲁，我觉得是时候多参加一些社交活动了。

在这一个月，我先是经常跟着转学生群体一起活动。大家都初来乍到，经常周末一起约着聚会，我也很积极地每次都参加。可是渐渐地，转学生们似乎都找到了自己的朋友圈，十人聚会越来越少了。

有一次，我在知识产权法课堂上认识了一个美国女生，她邀请我周末去参加她一个朋友家里的聚会，我欣然前往，还带了一些水果和零食。那场聚会有几十个人，挤在小小的公寓里，角落里的音箱放着嘈杂的舞曲，大家三三两两挤在一起聊得热火朝天。

那位美国女生径直拿塑料杯倒了点酒，熟门熟路地转身插入正在聊天的两个人中间，热情地打招呼、握手并介绍自己。我有些手足无措，也学着样子倒了杯酒，有些张皇失措地看着周围的人，竟然一个认识的都没有。我紧张得不行，最后只好硬着头皮坐到沙发上，切入了一个三人小群体。可他们彼此聊得正兴起，时不时哈哈大笑，我完全不知道如何自然而然地插嘴，只能尴尬地跟着笑笑。

那天晚上我一直没有离开沙发，身边的人来了又换，偶尔有些人会过来跟我聊几句，但音乐声音太大，让我听说都有些吃力。有些人跟我待了一会儿，看到有熟悉的朋友进来，立刻大呼小叫地迎上去了。那晚到最后，我能记住名字和脸的人都没几个，但那个和我一起来的美国朋友，已经把这个聚会里她不认识的人都聊了一遍，还约好了跟新朋友第二天去打网球。

那次之后我认识到，美国的party对我来说实在是一种很低效又消耗能量的社交方式。可在学校又只有大课可以上，没有跟同学互动的机会，也没有认识新朋友的方式。再加上我本来就比较慢热，在陌生人面前话不多，在英文环境里更是只会点头附和，完全没有美国同学那种自然而然展示自己的能力。

就这样，来到耶鲁的第一个月，我几乎没认识什么新朋友。

十月中旬的时候，一个转学生同学邀请我们大家去她的生日聚会，就在我家楼下的一个小酒吧。我带着礼物过去，惊奇地发现聚会非常热闹，除了转学生以外，还有十几个耶鲁法学院的同学，甚至还有一些耶鲁其他专业的同学。看着人家短短一个月已经拥有了新的社交圈，我心里酸涩不已。

那晚回去后，我毫不意外地情绪崩溃，大哭了一场，直到深夜两点才沉沉睡去。来到耶鲁后，我经历了一次又一次的打击。我无法在学业上建立自己的优势，在社交上也完全成了隐形人。我找不到自己存在的意义，在这个新的环境里，我开始变得如此平淡，渺小如灰尘一般。

* * *

但好在作为中国人，在国外总是能跟中国人交朋友的。

耶鲁法学院的JD项目每年只有两三个中国人，算上另外两个项目

LLM、JSD 里面的中国人同学，大概有一个十几人的小社交圈。我们有一个微信群，名字叫“YLS 中国小团体”，YLS 就是 Yale Law School 的简称了。①

在乔治城的时候，一届 JD 能有十几个中国人，全校有四五十人。但是大家平常聚会不多。耶鲁就完全不同，这十几个人的关系极好，平时经常在群里喊一句，有没有人下课一起吃饭。那时纽黑文有三家中餐馆，Chao Chao、长城和 Taste of China，都是我们每天随机选择的据点。

这些同学也是我在以前的环境中从未见过的类型。他们都是在人文社科领域绝顶聪明的人，有着极强的人文通识功底，并且对知识、社会和时事保持着旺盛的好奇心和求知欲。

有一次在餐桌上我们聊起法经济学，我讲到了我法学院第一年学过的“四个盒子”理论，一个中国同学兴奋得连饭都不吃了，立刻从书包里掏出纸笔让我画给他看，接着热烈跟我讨论起每种规则下案例的不同走向。我们平时聊天时，大家的话题也都围绕着学术、政治、法律和时事，听的人一脸专注，说的人激情澎湃。

这群同学给我带来了无数个有所启迪的瞬间。同样都是中国人，他们并非像我一样，来读法学院就是为了毕业去律所，找一份体面的工作。他们中有人喜欢学术、有人喜欢诉讼、有人喜欢商业、有人喜欢公益……虽然他们也同我一样需要考虑毕业后的签证、生计等现实问题，但我从他们身上看到了更坚定的理想。

虽然每次相处都很愉快，但独自回到家后，一种挥之不去的自卑感

---

① 当时群里只有十几个人，几年后，那个群里的人越来越多，已经有 80 多人，也许应该改名叫“YLS 中国大团体”了。

还是紧紧追着我。

这些同学基本都是美国本科毕业，有些国内来的 LLM 同学也是北大的本科。被“平台”意识深深占据了思想的我，下意识地觉得我从起点上就已经输了。在平时聊天时，他们对于历史、政治和经济学领域的名家都是信手拈来，对中美两国也既能侃时政热点，又可以结合时政热点做深入分析。相比之下，我的知识水平和阅读量都差了一大截，经常是白天听到某个名字或某个历史事件，晚上回去查维基百科来补课。

耶鲁的中国同学们虽然经常一起活动，但我也感觉自己只是群体中普通的一员，并没有和任何人变成熟悉一点的朋友。我依然找不到自己的存在感，甚至开始越来越怀念国内大学的生活。

* * *

与在现实生活中的落寞相比，2014 年的冬天，我在网络上倒是玩得风生水起。

因为在知乎上写过法学院的学习方法，我积累了最初的一批关注者，受到了鼓励，后来又写下了自己转学、找工作的经历。也许是经历的确比较独特，我开始受到越来越多的关注和赞美，内心的虚荣也逐渐增长。虽然在耶鲁的现实世界中，我认为自己是一个起点低、学业平平、交不到朋友的弱者，但是在网络上，我又在众人的夸赞中找到了一丝优越感，觉得自己仿佛还是一个强者。

也就是在那个阶段，我开始摘掉眼镜，留了长发，几乎每天都戴隐形眼镜，还开始自己学着化妆。在之前的人生里，我也有过比较注重外貌和穿着的阶段，但那时一直认为考上美国法学院去读书才是头等大事。

在乔治城的那一年，更是全心扑在学业上，衣服都没买过几件。

转学到耶鲁后，多出许多空闲时间，还有越来越泯然众人的失落感。我开始发现花一些心思在化妆、穿衣上，可以显著提高我的外表，再精心修一些照片发到社交网络上，甚至还能引来一些对我外貌的夸赞。

那时，在现实世界极度受到打击的我，如同溺水的人一样，紧紧抓住任何一点会让我有些与众不同的幻觉。但我并没有理解问题真正出在哪里。我在一个世界维持着自己还是强者的幻象，在另一个世界又恐惧成为弱者，恐惧被人遗忘。

我小心翼翼地维持着这个天平，在来到耶鲁的第一个学期，我的情绪变化非常剧烈，时而因自卑而痛苦，时而又因被夸赞而感到自己高人一等。那种法学院第一年专注学习、沉浸于能力提升的喜悦不见了。我的生活看似平静，内心却如惊涛骇浪一般。我痛苦不堪，几乎每周都要经历一次情绪崩溃，哭着睡去，但第二天起来又是一副一切都好的样子，第一件事就是打开手机看看知乎，看有没有收到新的评论。

2014 年的冬天，我回到了北京。这是我来美国以后第一次回来。

那个冬天我过得非常快乐。脱离了耶鲁的校园环境，我不用再担心自己是否是一个弱者。到了北京，我还回母校给学弟学妹做了一场讲座。在学弟学妹们崇拜的眼神里，我的自信心如春天的新芽一样，抽条生长。在北京寒风彻骨的冬天里，我见了许多大学时的好友，那种熟悉亲密的感觉，逐渐抚平了我心中的失落。

在耶鲁不受关注又能怎样呢？起码在这个小小世界里，我还是众人艳羡的对象啊。

二、耶鲁的同学们都在做什么？

2015 年来了，我回到纽黑文，这时上学期几门考试的成绩也下来了。四门课里面，我的法律职业道德伦理拿了 Pass，知识产权法和多德·弗兰克法拿了 Honor，冲突法的课我选择了写论文，毕业时交论文再评成绩。

耶鲁法学院没有 GPA，所有人只有“优秀”（Honor）、“良好”（Pass）和“挂科”（Fail）三种成绩。很少有人会挂科，而且拿优秀和良好很容易，所以大家的成绩单上基本都是一些 Honor 和一些 Pass，很难分出绝对的强弱。学校设计这种评分机制，就是希望同学不要花太多精力在保持成绩上。也正因为如此，即使拿了两个 Honor，我也无法再像法学院第一年那样，用成绩好来维持自己全部的存在感。

而且，我很快就发现，耶鲁的同学们在上课考试之外，有广阔无限的天地可以探寻。我也随波逐流，尝试了许许多多不同的事情，试图从这些活动中找到自己的意义。

我尝试的第一件事，是学术期刊的编辑工作。虽然去年参加《耶鲁法学杂志》的编辑考试以折戟告终，但耶鲁还有许多其他的学术期刊，可以完全无门槛先从脚注编辑做起。这两个学期，我参加了《耶鲁监管评论》和《耶鲁法律政策评论》的脚注校对工作。

校对脚注是一个非常枯燥无聊的工作。我们需要先把脚注中作者引用的所有材料都找出来，抱着厚厚的一摞书，再集中一个时间，所有的编辑坐下来一个脚注一个脚注地核对。从具体的引用页码，到每一个引用的单词以及引用的格式，都要完全正确。

在我眼里十分枯燥的重复性工作，有些同学却做得津津有味。有一个下午，我早早完成了自己负责校对的部分准备离开，我们组另外一个同学却还不肯走。他跟我解释说，他想把其他同学负责的脚注部分对照着索引资料都看一遍，可以让他更好地理解脚注与文章本身的关系。

耶鲁是个非常重视学术写作能力的学校，作为毕业要求，每个学生都必须要完成两篇论文，其中一篇要在二年级结束时写完，最低需要达到可以投稿的学术文献标准。这个论文可愁坏了我，我从秋天一直愁到夏天。

可我发现，耶鲁的有些同学是真的热爱学术。他们将大量的时间花在读文献、写论文上，有些人甚至在法学院一年级时就完成了两篇毕业论文中的一篇，到了二年级已经开始在期刊上发表文章了。他们往往坚定相信自己想要表达的观点，也很热爱从抽象的资料中挖掘出问题的本质，再提出一个清晰的建议。

与他们不同，那时的我对于法律学习还是“辩论赛”思维，给我一个案例中的争议点，我可以从正反两方进行分析。可到了学术论文的阶段，我无法形成自己的论点，更没有热情去围绕着一个我不相信的观点，花费大量的时间去总结历史文献、资料和数据。我找不到我想要清晰表达的东西，就如同我不知道此刻人生的意义一样。

* * *

虽然没有太大兴趣，但我一直积极地参与编辑工作，就是为了让自己看起来忙碌一点，好像在参与一项重要的工作，以掩饰内心的迷茫。

除了期刊编辑之外，我发现许多同学都会去给教授做研究助理，于是也有样学样，向几位教授提出了申请。耶鲁法学院有一位大名鼎鼎的亚裔女教授——“虎妈”蔡美儿，曾写过一部关于自己教育女儿的畅销书《虎妈战歌》，闻名中美。做了她的研究助理后，我就帮她的新书搜集资料，每周都会花几个小时在上面。

耶鲁有许多同学醉心公益，热爱为少数族裔、女性和一些弱势群体的利益发声。他们会在学校组织公益法律研讨会，参与法律实践，去帮弱势群体打官司、与联邦政府或大公司周旋。于是我下学期也选了一门“全球难民问题”的课，授课老师是一家中东难民救济机构的创始人，我也就顺水推舟加入这个机构，接下了一个帮助一位伊拉克难民的案子。

案子的客户是一位曾经给驻伊拉克美军做翻译的本土伊拉克人。在美国撤军后，因她曾经为美国工作，被当地的宗教极端组织威胁和恐吓，不得不几次搬家，甚至逃到中东其他相对安全的国家避难，因此她希望以难民身份申请获得美国公民资格。

在纽约一个律师的远程监督下，我每周都会跟客户打电话来收集信息，把她自美国撤军后每一年的经历、经历过的每一次危险都记录下来，整理成资料来帮她写公民资格申请书。这份法律文件被提交到了美国移民局，最终这位客户获得了美国公民身份，顺利带着女儿来到了美国。这次经历让我觉得十分自豪，可我依然无法从中找到那种可以让我全身心投入的快乐。

我在耶鲁法学院的一位中国同学一直关心弱势群体，打定主意在毕业后要从事法律公益活动，即使拿不到签证、薪水微薄，也无法阻挡她的热情。每次从她的眼神里，我都能看到一种踏实坚定的信念，我既是感动又是艳羡。

我并没有放弃，一直在寻寻觅觅，寻找那种属于我的热情。经过几次尝试，我起码知道了我对学术没有太大兴趣，做公益活动也无法完全满足我，帮教授做研究也只是完成工作。回忆起第一年在法学院时，我非常喜欢分析案例，也喜欢写诉讼文书，在写作课的模拟法庭辩论上也表现得不错。难道我应该做一个诉讼律师？

于是，在二年级的下学期，我报名参加了模拟法庭。我们拿到一个当时正在美国最高法院待审的案子，所有参赛人员随机分组，各自提交诉讼文书，然后在法官面前进行辩论。我花了两周的时间认真准备这个案子，也交了我觉得非常满意的文书，可在辩论结束后，也许是因为耶鲁的同学实力太强大，我还是被淘汰了。

准备比赛那两周，我又找回了在法学院第一年的那种热情，抛开了手边的所有事情，每天走路、做梦都在思考这个案子的辩论思路。可也许是我太想赢，太想通过一件事来证明自己了，当最后结果不如我愿时，我完全忘记了我有多享受这个准备比赛的过程，只是沮丧地告诉自己，这个结果又一次证明了，我在这个环境中是百分之百的弱者。

好在比赛失利并没有完全消磨我对法律诉讼的热情，我灵机一动，想着真正吸引我的事业会不会是去做法官助理？

法官助理（judicial clerkship）这个职位薪水不高，但任务却非常有挑战性。法官助理最关键的工作是帮法官起草各项文件，小到一项指令，大到一个全国瞩目的重要案例的判决，都可能由助理起草初稿。

一个法官通常只有两三个助理，任期一年，每年都会招新人。这些新人都是名校法学院的毕业生，做了一年助理后，如果对审判工作还有兴趣，会被基层的法官推荐给上级法院做助理。有一小部分极其优秀的人，最后也许会成为美国最高法院的助理，为九位大法官中的一位工作，直接参与到那些改变美国历史的案例决策中。

因为美国的法官在整个国家都饱受尊敬，如果能给一位德高望重的法官做助理，相当于打开了接触美国政法界高层的黄金通道。几年的助理生涯结束后，他们积累了宝贵的司法审判经验，会成为各大律所争抢的对象，薪水翻倍，还有可能获得高达十万美元的入职奖金。

法官助理这条路，实在是美国法律从业者中最精英、最顶尖的一条路，竞争极其激烈，因此一般也只有耶鲁、哈佛、斯坦福的毕业生才会参与到这个游戏中。若我在乔治城毕业，应该申请不到名气较大的法院，但转学来了耶鲁，我忽然发现自己居然半只脚踏过了这个门槛。

在耶鲁学习，法官助理也是一个绕不开的话题。每年有近一半的学生毕业要去做法官助理，直接去律所的反倒是少数。我一年级的暑假曾在联邦法院实习过，也的确是对审判工作有强烈的兴趣，也迷恋那种进入政法界精英阶层的感觉。

对于申请法官助理而言，成绩的重要性远没有申请律所那么大，最为重要的是有分量的教授的推荐信，学术期刊的编辑工作经历也很有帮助。我心中仿佛燃起了希望——我给教授做过研究助理，也参与过学术期刊的工作，是不是可以试着申请法官助理呢?

我兴冲冲地去跟中国同学讨论这个问题，却被当头浇下一盆冷水。联邦的法官助理必须是美国人或绿卡持有者，国际学生如果能获得法官录用，也可以在编制之外做不带薪的非正式助理，但需要自己解决签证问题。我的学生签证允许我在毕业后用一年的时间来做任何工作，但在那之后我必须要转入正式的工作签证。也就是说，即使我愿意分文不取在法院做一年非正式助理，助理生涯也最多只有一年，在那之后，我必须回到律所工作，才能获得工作签证留在美国。

这一年的工作到底有多大意义？我又陷入了深深的迷茫。作为外国人，我注定无法通过法律助理这条路进入顶级的政法精英阶层。一年的经验实属管中窥豹，而且没有薪水，我又要如何养活自己？我试着跟父母打电话说了这个想法，可他们并不同意，坚决认为毕业去律所挣着高薪，等着办绿卡才是最正确的人生选择，才符合他们心里对于“阶层”的想象。

如果我真的热爱审判实务工作，这一切挑战都不是问题。事实上，也有极少一些中国学生在美国法学院毕业后，做了一年法官助理的工作，再进入律所。可我却退缩了，最开始想要申请法官助理很大程度上也是随波逐流，自然没有破釜沉舟的勇气。

我自嘲地想，我果然是一个没有梦想的人，根本不知道自己到底想要什么。

* * *

与我这种摸黑乱撞的人不同，耶鲁的其他同学，大多在年轻的时候就认清了自己想要的是什么，从而可以突破环境的限制，甚至创造有利于自己的环境来实现目标。他们早早就走过了迷茫期和探索期，在最适合自己的世界里，为自己喜欢的事情而努力着。

进入耶鲁后，他们也许立志要当总统、当大法官、创建非营利组织来帮助难民。耶鲁为他们提供了实现梦想的平台，他们也清楚地知道，要把时间花在哪些重要的事情上。学校没有单一的评价体系，相反还鼓励大家不要太看重成绩。因此，同学之间根本没有什么横向竞争的意识，只是各自在自己选好的路上坚定地走下去。

像那些以正义和平等为目标的同学，会花两年的时间参加各种法律援助项目，帮助弱势群体解决法律问题。对诉讼更感兴趣的同学，每个学期都坚持参加模拟法庭比赛，或者参与教授和律师带队的法律实践项目，在学生阶段就能参与到重要的法庭辩论中。

也有热爱商业和公司法的同学，他们可能会修一个耶鲁商学院 MBA 的联合培养学位，每年要多学许多商学院的课程。他们也许会在《耶鲁监管评论》发表一篇关于金融监管的学术论文，或者和商学院的学生一起做项目，在学生时期就成立创业公司，进行商业实践。

也有同学投身于学术，时常出没在图书馆和教授的办公室。毕业要求的那两篇论文，他们可以轻松完成，不仅能提出自己独特的学术见解，甚至毕业时就在期刊上发表了几篇论文。

和他们相比，我才真正体会到人与人之间在思想境界上的差距。

我从小接受的教育，并没有教会我要如何去寻找自己真正热爱的事情，而仅仅是不断突破环境向上走，成为一个群体最优秀的人。也正因为如此，我过去人生的每一个选择，都不是因为我热爱这些事情本身，而只是在追求一种虚无缥缈的阶级感。

当初选择来美国读法学院、考 LSAT、学托福，并不是因为我有多热爱学习美国法律，而只是觉得在美国做律师，代表了更高的“阶层”罢了；选择转学来耶鲁，更是典型的继续突破“阶层”的尝试。

但来到耶鲁后，这种“阶层”的算法失效了。耶鲁没有鄙视链，每个人都在做着自己热爱且擅长的事情，并无标准可供参考。如果硬要说有什么标准的话，那也只能是每个人眼神中的坚定与热情。能在自己的梦想上一路狂奔，才是最值得羡慕的事情吧？

三、“那堵墙”带来的转折

在耶鲁的第一年，我就这样在迷茫中四处寻找，不断探索自己的内心。有一起事件对我影响极大，就是发生在“那堵墙”上的故事。

耶鲁法学院有一个向全校开放的邮件系统，叫“the Wall”，每个人都可以通过系统群发邮件给学校的所有人，没有任何审查和屏蔽机制。这名字来自法学院大楼位于一楼中间的一堵石墙。在还没有网络的年代，老师和同学会把学校的重要信息、自己对一些问题的观点写出来贴到这堵墙上。在耶鲁的几百年历史里，这堵墙不知见证了多少顶尖思维的交锋和激烈观点的争执，也成了耶鲁法律人共同的精神领地。

2014 年底，一场席卷全美的种族平等运动“Black Lives Matter”（黑人的命也是命），从在“那堵墙”上的辩论开始，彻底点燃了纽黑文的耶鲁校园。

事情的起因来自美国根深蒂固的种族矛盾。2014 年夏天到秋天的时候，有几次美国警察在执法中因为误判而射杀了手无寸铁的黑人的事件。这些事件登上了各大新闻头条，在全美国激起了一场关于种族平等的大讨论。人们认为警察的误判来自整个美国社会对于黑人的系统性歧视，纷纷站出来抗议和游行。

从全美国聚焦到纽黑文，这个小城市因为耶鲁校园的存在，在各种政治、文化冲突中，从来都是一个冲突前沿的阵地，充满了对于社会现象的激烈思辨、讨论与抗争。

在“Black Lives Matter”运动成为全美国的焦点时，“the Wall”却变成了一片战火纷飞的焦土。

2014 年 11 月底，美国正值感恩节放假，我在哥大上学的班长（当时已经变成我的男友）一起去加州自驾游玩。有一天白天手机没信号，晚上我打开手机发现有 100 多封新邮件，全部来自“the Wall”。

美国同任何国家一样，存在着政治立场鲜明对立的左右两派——偏“自由”的民主党和偏“保守”的共和党。在“Black Lives Matter”以及背后体现出来的种族矛盾上，自由和保守两派民众的反应也是截然不同。自由派民众站在黑人的一边，发动了游行和抗议，呼吁全美国来关注种族问题。保守派民众则更同情警察，认为黑人犯罪率更高是事实，警察提高防备和警戒也是无奈之举，反过来指责发动“Black Lives Matter”的群众过于暴力，扰乱治安和普通民众生活。

耶鲁法学院也一样，有着“自由”和“保守”的两派学生，在“the Wall”上展开了激烈的争论。有些学生发出檄文，痛陈美国社会制度的不公，语气强烈地呼吁耶鲁法学院的学生们参与游行，用自己全部的力量进行抗议。有些学生则比较理性，写了长篇大论来分析警察与黑人冲突问题背后的实质，提出了自己认为合适的解决思路。也有保守派学生提出自己的观点，指责一些激进自由派的同学语气和态度太过强硬，甚至威胁要把这些自由派学生的激烈言辞举报给律师协会。事态越闹越大，100 多封向全校群发的邮件你来我往，让耶鲁法学院所有正在放假的学生和老师，都通过小小的手机屏幕又重新回到了一起。

2014 年 12 月初，法学院的学生将这起事件推动到下一个阶段，不再满足于在网络上抒发自己的观点，而是积极参与到游行和运动中。先是有一些同学在“the Wall”上号召大家一起去参加纽约的游行，几天后同学们又在纽黑文组织了自己版本的抗议运动——“Die in”。学生们模仿被警察误杀而倒地死去的黑人，在市政厅门口手拉手躺了一排，加入的人越来越多，直到几百个人把整个路口都堵住。

* * *

我没有去参加“Die in”或任何游行，但却积极旁观了整场事情的发展。当我看到与自己在同一节课、同一个社团的同学都庄严而肃穆地躺在地下，手拉着手闭上眼，只为了向社会展示和抗议他们看到的不公平，这种震撼对我来说是难以言表的。躺在地上进行无声抗议的同学，远不仅是切身感受到被歧视、地位依旧不平等的黑人，而是包含了法学院的各种族裔——有白人、西班牙裔、亚裔。这些肤色各异、成长环境不同的学生们，心中却有着同一套正义。

自那以后，我开始不断思考自己的社会角色和人生理想。

我跨越重洋，来到美国学习法律，究竟是为了什么？仅仅是为了追求更高的“阶层”吗？我学到的这些知识，只是为了满足我碾压别人的优越感，试图成为强者吗？

我认真阅读了“the Wall”上的每一封邮件，看着身边的同学们利用我们学过的案例，鞭辟入里地分析“歧视”这种社会现象，并从社会结构的层面提出改革建议。那一刻我忽然意识到，这不就是我上法学院的第一课里，皮勒教授讲的从“Level 1”到“Level 3”吗？

原来法律不是空中楼阁，也不是用来满足我虚荣心的工具，而是一种打通思想维度的方法论。学习法律赋予了我 Level 3 的思维能力，也给了我一把可以直究 Level 1 问题本质的钥匙。

回忆起我在美国法学院的第一年，我恍惚明白了。我之所以能取得好成绩，不是因为我一心想着碾压乔治城的所有同学，也不是我“头悬梁、锥刺股”一般要让自己考上耶鲁，而是我真心热爱那种思考问题的感觉。虽然我来美国读法学院的“初心”是突破环境，提高自己的平台，但命运却阴差阳错将我带到了这个我既喜爱、又擅长的领域。我很擅长抽象思考，往往能透过现象看到问题的本质，再将不同问题的本质融合到一起，升华成自己的宏观思维体系。我自己也狂热地享受着这个过程，那些知识在我脑子里，如一盘散沙变成一座大楼，而我就是那个筑梦的建造师。

毫不夸张地说，我在乔治城第一年的学习过程中，从小到大第一次找到了真正的自己。这也是我能够进入耶鲁的最大秘密——我不是什么难得一见的天才少女，更不是刻苦努力的学霸，我只是单纯地热爱着我那时所做的事情。

当热爱成为唯一的驱动力时，人生才是无往不利的。

而转学到耶鲁后，我时而沉浸在来到金字塔顶端的优越感中，时而因自己是“弱者”而自卑，忘记了自己曾经真正热爱的是什么。也许人生本来就无所谓强者和弱者，只是要找到适合自己的路而已。

我真正热爱的，其实不是“诉讼”“公益”“法官助理”这些标签和类别，而是思考这件事情本身。

四、迷人的暑期生活

在耶鲁法学院的第二个学期很快就结束了，2015 年夏天，我搬到了纽约开始暑期实习。

在美国，“纽约”这个词其实有很多含义，从行政区划上来讲首先有纽约州，然后有纽约市，纽约市实际上包括了曼哈顿岛、布朗克斯、布鲁克林、皇后区等几个地方。但其实从狭义上，一提到“纽约”，所有人的第一印象都是那块狭长的岛屿状土地——曼哈顿。

曼哈顿每个区域有截然不同的特色。中城的时代广场仿若宇宙中心一般，24小时都是灯火通明的数字广告屏和川流不息的游人。上城是文化教育中心，中间有着著名的跨越几十个街区的中央公园，西边有林肯中心、哥伦比亚大学，东边则是大都会博物馆和一排排的独栋别墅。

曼哈顿下城底部是一块三角形的狭窄区域，也就是时常出现在电影中的金融中心华尔街了。纽约证交所、美联储办公室、世贸中心和华尔街铜牛都在这里。这块本来就不大的街区挤满了高楼大厦，导致本来就狭窄的街道更是暗无天日。

我要上班的这家律所就在金融区最南边，在曼哈顿尽头的角落，从办公室可以直接看到曼哈顿两侧的东河和哈德逊河、远处的总督岛和自由女神像，还有河对岸的布鲁克林。

*　　*　　*

进入律所的第一周是迎新环节，每天都有许多让我如坐针毡的社交活动。熬过这一周后，我终于开始了正式的“工作”生涯，作为一名实习律师开始接到真正的任务。

作为实习生，拿着跟一年级律师一样的工资，却往往不会分到什么有用的任务。美国大律所的律师们工作都非常辛苦，加班是家常便饭，但是对暑期实习生却是出了名的仁慈。不管是律师还是合伙人，都会约定俗成地尽量不让实习生加班或在周末工作，让他们在漫长而辛苦的律师职业生涯真正到来前，尽量享受这个暑假的愉快时光。暑假结束后，大部分人都会拿到offer。这是一个真正毫无任何压力，只是在纽约体验律师生活的暑假。

不过既然不能加班，那一些真正核心、对项目发展至关重要的紧急任务，自然是轮不到实习生来做了。即使如此，对于2015年第一次接触实务工作的我来说，做实习生的生活还是太让人兴奋了。

我有两个“导师”，一个是银行法领域的资深合伙人，一个是高年级诉讼律师。导师们带我参与到他们一天处理的所有工作任务中，包括跟客户的电话会议、与对家律师的谈判，并跟我详细讲解他们处理问题的思路。他们一心想让我多观察，对我也没什么太大的要求和期待。我也瞪大了眼睛仔细看，觉得律师的世界是如此的新鲜有趣。

律所给我分配的任务非常的多样化，既有诉讼，又有非诉和公司法领域的事务，还有一些法律援助。我会帮一个来自司法部的反腐败调查做法律检索，针对具体问题写出法律备忘录；还会帮一个并购案子做尽职调查，审阅几百份合同后把其中关于控制权转移的条款总结成表格，并写成邮件汇报给上级律师。我甚至在一个法律援助的案子里获得了短暂出庭的机会——免费代理一个经济条件困难的女当事人，把一直骚扰她的前男友告上法院，并针对被告申请禁止令。

暑假接到的各种任务里，我最喜欢的是给并购项目做“控制权变更”条款的总结表格。这个表格是在并购项目中低年级律师经常要做的一项工作。我需要阅读50多个商业合同，总结出其中关于控制权变更的关键条款，并以表格的形式排列好。我发现这项工作跟我在法学院上写作课时，一边做案例检索一边总结的“案例表格”差不多，一样是要通过横列和纵列的方式有逻辑地呈现信息。我很享受这种从底层信息抽象出共性，再设计出一个简洁直观的信息排列方式的整个过程。

总结表格做得我得心应手，还为了这个任务第一次在周末加班。最后写好了几十页的表格发给上级律师，后来我偶然一次从另外一个同事那里听到，那个上级律师私下跟同事说，那份表格做得简直不像是出自一个实习生的手笔，其严谨、细致和专业程度更像是一个三年级律师做出来的文件。

这份突如其来的意外惊喜，让我在人生中第一次因为工作而体验到巨大的满足感——原来自己的工作成果被人需要、被人认可的感觉有这么好！

实习的那两个月，我每天过得十分规律，早上九点半到办公室，晚上五点半离开，中午律所一般会有各种讲座，日子过得充实又轻松。律所还给我分了一个 buddy（伙伴），是一个只比我高两届的律师。她不会给我分配工作，专门负责带我体验纽约的生活。

于是在纽约的时间里，我也体验了不少文化社交活动，比如，去 VIP 包房看 Taylor Swift 的演唱会，去中央公园的露天剧场看莎士比亚话剧，去合伙人在曼哈顿的豪华公寓喝酒聊天，去看纽约扬基队的棒球赛，等等。不同的合伙人还会带我去高档餐厅一对一用餐，我们可以畅所欲言地聊天，合伙人会给我讲许多工作中的趣事。

而那个夏天的纽约，在我的记忆里是金灿灿的阳光、中央公园草坪上慵懒的人们、傍晚时律所门外在河畔小广场的酒会、充满着欢笑的百老汇。我忙着体验一切，每天都马不停蹄地生活，心里踏实安定。

* * *

在离开律所前，我其实有点犹豫，是要加入诉讼组还是非诉组。

两个组的工作我都参加过，但并无什么强烈的偏好。因为法学院第一年都在学习案例和诉讼写作，在来律所之前，我以为我会更喜欢诉讼组的工作。可实习之后，我发现非诉组的那些商业交易也非常有意思，可以从法律角度理解整个现代商业经济体系。

许多中国人选择做非诉，是因为非诉的业务更有国际化性质，商业交易的法律流程都很相似，可以为将来回国执业留条后路。但我没有用这些外界条件来限制自己，我唯一想弄清楚的就是：我到底热爱什么。

我有些瞻前顾后，破除了“强者”和“弱者”的心魔后，我的内心如一张白纸般空洞。“热爱”是一种需要学习的能力，当我们习惯了在环境的裹挟下做出选择，就逐渐丧失了回归自我的能力，也不懂得要如何做一个符合内心的选择。

但其实，在几年之后回头看，不管是做诉讼还是非诉，对我的未来都不会有太大的影响。我们的未来，其实并不是在一个岔路口做出选择后，从此就彻底改变了自己的一生。未来是一个动态的过程，我们活着的每一天都在创造自己的未来。

我能来美国读法学院，开启了人生一条新的故事线，并不是因为2011年的冬天我做出了“要去美国读法学院”这个选择。而是在那个冬天之后，我一直在往那个方向努力，有几次想要放弃，也机缘巧合又回到了这条路上。人生不是只有几条固定轨道的列车，而是骑马奔驰在无尽的荒漠上，一切皆有可能，我们只需要不断调整自己当下前进的方向。

模模糊糊想通了这一点之后，我忽然觉得纠结做诉讼还是非诉没有那么重要了。不管走哪条路，我都会不断根据自己内心的声音，去寻找自己真正热爱的事情。

暑期实习结束时，会有一个正式发 offer 的环节。负责管理暑期实习生的合伙人跟我安排了一次一对一会议，讨论了我整个暑假的收获，给我读了其他律师和合伙人对我工作能力的评价，最后微笑着递给我一封信，我打开一看，上面写着：

“欢迎加入我们的非诉组！我们期待在 2016 年的 9 月见到你。”

* * *

不过，2015 年的暑假，还发生了一件让人没那么快乐的事情——我差点没写完我的毕业论文。

耶鲁毕业要求完成的两篇论文，其中一篇必须在 2015 年这个暑假完成，截止期限是 7 月 31 日。

我在二年级下学期选了一门产品责任法的小班研讨课，在几次读案例的过程中非常受启发，便决定在产品责任法领域写一篇论文。我很快确定了一个主题，并把这个领域所有的资料都搜集了出来，按照逻辑结构排列，做出了一篇精美的提纲。可当我带着提纲去找教授讨论的时候，教授很快把提纲扔到了一边，盯着我的眼睛问道：“这些都是别人的东西，你自己的提案是什么？你要如何解决这个问题？”

我有些羞愧，哑口无言地低下了头。那时深陷在迷茫中的我，找不到自己真正想要表达的观点。我的头脑仿佛被灰尘遮住，失去了创造和思考的能力。也正因如此，写那篇论文给我造成了极大的痛苦，痛苦带来了拖延。我的进度极慢，距离截止期限只有一个星期了，我提纲中的内容只完成了一半。

整个夏天我都以专心体验纽约生活为借口，周末和平时的晚上一直逃避写论文。拖延是因为不愿意面对痛苦——那种枯坐对着提纲却毫无思路的痛苦。

直到最后一个星期，我拖无可拖，只能唉声叹气地每晚赶工。但那时的时间根本已经不够用了，我不得不利用上班的时间赶论文，导致最后没有完成律所的一项任务。

虽然最后我踩着截止线交上了论文，我也心知以耶鲁法学院的宽松仁慈，论文拿一个通过是没问题的。在律所没完成的那项任务，我也写邮件跟主管律师道了歉，没产生太大的影响。可我内心知道，这是为我敲响的警钟，是时候审视一下我生活中的系统性问题了。

我回忆起最初转学到耶鲁法学院的时候，因为拖延而未能通过《耶鲁法学杂志》的考核任务。人总是在同一个地方跌倒，这种拖延产生的根源在于我的心理危机。其实从初中开始，我便被“强者”和“弱者”的叙事牢牢控制住了。

我的人生在两个极端之中摇摆。“强者”的叙事让我想要赢得竞争，给了我战胜拖延和懒惰的驱动力。可这种叙事让我的虚荣自大也水涨船高，让我不断高估自己的真实能力。当现实戳破这个气泡时，我又会跌入“弱者”的叙事，陷入自怨自艾、颓废消沉、不愿努力的境地。

“强者”和“弱者”的叙事首尾相连，如太极乾坤阵一般把我牢牢困在心迷宫里。唯一能破局的，是热爱。当我热爱一件事本身时，我不需要证明自己是强者，也无所谓自己是否是弱者。我享受着过程，而不会在意结果。但也只有当我进入这种状态时，那过程才会带来最好的结果。

终于想明白了这一点，过去困住我的一切都有了解释。

为什么我在准备托福、LSAT 的时候会拖延？因为驱动我的不是热爱，而是成为强者、让自己跨越平台的欲望。为了将这种欲望转化为动力，我树立了班长这个对比参照组。是那种想要赢过他一头的“强者”

心态，支撑着我每天去模考，才真正提高了自己的成绩。但这种心态在分数出来的那一刻，彻头彻尾地反噬了我。我意识到自己其实是“弱者”，也丧失了一切努力的动力。我寄希望于通过参加司考来证明自己不是弱者，可终究因为不够热爱，而没能付出足够的努力。

司考失败后，我进一步陷在了“弱者”的语境里，不愿准备申请。如果不是我妈强势地让我转变状态，我的申请时间线可能还要往后拖上几个月。

在乔治城的第一年，因为找到了思考的快乐，我每天读案例、上课记笔记都觉得十分幸福，整理 outline 的过程更是如打通任督二脉一样，将我的思考成果具象化。“热爱”让我投入在学习的过程中，不会将自己与同学做比较，没了比较、没了分别心，也就自然不会陷入“强者”和“弱者”的太极乾坤阵了。

然而跌跌撞撞进入耶鲁后，我又一头扎进了这个阵法。新环境所遇到的一系列事件，让我先彻底相信了自己是弱者。我那之后的一切努力——申请《耶鲁法学杂志》的编辑职位、参加模拟法庭、申请法官助理，都是为了寻找一份虚幻的安慰，来证明自己跟得上“集体”的脚步，不是什么弱者。

这些绝望的努力，因为缺乏了“热爱”这个关键的配方，统统以失败告终。失败让我更加绝望，甚至丧失了思考和创造的能力。我写不出论文，找不到自己的声音，也不知道自己所做的一切究竟意义在哪里。这份迷茫带来了拖延，继续将我的生活搞得一团糟。

我深深地叹了口气，交完论文的那个晚上，我一个人在纽约的街头走了很久。我望着漆黑的天空，直到这一刻，过去和现在交织在一起，我彻底理解了自己人生中最大的失败来自哪里。

当理解了过去和现在，我才知道未来要过怎样的生活。我告诉自己两件事：

第一，永远不要让“强者”和“弱者”的心态来主导我的人生。在做任何事情之前，我要先停下来厘清自己的意图，诚实面对自己。我是为了热爱而去做这件事情吗？我在投入时间的过程中感到了快乐和收获吗？我是否在追求成为“强者”的优越感，或是只是因为恐惧变成“弱者”而随波逐流？

第二，如果有一些事情我不得不完成，比如，写毕业论文，那就先让自己学会“热爱”它，训练自己去享受这件事情。只有这样，我才能拥有最强的驱动力来完成目标。

* * *

2015 年 8 月，结束了纽约的实习，我和朋友去了一趟夏威夷。酒店下面有一片私人海滩，我们每晚都带着沙滩椅下去躺着看星星。夏威夷的夜空璀璨明亮，清新微咸的海风吹过来，一抬头便是半个银河拱门壮丽地悬在天际。

我人生中第一次见到这样此起彼伏闪烁着的星空，竟有些不知道该怎么呼吸，一种剧烈的震撼和感动灌进我的身体。我忽然懂了，这不就是“热爱”的感觉吗？

回想在乔治城的宿舍里，我坐在电脑前整理笔记时，在一个灵光一现的瞬间，我找到了两个案例之间的深层练习。那时我脑海中的震撼，就如同我第一次见到银河一样，是一种超越了所有理性的直觉，在一片黑暗的世界里，亮得让人睁不开眼。

如果说人生是在黑暗中航行，“热爱”就是那盏信号灯，可能会出现在黑暗中的任何方向。

我让自己牢牢记住这种感觉。在今后的人生里，我要不断让自己去寻找这种感觉。在人生的迷宫里，这将是唯一能指引我到达终点的、微弱的光芒。

五、耶鲁的最后一年

2015 年 9 月，我回到纽黑文，开始在耶鲁法学院的最后一年。

开学第一个星期，我最喜欢的就是“上诉法庭庭辩实践”这门课了。开课的是两位联邦法官，课堂也在真实的法庭上。法官将 20 个选课的同学分为了 10 组，每节课由一组同学分别扮演一个案子的原被告双方，在法官面前进行辩论。所有的案子都是当年在最高法院庭前的真实案例。

每节课除了参与辩论的两位同学，其他所有人也要阅读诉讼文书，参与辩论结束后的集体讨论。有时，法官还会给我们出即兴辩论的测验，给一页纸的案例和 20 分钟的准备时间，然后每个人要做一个五分钟的法庭陈词。

这门课让我找回了第一年在法学院时那种对待学习和思考的热情。每一个案例都是一个真实的法律问题，在准备辩论的过程中，我们需要先进行高强度的抽象思考，准备一个环环相扣的逻辑链。在进行法庭辩论时，我们的陈词随时会被法官打断，要接受尖锐的提问，所以必须将逻辑链如烙铁一样印刻在自己脑子里。

第一次轮到我进行法庭辩论之前，我已经把三页纸的提纲背得滚瓜烂熟，20 分钟的陈词也已经对着镜子练了无数遍。可是站到法庭上，我的心还是擂鼓一样咚咚跳。

陈词开始，我全程脱稿，两分钟后就被法官的提问打断。法官才说了几个字，我就预判出了他想探究的核心问题。我微笑着点头，开始回答时，我感觉仿佛是有另外一个自己浮在空中，我听到了我口中发出低沉冷静的声音，给出了流利完美的答案。我甚至吓了一跳，这是我在说话吗？我对这套逻辑已经太熟悉，导致所有回答都成了肌肉记忆。

法庭辩论真的太刺激了！每次辩论结束后，我走在回家的路上，都觉得心情愉悦，嘴角上扬，看外面鸟语花香、树影摇曳，平时看着普通的街道都美丽了起来。

我心里清楚，这便是热爱的感觉了。我并不在乎这门课最后成绩如何，或者我的辩论表现是否高人一等。这种陈述和表达的过程，带给了我浸没式的美好体验，这才是最重要的事。

* * *

在最后一年，我还有一个重要的任务要完成，就是第二篇毕业论文。暑假时踩着截止期限交上一篇论文的狼狈还历历在目。这次我痛定思痛，意识到自己拖延的根源在于缺乏“热爱”，便决定先从培养我对学术写作的兴趣开始。

选定了冲突法的主题，我没有急着查资料、写提纲，而是先从阅读大量的论文开始。我要求自己每周要读十篇这个领域的论文，一边读一边仔细揣摩：论文的美感到底在哪里，我又如何才能让自己享受写论文的过程。正巧，最后一年我继续参与了学术期刊的工作，在《耶鲁监管评论》和《耶鲁法律政策评论》都成了需要审阅投稿论文、有投票权的编辑。因此，我每个月也因为期刊的工作要阅读十几篇学术论文。

也许因为强烈需要寻找“热爱”的心理暗示，我在大量阅读论文的过程中，竟然产生了发自内心的兴趣。一篇有趣的论文，可以为常见的问题提供一个前所未有的角度，也可以将两件看似不相干的事物联系起来，让你找到一些现实问题的决策关键。作者构建一个观点的过程，更是宛如蜘蛛织网一样复杂严密。我尤其喜欢上了阅读脚注，观察作者是如何从前人嚼烂了的话题中，破茧重生出全新观点的。

就这样过了两个月，忽然有一天，我在阅读冲突法领域论文的时候，脑子里冒出来一个强烈的想法：联邦最高法院 2010 年的一个案例所引用的法理是有问题的！关于美国证券法律的域外适用问题，联邦最高法院在那个案例中制定了一个“一刀切”的规则，但从法理上，这种类型的问题是否更适合让国会通过立法来处理？

我忽然激动不已——读过那么多篇论文，我还没看到有人写过这种观点。我切入的角度很新颖，借用一个冲突法的经典案例，来探讨法院与立法机构的分权问题，最终引入我对三权分立体系本质的思考。

我在深夜的图书馆里忽然激动地站了起来，走来走去，念念有词。大脑所有神经元都行动起来迅速交换信息，电光火石间，我就在脑海里想出了一个基本的论证框架。

等到意识再次回到身体的时候，我看了一眼表，大叫一声：“哎呀不好！”我赶紧收拾书包、电脑，冲出门去，勉强赶上 11 点从学校回家的最后一班车。车门徐徐关闭，司机回头冲我笑了一下，一副见怪不怪的样子，看来我不是第一个由于想问题太投入而差点错过班车的学生。

我将头靠在冰冷的车窗上。这时的纽黑文已是深秋，而我只着夏衣，寒冷袭来，但我却脸色发红，呼吸急促，眼睛看着漆黑的夜色，大脑里却已是最耀眼的宇宙星河。

那天之后，我花了一个月的时间继续检索文献，来支撑我的论证框架。我这次彻底放弃了大纲这种精致的形式主义，拿着一个摘要就去找教授谈了。这篇论文的逻辑已经扎根在我脑子里，跟教授一问一答也觉得十分轻松。

教授对我的思路给予肯定后，我开始按部就班地进行写作。有了“热爱”，我像上了发条的钟表一样，每天早早完成阅读任务，晚上 9 点到 11 点在安静的图书馆写论文。这两个小时成了我一天中最期待的时光，我的意识变成了汪洋大海，而我是那艘航行在天际的小船。在极度专注时，我完全沉浸在自己的精神世界里，感受不到时光的流逝，连外界环境的变化似乎都没了意义。

最终，离毕业还有一个月时，我就写完了论文，发给了教授。在完成论文的那一刻，我发现我居然并不在意教授如何评价我的论文，而有一种达到圆满、完成使命的感觉。

我从未想过用这篇论文来证明自己的能力或获得别人的肯定。写论文是一个自我发现、自我探索的旅程，而我在鸟语花香中走到了终点，这个过程本身就很完美。

* * *

2016 年 1 月，距离我法学院毕业、结束学生时代还有几个月的时候，我忽然爱上了健身。

转学到耶鲁后，因为多出了大把的时间，同学们又都很热爱运动，最初迷茫的我也参加了一些体育活动。我知识产权法课的教授，已经是

50 多岁的人了，每星期都组织法学院的同学一起跑步。我第一次参加时是 2015 年的 2 月，空气湿冷，寒风阵阵，开跑两分钟我就想放弃，可大家的计划居然是要跑 5 英里！

美国同学和教授步伐轻快，边跑边聊，我则很快感觉喉咙腥甜，呼吸如拉风箱一般，胸口撕裂般疼痛。我撑着膝盖停下，大口喘气。教授停下来，示意其他同学先走，转过来带着我开始散步。他并未多说什么，只是陪我聊天，给我讲他家里的趣事。

我十分不好意思，跟教授说我可以自己慢慢走回去。但他一脸认真地说，我休息一下后最好继续跑，我们可以抄近路，跑 3 英里就够了，说不定在最后一段路还可以再遇到跑在前面的同学。

教授淡淡地告诉我："我一生中也遇到过很多这样的情况，很多时候觉得自己已经到极限了，但你要再坚持下去，把这段路跑完，也许会收获一段很难忘的体验。"

我没办法，只能休息一下跟着他继续跑，只是我跑几分钟就要再停下来走一走。他倒也耐心，我们花了一个小时才完成这 3 英里，但聊了许多有趣的话题。教授离开时，说他跑得很开心，希望我也是。我跟他挥挥手，已经难受到说不出话来。

那天回去后，我发了高烧，病了整整一个周末。病好后，我心灰意冷，很久都不再想尝试运动了。加上我正处于迷茫期，还在纠结要不要申请法官助理，就再没参加过跑步的活动。

时间一晃就来到了 2016 年初，我不知不觉中早已解开了心里的结，写论文渐入佳境，生活中唯有自己最热爱的事情。有一天我量体重时，吓了一大跳——我居然有 60 公斤了？

2013 年我大学毕业时，体重大概在 53 公斤左右。在乔治城的那一年，我因为在深夜学习时总是吃零食，又从未运动，一年暴增了将近 12 斤。转学到耶鲁后，除了跑步那一次，也几乎没再运动过，体重自然是一路上升。

那时，我从未真正热爱过运动这件事，但又总是很嫌弃自己的身体。每次照镜子时，我心里都会涌起一股厌弃的情绪，想着如果我能再瘦一点就好了。这种时不时袭来的负面情绪困扰了我很久，我意识到，是时候认真对待身体与健康的问题了。

就在那时，有一天，我机缘巧合在网络上看到一篇关于健身理论的文章。那篇文章以通俗易懂的语言，介绍了脂肪代谢的原理。那一瞬间我意识到，原来健身塑形、运动减肥并不是靠所谓的“意志力”，而是要改变自己的饮食和运动习惯，让自己彻底养成一种全新的生活方式。

我检索了许多资料，终于明白了这背后的原理。原来我需要先改变自己的饮食结构，严格控制脂肪和碳水化合物的摄入量，增加蛋白质的比例。其次我要养成一周五次的运动习惯，每次持续半个小时左右，只需要维持中低强度的运动，就可以对改变身材起到显著效果。

这种生活方式的关键，在于保证每天通过饮食吸收的热量数值，小于通过生活和运动代谢所消耗的热量数值。将这个热量差保持在一定范围内，过了一段时间后，大脑就会判断出身体处于缺少能量的状态，主动代谢脂肪来为身体补充能量。

如何才能让自己拥有全新的生活方式？我脑子里又出现了“热爱”这个词。饮食、运动、热量差……要“三管齐下”，要让自己喜欢这三件事情。

我先从运动开始，去买了公寓大楼健身房的会员，开始每天去用跑步机、登山机，上各种团体操课，就为了找到我最喜欢的运动。我很快发现自己最喜欢的是跳 zumba 舞，一种有拉丁风情的有氧健身操。健身房的 zumba 课上，身材火辣的老师在前面领舞，音响里轰隆隆放着节奏感极强的欢快音乐，我和着节拍扭动身体，大汗淋漓。在跳舞时，大脑拼命释放出多巴胺，让我忘记了心脏剧烈跳动的不适，只想用舞蹈来释放自己。我甚至彻底爱上了这种心脏狂跳的感觉，感觉全身的细胞都在努力呼吸，这一刻自己是如此真实地活着。

我也开始养成了规律做饭的习惯——其实从来美国开始，在乔治城的那一年我每天都自己做饭，而且十分享受这个过程。我的厨艺一般，但自己做的饭总是格外好吃。我买了一个厨房电子秤，给所有的食材称重。每做一顿饭，我都会在电脑上列出我这一餐摄入的总热量，以及碳水、脂肪和蛋白质的比例。严格控制热量的饮食，其实也可以让我吃得非常好。我研究了许多菜谱，不断调整各种食物组合的口感，学会了用一些热量低又很美味的酱料，也找到了自己喜欢、热量又低的食材。

为了精确控制热量差，我还买了一个健身手环，会记录我全天消耗的热量。拿这个数字跟我每一餐记录的热量值一对比，每天有没有达到热量差就一目了然。

我如一个机器人一般严格执行着这个过程，去超市买食物的时间都多花了一倍以上，因为我要研究每种食物的热量成分表。在运动的时候，我也每隔几分钟就看一下健身手环，热量消耗足够了我才会停下来。

就这样坚持了两个星期，我没受什么苦，反倒每天都因为运动而感觉身体舒适，睡眠质量格外好。而我也惊喜地看到了自己身体的变化——我体重降了三斤，腰围也小了两厘米，连衣服都松了一点！这还是我人生第一次通过计划和执行，实现了减肥这个目标。

实现目标又给我带来了进一步的满足感，仿佛让我对生活也多了一些控制力。我十分痴迷于这个过程，开始追求更多样化的运动，要求自己要精确控制每天的热量差，无时无刻不在想着热量这件事。很快，单纯减脂已经无法再满足我了，我开始追求力量和肌肉的变化。

我先是在健身房找了私人教练，买了十节课，从肩颈、腰腹到臀腿基本的练习动作都学了一圈，之后就开始自己训练了。我还在视频网站上找了一些健身博主的无器械训练视频，自己跟着在家练习。

在2016年初，我还第一次接触了一项改变我之后几年人生轨迹的运动——钢管舞。

有一次运动结束后的晚上，我偶然在视频网站上看到一个专业级别钢管舞比赛的视频，立刻就被这种力与美的运动震撼了。视频里，一个古铜色皮肤的金发姑娘在钢管上单手旋转、劈叉、腾跃、速降，配上重金属风格的音乐，她的每一寸肌肉都如此饱满而富有活力，我从来没见过这么美的身体。那一刻，我心中好像有些什么东西被唤醒了。

我在网上查了一下，发现纽黑文就有一家钢管舞学校，每天都有课程，这星期正好有一个零基础初级班。我便毫不犹豫地报名了。

学习钢管舞的第一节课，我深知自己不可能一步到位，像视频里那位姑娘那么厉害，但还是完全低估了钢管舞这项运动的难度。

钢管舞需要肌肉力量、身体协调和柔韧平衡，并不是传统讲究流畅性的优美舞蹈，而更像是巧妙灵活的体操。我刚开始规律健身几个月，并没有任何运动基础，既无肌肉又无协调，体脂又高，最多只能笨拙地做一些地面动作，宛如一只胖胖的大青蛙，笨手笨脚。

每次在钢管舞课上训练一个小时的基础动作，我第二天都浑身酸疼。这样几次下来，我忽然惊喜地发现，我的胳膊上隆起了一小块肌肉。我在镜子前面照了又照，爱不释手地摸着这一小块肌肉，心里有一股自豪感油然而生。

微小的进步给了我继续前进的动力，我开始坚持每周都去上一节钢管舞的课，到我离开纽黑文的时候，上过差不多十节课。配合着力量训练，这十节课已经让我可以熟练地在钢管上爬上爬下，凭手臂力量做一些基本的空翻和倒挂了。每次上完课，我看着自己的照片和视频，陶醉其中，觉得自己好像凭借努力完成了一件了不得的事情。

力量训练和钢管舞让我第一次看到了运动给自己身体带来的变化，能否完成下一个钢管上的高难度动作，也成了我衡量自己训练成果的客观标准。与此同时，配合着有氧运动和饮食管理，我的身材以肉眼可见的速度迅速变化着。等到我法学院毕业的时候，短短几个月的时间，大部分曾经的连衣裙和短裤都大到不能穿了。我不仅整个人瘦了一圈，肩膀、腰腹、手臂和臀腿都有了更明显的肌肉线条。

这种用规划和努力来改造自己身材的过程，让我无比有成就感。我沉浸在身材变好的幸福成果中，觉得自己好像寻得了热爱的事情，找到了通往成功人生的钥匙，从此彻底挥别焦虑与挣扎了。

* * *

学生时代这最后几个月，我仿佛脱胎换骨一样，从外貌和精神都有了显著的变化。

活到了 22 岁，我好像还是第一次有了一个可以完全掌控自己人生的阶段。在这个阶段，我没有去追逐一个“更高平台”的虚幻概念，也没有跟着环境闷头学习，而是去评估我的处境，先决定我生命中那些需要改变的事情。接着，我又通过培养“热爱”这种感觉，让自己有动力去完成改变处境需要的一切步骤。当真正的改变到来时，那种心满意足的感觉，是我一辈子都忘不了的。

这也是我转学到耶鲁后最快乐的几个月。我终于明白了人与人之间其实毫无相互比较的必要，因为每个人都处在不同的坐标系里，唯一能够客观确定的标准是自己内心的安宁。有的人很小就找到了自己有绝对热情的事情，可以从中获得长久的专注与安宁，这是他们的幸运。

于我而言，这是一个需要在旅途中寻觅的过程，我体验过热情专注的感觉，也逐渐学会了从热爱中获得动力。也许我还会感到动摇，偶尔会怀疑自己，但我起码找到了夜空中那颗最明亮的星。我会朝着它走下去，总有一天，我也会像那些我曾经羡慕过的人一样，走到一片温柔坚定的平静海岸。

2016 年 4 月，我又参加了一次知识产权法教授组织的跑步活动。这时纽黑文已经春暖花开，我也只穿了一件单衣轻装上阵，呼吸着温暖的空气，我好像整个人都变得轻盈快乐起来。这次我跟完了全程的 5 公里，中间也有十分痛苦、心跳剧烈的时候，但对比上一次差点让我脱一层皮的体验，这已经是巨大的进步了。这次跑步，算是给我这一年自我进化的旅程画上了一个圆满的句号。

5 月，我从耶鲁法学院毕业了。

爸妈从国内飞过来参加我的毕业典礼，然后我计划了全家去黄石公园和大峡谷的旅行。三年的美国生活，从我 17 岁那年在论坛上读到一个帖子、冉冉升起一个“白日梦”开始，这段梦想成真的旅程算是走完了。

耶鲁的毕业典礼十分庄重。在一个阴天小雨的早上，我们先是跟全校的毕业生一起在老校区的广场集合，由校长给所有专业的毕业生集体颁发了学位，再去更小的体育场会议厅参加法学院的毕业典礼。我们坐在台下，看着院长叫每一位毕业生上台，看着自己的同学一个个走到台上，和熟悉的教授握手拥抱，向台下的家人好友挥手，所有人的脸上都充满了光芒，自信而闪亮。

轮到我上台，我和那位知识产权法教授握了手，他的自律、幽默和博学将永远影响着我。台下的爸爸妈妈早已经举起了相机兴奋地拍照，我对着镜头努力微笑、挥手，努力做出一副由内到外都很开心的样子。

我回到台下，环顾四周看着我耶鲁法学院的同学们。到了毕业这一刻，我还是有一点点茫然——我真的是他们的一员吗？他们好像每一个人都是那样坚定自信，为了自己热爱的事情而努力着。有朝一日，我也能达到这种状态吗？我在耶鲁这两年忙忙碌碌，真正留下的是什么呢？

不知道为什么，我心里隐隐约约地想着，马上要去纽约开始新的生活了，工作了之后，也许一切内心的焦虑都会好的吧。

一定会的！我一定会变成全新的自己。

2016到2018：
从纽黑文到纽约

一、压力袭来——可怕的律师生活！

2016年的暑假，我先是和爸妈去黄石公园和大峡谷毕业旅行，然后花了两个月的时间准备纽约州的司法考试。相比起三年前在国内踉踉跄跄准备司考的经历，这次我更像是一个久经操练的老兵，轻松上战场。纽约州司考的内容大部分都是法学院学习过的，本来就在我“热爱”的范畴内，备考过程仿佛重新走了一遍读书时那些愉快的时光。

7月底，我轻松完成了司考，然后和朋友去夏威夷旅行了两个星期。那是我22年来最愉快的一次旅行了。那两周，我们在海拔4000米的火山天文台上看银河，去火山公园参观岩浆冷却形成的山洞，还穿过一片森林中的徒步小径，来到悬崖边在蓝天下吃午餐。

我对水有种与生俱来的热情，一直想尝试冲浪和潜水，这次在夏威夷玩了个够。我暑假时在纽约考了潜水证，在夏威夷独自一人找了潜水导游，在茂宜半月湾看海底火山口上的珊瑚礁，在大岛的夜晚下潜到海底在一片漆黑中打着手电筒看魔鬼鱼。我还找了冲浪教练，在晨曦微露的时分去一个小海滩冲浪，那天的浪很温柔，在教练的帮助下，我很快就体会到了被海浪推着前进那种无拘无束的感觉。

那次旅行对我影响很大，我一直记着在探索自然时内心涌起的惊喜与感动。我提醒自己，回到纽约上班后，也一定要记得这种感觉，每年都要找机会出来旅行。

*　　　*　　　*

2016 年 9 月，我搬到了纽约的布鲁克林，正式开始了在纽约全职做律师的生活。

布鲁克林离律所大楼所在的曼哈顿金融区只隔了一条河，站在我的办公室都能隐隐看见我家的那栋大楼。正式上班的第一天，我定了一个八点半的闹钟，洗漱收拾半个小时，九点下楼坐地铁，九点二十准时到了办公室。

第一周是塞得满满当当的培训，不同于暑期实习，这次的培训没有任何社交娱乐环节，我们从早上九点到晚上五点都要抱着厚厚的材料集中到会议室里上课。在一周的时间内，我们要基本了解公司法、证券法、并购、融资、金融监管等业务框架，学会使用计费工时软件，熟练操作文件和邮件的管理系统，能进行历史项目文件和模板的检索，还要熟悉各个行政部门的工作流程。

培训周的最后一天，律所给我们简单开了一场欢迎招待会。招待会结束，我回办公室收拾了东西刚想离开，忽然电话响了，我赶紧接起，是实习时跟我工作过的一个合伙人。

电话那头他语速飞快地说，我们接了一个新客户的并购项目，需要一个一年级律师来协助，项目节奏会很快，他没空跟我解释，让我直接跟项目上一个叫大卫的八年级律师联系。我赶紧连声说没问题，拿着本子简单记录了一下公司的名字。合伙人挂断电话后，我看了一眼时间，这通电话只持续了 20 秒，

我愣了一下，忽然觉得这一切都是如此的不真实。没有预想中逐渐适应、温暖迎接的过程，我就像忽然被扔进了翻江倒海的洗衣机里，大律所的生活就这样毫无预兆地开始了。

合伙人给我打完电话后，大卫的电话很快就来了。在五六分钟的电话里，他语速飞快地给我介绍了客户公司的基本信息、希望什么时间完成收购、收购交易的形式和进度。最后，他给了我一个名字，说这个人会是直接监督我的三年级律师，他会给我布置工作。

默默地接完了第二个电话后，我似乎已经习惯了大律所这种雷厉风行、言简意赅的交流方式。我正打开谷歌准备开始检索一下客户公司的基本信息，三年级律师的电话就来了。

作为我的直接领导，这位律师的语气亲切了很多。他自我介绍说叫查克，没有直奔主题谈业务，而是先跟我寒暄了半分钟，问了下我第一周培训的情况、办公室在哪里、是否适应等。我受宠若惊地跟他聊了一会儿后，他有些紧张跟我说，他也是刚刚升三年级，第一次在项目上充当中年级律师，希望可以跟我一起进步，把这个业务做下来。

紧接着，查克告诉我，我们这个周末要完成的第一个工作任务就是——根据公开信息，给客户要收购的目标公司写一个总结报告，方便客户内部的管理人员随时参阅。

我有点紧张，又有点兴奋。虽然入职的第一周周末就要加班，不过毕竟接到了正式成为律师的第一个任务！

那个周末，我大部分时间都花在了这个总结报告上。客户是上市公司，我需要收集和总结十几个方面的关键信息，比如，股权债权结构、董事会和高管的信息、重大知识产权等。我第一次接触上市公司的信息，检索、阅读的速度都很慢。在我预想之中，对于这种学习曲线极高的工作，会有上级律师像法学院教授一样手把手带着我拆解。但是查克丢给了我一份模板之后，就让我自己去学习研究，有什么不懂的再来问他，周一交给他初稿。

那个周末我的压力极大——整整两天，我从醒来就坐在电脑前，一共写了二十几个小时，但只完成了一半左右，我冷汗直冒，越写越紧张，觉得这是完全不可能完成的任务。我有许多问题不懂，可是又不好意思问查克，只能自己咬牙尽量检索信息。

周一上班时，我吞吞吐吐地跟查克说我没有完成任务，可他却是一副满不在乎的样子。我星期二才将初稿发给他，可之后很多天都没有收到回复，我周五忍不住发邮件问了他，他才说他已经改完发给八年级律师了。我有些诧异，他没有给我任何反馈，我甚至也不知道自己写得怎么样。我自己到文件管理系统上找到他改过的版本看了一下，发现有50%以上的改动。我有些沮丧，觉得一定是自己的初稿写得太差了。

周日早上，八年级律师大卫的修改意见同时发到了我们两个人的邮箱里。这份修改意见更可怕，几乎每一段都有改动，还有大段的批注，让我们重新检索这个问题，修补一些不合逻辑的地方。

查克发邮件让我随时待命，他将开始修改文件，但会让我查资料。我等了一个下午，也没等到查克的问题，晚上 6 点左右，我出门吃了个饭，没有带工作手机。7 点回到家时，发现查克在晚上 6 点 07 分给我发了邮件。没有等到我的回复，6 点 58 分的时候，他又发了一封邮件，语气不善地催促我快点回答他的问题。

我赶紧坐下来工作，在 20 分钟内回复了他。查克立刻给我打了电话，有些恼火地说："怎么花了这么久才回答？以后不能再这样消失了。"我吓了一跳，连忙道歉。从那以后，我学会了在收到上级律师邮件时，立刻回复一个"收到"。

* * *

刚工作的第一个月，我几乎将全部的时间都花在了这个并购项目上。

都说律师的工作很辛苦，可我倒也并不是每天十几个小时连轴转。作为一年级的新人律师，项目上有许多任务我还无法完成，但我必须时刻待命，在上级律师需要我时第一时间冲过去帮忙。这种等待中的茫然与焦虑时刻折磨着我。

即使晚上回到家，我也总是提心吊胆。有时我在晚上 10 点突然接到任务，就要立刻冲到电脑前，一直工作到凌晨。周末不用去办公室，但必须在家等待，于是在没有邮件时，我也总是心烦意乱，无法做任何其他的事情。当手机"叮咚"一声响起时，我每次都条件反射一般胸口一紧，一阵冰凉的感觉涌来。皱着眉头工作或者苦着脸等待工作，成了我那一个月周末的常态。

查克和大卫都很忙，每次交代任务都是邮件里寥寥几句，扔给我一个模板，或者几句简短对话。我每次交上去的文件，都会被大段大段地修改，点出许多我从来没想过的问题，让我沮丧万分。

更让人感到无助的是，我在项目上做了一个月，还是对并购项目的各项工作流一无所知。我只负责一些比较简单的任务，比如，搜集其他上市公司的并购合同、总结合同要点制作整理表格、写一些壳公司的成立文件等。这些任务往往比较孤立，我很难看到它们究竟是如何与其他工作流联系到一起的。

于是，在10月的一个周五晚上，我再也忍不住，在家里一边加班一边抽抽噎噎地哭了起来。我感觉自己在项目上无足轻重，连分给我的简单任务都无法完成，这一个月所有的委屈都汹涌而来。但情绪再差也不能影响工作。我一边哭，一边若无其事地回复邮件，那晚还是把所有的任务都完成了，到凌晨才睡去。

到了第二个月，事情出现了转机。因为项目越来越忙，查克和大卫两个人已经忙不过来了，合伙人就安排了一个五年级律师杰米来帮忙。杰米到项目的第一天，就跟我开了一个小时的会，详细解释了我们接下来的工作安排。他深入浅出地告诉我们，为了项目顺利签约，我们在尽职调查上还要完成哪些工作，需要如何与他合作。

杰米的到来让我信心大增，连工作都有了更多的动力。每次杰米给我布置任务，除了给我模板之外，还会跟我打个电话，交代一下容易出错的关键部分。我完成任务、交了文件后，他会给我做详细的批注，解释一下他的修改理由，在邮件里会先表扬我一下，然后特意叮嘱我，如果有不懂的一定要问他。

在杰米的鼓励下，我开始主动问他许多关于项目上的问题。比如，为什么提供给卖方的尽调文件要先隐藏关键的商业信息，为什么我们要准备两套壳公司的文件，写这篇备忘录的意义是什么，杰米也很有耐心，总是事无巨细地告诉我一切问题的答案。

于是，工作的第二个月，我的情绪发生了巨大的变化。每次杰米发来邮件布置任务，我都会在第一时间回复，然后干劲十足地完成。杰米的批注对我的帮助很大，在一次次反复修改文件的过程中，我犯的错也越来越少。杰米会把许多其他工作流上的邮件也抄送给我，让我对项目有更多的全局感，也明白自己手头任务的意义在哪里。

*　　　*　　　*

到了第三个月这个项目快要签约的时候，我兴奋不已，以为能看到电视剧里常见的那种围坐在会议室，庄严郑重地签下文件的过程。

交易双方的公司都不在纽约，计划签约的那天，两家公司的 CEO 并没有飞来纽约，项目依然是一个邮件满天飞的状态，日程表上有几个电话会议来讨论并购协议里最后的问题。那天，我负责的几个工作流上的任务到了晚上九点就完成了，我还流连在办公室，想看看神奇的签约一刻到底是什么样的。

到了晚上十一点半，两家公司的律师终于谈妥了协议中最后焦灼的几点，互相在邮件中发送了客户 CEO 对所有协议的签字页，并且在邮件中声明——我们现在代表客户正式授权这些签字页的使用（On behalf of our client, we hereby release the signature pages）。

签字页拿到后，我的邮箱里忽然蹦进了几封标题是大写的“Congratulations!”的邮件。点进去一看，有自己家客户的首席法务官发给合伙人的，合伙人发给所有项目成员的，大卫发给查克、杰米和我的，对家律师发给我们合伙人的……大家在互相恭喜着项目签约，邮件里一片热闹。

而我自己一个人孤坐在深夜纽约的办公室里。合伙人大概早就回家了，大卫、查克和我都不在一层楼，只是给我打了电话，简单说辛苦了，让我早点回家睡觉。杰米倒是来了我办公室，但他刚熬了两个通宵，一脸疲惫，匆匆打个招呼就离开了。我们这一层的律师早就走光了，我周围静得连电话铃声都十分刺耳，手机却因为新邮件而不停地响。我一时竟分不清热闹和孤独。

律所有一个固定车队，让每一个深夜晚归的律师能有随叫随到的司机。车子从金融区上了高速，然后迅速一拐进入了布鲁克林大桥，我回头望向曼哈顿，发现那里依然是灯火通明。资本和欲望在不断地膨胀，而这繁华的城市里又有多少像我这样的普通人，带着一身的迷茫，一头扎进了这片灯火的海洋。

我戴上耳机，开始放一首我来到纽约以后最喜欢听的歌，Alicia Keys 和 Jay-Z 合唱的 Empire State of Mind（帝国之心）。

In New York

（在纽约）

Concrete jungle where dreams are made of

（梦想编织成水泥森林）

There's nothing you can't do

（没有什么是你不能完成的）

Now you're in New York

（人在纽约）

These streets will make you feel brand new

（这些街道会让你感到全新的自己）

Big lights will inspire you

（灯光会激励你）

Let's hear it for New York, New York, New York

（让我们为纽约喝彩，纽约，纽约）

我忽然热泪盈眶，一种虚幻的荣耀感涌来，我觉得过去三个月的辛苦都有了意义。这些看起来最基层的工作，却铸成了资本世界里的每一座高楼大厦。我会不断往上爬，总有一天，也能站到那大厦之巅。

我大口呼吸着夜晚森凉的空气，这感觉如此美妙。

* * *

第二天一早起来，我就收到了《华尔街日报》的推送。交易的两家公司都是上市公司，这种行业整合的大规模交易会有不少财经类媒体的报道。项目在签约前都是绝密，签约后终于可以广而告之了。我赶紧把新闻截图发给爸爸妈妈，告诉他们说——我在律所做的第一个项目今天签约了！

工作以后的日子过得飞快，第一个项目结束后，我接下来的一年里又陆陆续续做了不少其他类型的业务。有几单资本市场、几个比较大的政府审批，又参与了一个新的并购项目，在谈判阶段参与了几个并购项目的工作，但是项目最终因为商业原因而夭折……

我渐渐发现，我工作是否愉快，主要取决于直接跟我对接的那位律师是个什么样的人。律所是个等级森严的地方，项目上基本都是一个高年级律师，配一两个中年级律师，再加上若干像我这样的一年级律师。汇报制度也是层层往上，高年级律师直接向合伙人汇报，布置工作则交给中年级律师，再由中年级律师来决定如何使用新人。

如果我的中年级律师是查克那种不管不问的态度，我就会感到焦虑和痛苦。但如果像杰米一样，事无巨细地向我解释项目全局和我手上工作流的意义，我就会充满动力，信心十足地工作。但不论我处于哪种状态，我都学会了创造“热爱”，来给自己努力工作的动力。

我会时常回忆起第一个项目签约的夜晚，听着《帝国之心》时豪情万丈的感觉。每次在项目上听高年级律师跟合伙人谈论合同要点，指挥若定地安抚客户时，我都一边仰慕一边激励自己——总有一天我也会变成高年级律师，也可以成为这样运筹帷幄的大将角色。

我也会把握工作上的每一个细节来获得对自己能力进步的鼓励。有一次我的文件做得极好，上级律师几乎没什么修改意见，让我直接发给合伙人，合伙人看过后居然让我直接发给客户。我兴奋不已，那封邮件发出去之后，我来来回回看了好久，享受着心中那种自豪的感觉。如果在电话会上，上级律师直接让我跟客户解释一个法律问题，我会又紧张又兴奋，用尽全力来抓住这个表现自己的机会。

我延续了在法学院时在中文网络上写文章的习惯。我的写作阵地也渐渐从知乎转移到了微信公众号。我开始梳理总结这一年以来的工作经验，在文章里介绍大律所的工作流程、律师的工作时间、并购律师的尽职调查工作等。这些文章让我收到了许多夸赞，弥补了在我在现实生活中作为新人律师不受重视的委屈。我也越来越享受别人眼里“耶鲁毕业、精英律师”的标签。在创作文章介绍律师的工作时，我感受到了思考与总结的快乐，满足了被人关注、羡慕的虚荣心，还进一步说服了自己，我在律所努力工作有着巨大的意义。

从乔治城到耶鲁的大起大落，教会了我用热爱来使自己快乐。来纽约的第一年，我将这种能力运用到极致，如同自我催眠一样，生活在一个为自己创造出来的梦幻泡泡里。这泡泡扭曲了现实，在我周围形成了坚固的堡垒，我刀枪不入、不惧风雨，只想在纽约闯出一片自己的天地。

二、渐入佳境的纽约生活

在纽约的第二年，一切都渐渐顺利了起来。

有一天，我碰巧接到了一个和我刚入职时一模一样的工作任务——为一家上市公司写总结报告。时隔一年我再次看到这份模板，忽然对每一章的内容都有了更丰富的认识。这一年的经验，让我在脑子里清晰架起了快速了解一个公司的理论框架。

这一次，合伙人还给我安排了新入职的两个一年级律师，让我带着她们一起完成这份报告。我回忆起查克曾经是如何带我写报告的。他没有告诉我真实的时间线是一周内完成，反而在没有给我讲解要点的情况下，让我在一个周末赶工完成。最后我在紧张焦虑中度过了一个周末，如苍蝇一般蒙头乱撞，最后交上去的初稿也质量堪忧。

于是，这次我打定主意要用一个不一样的方式，来跟这两个新人一起工作。我明确告诉她们，合伙人给了我们一个星期的时间。我决定把一些信息收集比较耗时但容易上手的章节交给她们，我自己来写一些比较复杂的章节。开会时，我花了一个小时来详细讲解这些信息要如何收集、这一章的目的是什么、需要注意的要点在哪里。

因为事前对工作流程的设计很有效率，我们三个一起合作，三天就完成了这份几十页的总结报告，发给了合伙人。合伙人看过后，几乎没什么太大的改动，就让我们发给了客户。

在一次次任务中总结出规律，让自己对法律问题的理解更深入，职业技能也更加纯熟精湛。这种自我成长的喜悦，也许这就是工作最大的意义吧。

* * *

除了工作以外，我在纽约的生活也渐入佳境。

我特别喜欢我在布鲁克林的家。我一直觉得人在寻觅自己的住处的时候，是由一种动物本能驱使的。对我来说，几乎是在走进一个房子的一瞬间，我就可以感知到它的气息、它的振动频率、它会让我生活变成的样子。

我们公寓楼的名字叫 Belltel Lofts，最初建于 1930 年，20 世纪是纽约电话公司的办公楼，在 2004 年才被改造成公寓楼。大楼的外观和大堂都宛如纽约的帝国大厦，有着浓郁的工业复古气息。因为是由办公楼改建成的，这栋大楼有许多非常少见的户型，比如，我的公寓虽然面积只有 80 平方米左右，但却分上下两层，楼下是客厅，楼上是卧室，还带一个 30 平方米的阳台，可以隐隐约约看到布鲁克林大桥和曼哈顿。房子的地理位置也很好，下楼就是地铁，距离我上班只有两站地，租金价格也只要一个月 3250 美元，在这个地段的一室一厅中属于比较偏低的价格。

因为公寓可利用的空间比较小，我找了纽约一家做室内设计的工作室，几番讨论定下了一个软装设计方案。30 平方米的客厅，就这样开辟出了完整的沙发电视区、用餐区和一个工作区，在中间居然还有供我跳钢管舞的空间。

楼上的卧室区收纳空间较少，于是我从宜家买了一系列的挂墙式收纳，沿着屋子的角落装了一圈，整洁又美观。这个房子带给了我极大的安全感和幸福感。刚工作之后的周末，如果不加班，我一定会去逛家居店，四处寻找一些细节上的装饰来布置家里。挂在墙上的玻璃花瓶、可以放照片的小木板、设计大方又节约空间的柜式化妆台……每次买到一个新的小物品，我都可以兴奋好几天。

2014 年我转学到耶鲁时，养了一公一母两只小猫，取名叫毛衣和毛裤。两年过去了，小猫长成了大猫，也随我一起来了纽约。公寓里的旋转楼梯成了它们的游乐园，那 30 平方米的大阳台也让它们产生了极大的兴趣，每次我一开门，它们都会探头探脑地出去，四处闻闻嗅嗅，天气好时还会在地上打滚。

房子住得舒服，但我也很少会宅在家里，反而会利用每一个下班后的晚上和周末去探索纽约。

我延续了在纽黑文时学习钢管舞的习惯，在纽约找了新的舞蹈教室，每周都会去一两次。律所的工作依然很忙，这就让我越来越珍惜每次训练的时间。我经常报晚上八点半的课，在办公室对着电脑坐了一天后，我到了舞蹈室总是迫切地热身、上管，一刻不停歇。下课后，我肌肉酸疼地坐上回家的地铁，内心却充满了圆满和喜悦。

也许是因为每次练钢管舞的过程我都在拼尽全力地享受，我的水平也进步得飞快。来纽约练了一年后，我已经可以在快速旋转的钢管上做出各种高难度的动作，可以只用两手做支撑点做出空中倒立，我的力量、平衡和柔韧性都有了惊人的进步。

在训练钢管舞之外，我还爱上了在纽约上其他的健身团体课。我会在办公室常备着健身的衣服，有时如果觉得晚上不用加班，就迅速换上衣服去上课。西村的拳击课、东村的动感单车、韩国城的蹦床、金融街的瑜伽……我通过健身来体验这个城市，坐地铁去了纽约的每一个角落。

纽约带给我的另一个礼物，就是让我真正体验了滑雪。

2016年11月底的感恩节假期，在一个朋友的邀请下，我们一群人从纽约出发，驱车五个小时到北边的佛蒙特州滑雪。大学时，我在学校附近滑雪场的新手区尝试过滑雪，但并没有留下什么深刻的印象。这次去雪场，我听从朋友的建议，报了一个两天的初级新手班。在新手班学了一个上午，我的进步远超常人，已经可以自己在初级道上刹车和转弯了。

我想挑战更难的坡道，于是找了一个私教，就这样遇到了一个叫约翰的老教练，他生于1942年，已经滑了五六十年的雪。他带我坐缆车上了山顶，一下缆车我就有种呼吸将要停止的感觉——山顶太美了！

山下的初级道上都是人，但山顶却是白茫茫的树林。那天山上风很大，雪从地面飞起，在天空中变成浪花。我站在山顶，约翰给我指向山下的一个黑色小点，告诉我那是我刚刚在滑的初级道。山顶的高级道一下子陡了很多，我有点紧张，但约翰却告诉我不要怕，接着给我示范了几个转弯时控制重心的技巧。我有样学样，居然也在一片狼狈中把自己的速度控制住了。

而我也在这种突破内心恐惧的过程中找到了巨大的喜悦。滑雪最美妙的就是每一次下降时的失重感，仿佛自己就这样脱离了沉重的躯壳，在空中轻盈跳跃。转弯和重心控制的技巧，能让加速下滑变成有控制的匀速运动，配合着雪杖的运动节奏，好像在和着大自然的节拍跳舞。

那天晚上，我整个人都沉浸在刚刚学会滑雪的巨大兴奋中。假期结束后的那个冬天，我基本上每个周末都要出去滑雪。工作渐渐得心应手后，我摸清了上级律师审阅文件的规律，通常会在去滑雪前把所有文件做好，一口气发给上级律师。滑雪时我也带着电脑，有问题可以随时解答。

我滑起雪来非常拼命，总想挑战超出自己水平的坡道。没有了教练加持，我自己滑雪时常常摔得鼻青脸肿。但我极其顽强，意志坚韧，周围的环境越恶劣，越是能激发出我无穷的斗志。

有一次，在一条有些难的高级道上摔了几十次以后，最后一次上山，我的能力忽然就进化了。在最陡的那个坡，我一下都没有摔，连续有节奏地转弯，速度控制得非常好。好像有一股电流通过脊背抵达我的大脑，我兴奋得大叫，有种腾云驾雾的感觉，从来没有觉得这么愉悦而满足过。

曾经的我，热爱跟别人比较，总想当个强者。但现在我只想跟自己比较，想让自己突破一切阻碍不断进步。

2016 年的冬天，我滑了整整 29 天的雪。等到了春天的时候，我的水平已经进步飞快，可以轻松驾驭雪场里的任何雪道了。我的转弯技术也从一开始的犁式八字刹车，变成了驾轻就熟的反弓平行转弯。

2017 年的 3 月底，纽约已经有点回暖的迹象，我和几个朋友“杀”到了加拿大，去整个北美最大的雪场惠斯勒滑雪。这个雪场离温哥华只要两个小时的车程，地形得天独厚，有丰富的天然降雪、宽阔的自然雪道、光从山顶滑下来就要 40 分钟的高山、宽厚松软的粉雪，还有专门开辟出来的树林道。

辛苦了一个雪季，我终于收获了能在树林间自由滑雪穿梭的水平。从惠斯勒回来后的好多天，我闭上眼都还一直是高耸入云的松树和漫天飞舞的雪。雾气弥漫，树林道一般不能滑得太快，走走停停，累了就往山坡上一坐，静静看着若隐若现的丛林，四周静悄悄的，真是有种“飘飘何所以，天地一沙鸥”的感觉。

*　　*　　*

滑雪和跳钢管舞对我的心态影响极大。我想，我终于找到了自己真正热爱的事情。

我学会了不再去跟别人比较，不再去定位一个群体，不再去寻找一个普适的标准再去努力迎合。我开始明白了，这世上并没有适用于所有人的标准，唯一的标尺只有自己内心的感受。如果要追求“更高更强”这种优越感的话，那就与自己比较吧！只要我在工作、生活、滑雪、钢管舞中都在不断突破自己、取得进步，我就是快乐而满足的。来纽约的这两年，以突破自我为人生信条，我开始不断寻找那些让我热爱的事情，并努力让自己在这些领域获得进步。

入职前的夏威夷之旅，让我彻底爱上了旅行。于是工作后，我每年都要计划出假期，去不同的地方走走看看。

2017 年的春节，爸妈从国内飞过来看我，我带他们去加州海岸自驾游，陪爸爸在海边的小镇蒙特雷打高尔夫球。我爸爸说，那里是他见到过最美的高尔夫球场——三面临着太平洋，地势起伏，树林掩映，甚至还有不少野生动物来拜访。他可以站在悬崖上，望着粗犷的海岸线和数不尽的礁石，听着澎湃的海水挥出一杆，再穿过一条条森林小道去完成下一洞，是难得的人间体验。

在夏威夷初次尝试过潜水后，我也暗暗要求自己每年都要去不同的地方潜水。2017 年 5 月，利用一个小长假，我和朋友一起去波多黎各潜了两天水。2017 年 9 月，我又和另外一个朋友飞到佛罗里达，考下了高级开放水域潜水证。

我甚至还在纽约学会了冲浪。2017 年的夏天，我大概有七八个周末去了海边。我一般早上六点起床，坐地铁到海边差不多要九点，上两个小时的冲浪课，回家还能赶上吃午饭。

纽约这座灯火永不熄灭的城市，大概只有在周末的清晨是最让人放松的。每个周末去海边的早上，我心里都非常平静，微凉的金色阳光照在脸上，连空气中都是薄荷味的清香。到了海边，清晨的沙滩上除了我们这些早起冲浪的人，几乎没什么游客。我最享受的是每次抱着冲浪板滑进水里的一瞬间，清凉的水没过身下，我迎着温柔的日光和海风向着大海深处游去。

我冲浪进步也很快，上了两三次课以后，已经可以在教练的帮助下自己跳板抓浪了。每次游到冲浪点，我调转板头冲着沙滩，等待着一个涌起的海浪到达我身后。教练开始预警，我立刻趴到板子上开始划水，教练帮我控制着板尾。浪越来越近了，我感觉身下一轻，教练大喊："就是现在!"我双手撑板，迅速跳起，双腿分开站在了板子上，浪在我身后向前稳稳地涌动，我就这样踏浪前行，觉得自己好像获得了超能力，恨不得纵声高歌。

夏日的周末，我 30 平方米的大阳台终于派上了用场。我周末会请在纽约的朋友来家里聚会，有时和朋友一起下厨做一桌饭，大家在阳台上喝酒聊天。有时我们在阳台玩到深夜还不肯离去，不想结束这美好的时刻。

现实世界顺风顺水，我在网络虚拟世界也渐渐拥有了自己的天地。我开始热爱在微信公众号上写作，分享自己通过阅读学习到的内容。

来纽约后，脱离了学校的环境，没有固定目的的阅读和写作反而成了让我热爱的事情。我开始每年给自己开书单，要涵盖科技、法律、经济、金融、政治、文学、传记等种种方面。我有一套自己选书的逻辑，亚马逊的购物车里总是有十几本书，等着这一波书看完的时候再下单。

在看书的时候，我会不断在脑子里进行输入和输出的连接，为下一次在公众号上写作的内容添砖加瓦。有时候一个比较想写的话题也会反哺我对于阅读的选择。比如，我想写关于人工智能与法律的关系，就去找了许多机器学习领域的书来读，去钻研人工智能从事法律工作背后的原理。我想写输出与表达的方法论，就去找心理学领域的经典书目，试着总结出如何通过建立共情来与人沟通。

来纽约这两年，我将这种输入和输出作为热爱的事情和进行自我提升的标尺，不断设立目标来要求自己。我每年大约能看 30 本书，听四五百条播客，写十几万字的文章。我写作的话题也极其广泛，除了跟阅读相关，我还分享自己的学习、工作体验，我在纽约的生活，以及我对一些社会事件的看法。

很快，我的关注者就突破了十万人。

我清楚地知道，思考和创作已经成了我必不可少的人生意义。我有一种根深蒂固在灵魂中的驱动力，去看得更高、想得更远，去把看似无关的事物串联起来，去从历史和社会的发展中找到深层的逻辑，再把我所发现的知识和逻辑与人分享。法学院的训练让我拥有了这种思考能力，在三年日复一日的训练中，我又通过这种能力给我带来的绝大满足感，将它内化成了自身的生命价值。

*　　　*　　　*

在纽约的第二年，我就这样如初春的新芽一样，飞速成长。

回忆起在法学院的时光，我一开始觉得自己像一个行尸走肉，不知道自己真正热爱什么，只是懵懵懂懂跟着外界的标准做出选择。我一直在追寻一个虚幻的“平台”的概念，在跟别人的比较中获得短暂的优越感，但很快又在新的环境中陷入迷茫。

是纽约救了我。她像一个慷慨的自由女神一样，在我最迷茫的时刻，给我注入了热爱与梦想。她让我找到了努力生活的意义，让我直接去与自己的内心对话，获得了源源不断的生命动力。

纽约给我的最后一个礼物，是一份让我心跳急速、小鹿乱撞的爱情。

2017 年 8 月底的时候，我被一个好朋友带去一个中国人的聚会，就这样认识了昱。

他跟我一样大，但因为我读书早，已经工作了一年，而他刚开始读研究生。他长得高高白白，眉清眼秀，是我一看就会喜欢的男生类型。我像查户口一样在五分钟之内问了他十几个问题，迅速摸清楚了他的人生经历和基本性格。我们惊喜地发现两个人都住在布鲁克林，而且在同一个街区，于是互相加了微信，约好了以后一起玩耍。

回到家后，一开始我还拉了一个布鲁克林的邻居群，总是约着大家一起活动。夏日周末傍晚，我约群里的朋友到我家阳台上看夕阳、喝酒，那是昱第一次来到我精心布置的小公寓。我拉着他楼上楼下地跑，给他看我各个角落用心的小设计、我在夏威夷大岛拍的银河在火山上倾泻而下的壮丽景象、我去过的地方、看过的书，还有我的两只猫。

到了 9 月，我在邻居群里约大家一起活动，他总是第一个响应我。我们经常在工作日晚上出去夜跑，跑到布鲁克林的海边，看着对岸依然灯火通明的曼哈顿，跑累了就沿着河岸散步。

一个周五我们下班一起去家附近吃拉面，吃完我们又去了海边，一走就是两个小时。他一直是那种话不多的人，那晚却莫名其妙问了我许多“拷问灵魂”的问题。

那晚他送我到楼下，看着我说：“你真是我这辈子见过的最有趣的人，脑子里充满了奇怪的理论，我真想多了解了解你，知道你在想些什么。”

我哈哈大笑，转身跑上楼去，把脸埋在被子里尖叫，抱着我的猫呼啦啦地转圈。

那个月几乎每个周末我都组织邻居们在纽约玩。我带大家去威廉姆斯堡暴走，秋高气爽的日子里在屋顶酒吧看着曼哈顿的夕阳。他带了单反相机，总是一个人走在后面，时不时喊我一声，我回过头看着他，心里开出了花，给他一个灿烂的微笑。我们去22楼的屋顶酒吧看夕阳，我专注地拍着落在海面上的夕阳，他专注地拍着正在拍夕阳的我。回去的路上我们互相传照片，我发现他手机里有上百张我的照片，我在夕阳下拿着相机冲他笑，背后的云层如火海一般绚烂。

9月底的时候，我们聊到我在美国几次拍到璀璨银河的经历，他羡慕地说，他旅行过这么多次都没见到过银河。我说美东附近应该也有地方能见到，随即拿出手机开始搜索，果然查到从纽约驱车往西边内陆出发五个小时左右，在宾夕法尼亚州有一个很著名的观星州立公园，初秋夜晚往往无云，气候和温度都正适合观赏银河。

我们一拍即合，立刻定了酒店租了车，决定周末一起去看星星。那个周末的旅行异常顺利。我之前一周一直在加班，有一个新项目悬在头顶，可那个周末正好有一个空档，让我心无旁骛地跟他度过了一个只属于我们两个人的周末。

周六的晚上，我们在公园铺好野餐垫等日落，天将暗未暗时，我们头靠头躺在地上，一人戴一边耳机听着周杰伦的《星晴》，天空一点点从灰蓝变得漆黑，星星一颗两颗慢慢连成线，他悄悄握住我的手，我们十指相扣。

而这时已经是漫天繁星，银河拱桥正壮丽地悬在我们头顶。

三、就这样变成了控制狂魔？

2018年9月，来纽约整整两年后，我惊喜地发现，我终于变成了自己曾经梦想的那种人。

我是纽约一家大律所的三年级律师，一年有将近30万美元的税前收入。我经手的客户都是最顶尖的商业银行、投资银行和500强企业，日常处理的都是美国银行、证券和公司行业最热门的法律和监管问题。在工作中，我终于脱离了新人期，变成了中年级律师。有越来越多的合伙人信任我，让我独自带一些小的项目，手下也会有新人律师协助我。

在工作之外，我自诩为“斜杠青年”。我热爱极限运动，已经成了滑雪高手，钢管舞也越练越好，甚至摩拳擦掌准备参加比赛。我每年都会利用假期和周末的时间去冲浪、旅行、潜水，每次我都带很多专业的摄影设备，回来整理出一些照片和视频，发到社交网络上展示。

我有一段稳定的恋情，在纽约有一间温馨独特的小公寓，还有两只大猫咪。我在自己的社交网络上有十几万的关注者，我对一些时事热点的评价，有时能得到几十万的阅读和转发。

更重要的是，我变成了一个对生活有严格的规划，热爱控制细节，也能把自己安排得井井有条的人。大学时的拖延和懒惰已经成为我偶尔用来自嘲的历史。法学院时偶尔无法完成我不喜欢的任务的情况，在工作中也再没出现过——每次接到不喜欢的项目，我都会不断地从中寻找热爱的感觉来麻痹自己。

律师这份工作给我带来了一份属于精英阶级的荣誉感，在维持着生活水平的同时，创造了一个将我紧紧锁在其中的标签。我如寄生虫一般吸附在这标签上。这标签带来的优越感，让我可以一次又一次在加班的周末和夜晚驱使自己埋首在电脑前，以最出色的水平超负荷完成工作。

按照 2011 年我对自己的期待，到这时我已经如我所愿，走到一个更高的平台上了。

* * *

可是，这更高平台上的路，也并不是一路平坦、畅通无阻的。

我竭尽全力在工作和生活中做出平衡，既想当出色的精英律师，又想当极限运动玩家，还想在钢管舞比赛中拿名次。我对自己有读书和写作的要求，要花时间经营恋情，要组织纽约的朋友进行社交活动。为了实现这种种构想，我变成了一个时间管理狂魔，争分夺秒地利用自己生活中的全部时间。

我周末从来不睡懒觉，在一天里，我可以早上去跳钢管舞或者去海边冲浪，中午回家工作、加班，晚上还请朋友来家里聚会。我也可能会去曼哈顿看音乐剧，在来回的地铁上加班工作或读书写作。我无法忍受生活里任何一点空闲的时间，一定要让自己每一天都过得满满的，才可以心满意足地睡去。

我想，也许在过去这几年，我的内在驱动力逐渐从“超越别人”变成了“超越自己”。我明白了生活没有一种标准答案，每个人拿到的考卷都是不一样的，因此与别人比较分数也是毫无意义的。可生活终究还是一份考卷，即使不与他人比，我也要与自己比。

于是，我在自我管理这件事上投入了极大的热情。从 2017 年起，我每年都会给自己制定十个新年目标。2018 年，我的十个目标都完成了：

1. 在律所完整地再做一个并购和一个资本市场项目，确定自己在执业领域的细分方向后，做一个符合自己职业兴趣和特长的选组决定。

2. 看25本书。

3. 在公众号上输出25篇文章。

4. 回国一次，带爸妈出去长途旅游一次。

5. 坚持戴完牙套，完成整牙。

6. 继续坚持健身和运动的习惯，力量、协调和柔韧都要比去年要增长。

7. 滑30天雪，技术要比去年更厉害。

8. 潜15次水，技术要比去年更厉害。

9. 和昱在一起，利用每一个假期和周末去创造两个人的回忆，去很多地方旅行。

10. 编一支钢管舞独舞，然后去参加比赛或演出一次。

可我对生活的这些雄心壮志，并不能总是轻轻松松地实现。我想要的东西太多，而这些欲望和执念中，有太多是彼此冲突、无法共存的。终于，来纽约的第三年，生活开始向我释放出越来越多的信号，提醒着我做出选择。

*　　*　　*

一直以来，在拼命把生活填满时，我还不停地监督自己的健身成果。来纽约后，我维持了一周五次的健身习惯，一般是两天去上钢管舞课，一天力量训练，两天有氧运动。但因为我无法再像读书时一样每天自己做饭，精确控制热量摄入，我的身材再也没有回到2016年夏天的状态。

有很长一段时间，我每天起来的第一件事就是量体重，然后对着镜子仔细观察自己身材的变化。如果体重和身材不理想，我就会加大训练强度，晚上尽量少吃碳水化合物。

2018年的春天，我开始为钢管舞比赛做准备。有一天晚上在去钢管舞教室训练时，晚上只吃了一盒沙拉的我体力极差，在训练高难度动作时有好几次差点出危险。我只好跟教练由美子解释，我最近在控制体重，晚上少吃多练，所以可能状态不太好，但我会坚持下去的。

由美子吃了一惊："你在说什么？你身材好得很，为什么要控制体重？"我说，我还是觉得自己身体的脂肪太多了，想减脂增肌。但由于工作太忙，没办法精确控制饮食，让自己既能吃饱又能控制身材，只能这样对自己狠一点。

由美子摇摇头："可是你要训练比赛，如果总是这种身体状态，你的水平怎么能有提高呢？你要想想你到底想要什么，我们每个人的精力都是有限的，不要把你宝贵的生命浪费在那些不重要的事情上。"

这句话忽然点醒了我——的确，为了训练比赛，我必须保证体力能跟上。如果工作、身材和钢管舞比赛三者中我一定要放弃一样，那我应该怎么选择呢？那天回家的路上，我一直在不停地思考。我是从什么时候开始觉得身材这件事情很重要呢？

这些年从小到大，从北京到纽约，"女人身材不好便是原罪"仿佛像一句真理一样被烙在我脑子里。我痛恨自己的身体，痛恨它不能随心所欲的变化，让我符合主流社会对于女性身体的期待。我为了迎合这种期待，给自己培养了健身、做饭、控制身材的"热情"，又因为不能输给过去的自己，所以两年来一直在坚持控制自己的身材。

可是，这两年以来，我早已经不是那个恐惧他人眼光的自己了。我找到了内心真正热爱的事情。跳钢管舞时的喜悦，就好像真正来自灵魂的呼唤，而非我为了应对恐惧而给自己编造、想象出来的“热爱”。

与这种真正的热爱比起来，我对于身材控制的执念忽然显得有些可笑。当我不得不做出选择时，我忽然从狂热控制一切的现实中抽离出来，清楚地看到了自己每个行为背后的动机，也终于意识到，有些坚持是可以被放弃的。

从那以后，我彻底放弃了一切对控制身材的坚持，而将更多的精力投入到钢管舞比赛上。因为常常要在下班后赶去训练，我每次就在快餐店随便买一些汉堡和三明治，保证晚上有足够的能量。

从夏天到秋天，我把比赛要用的舞蹈跳了 30 多遍。这套动作用时三分半，但每次跳完我的心率都会飙升到 180，话都说不出来，喉咙又甜又涩，气管疼得好像刚跑过 800 米。但每次跳完，我躺在地上大口喘气，都觉得眼眶湿润，一种酥麻感从脊椎传到大脑，那是和自己身体和意志的极限搏斗时带来的真正的满足感。

我们舞蹈室的其他女孩也非常努力，大家都是在业余时间准备比赛，每天下班从纽约的每个角落赶过来，聚集在小小的舞蹈室里，在化妆间挤成一团快速换好衣服进去热身，然后轮流上管、压腿、互相保护练习。我见过彩排到一半捂住脸哭出来的，见过在倒挂时手明明都在抖还咬牙死撑的，还有身上和腿上已经淤青满满，还是缠了胶带、脚上绑着沙袋继续训练的……一切的辛苦和汗水，都是为了舞台上和比赛时的那三四分钟。

当我们如此努力提高着自己身体的运动极限的时候，身上多一点或少一点脂肪、是否合乎一种身材比例、腿长一点还是短一点、肚子上是否会有赘肉，哪儿还有人在乎呢？

痛苦纠结了这么多年，我才彻底放下了对身材的执念。我爱我的身体，为它感到骄傲和自豪，不是因为它满足某种外界评判的标准，而是这是属于我的独一无二的身体，这就是我最好的样子。

*　　*　　*

2018 年的夏天，我和朋友去了一次夏威夷。时隔将近一年，我终于又回到了海里。我去了更远的地方潜水，还找了夏威夷的教练练习冲浪。

教练带着我第一次到大海远处去寻找两米以上的浪，它们可不像纽约的浪那样温柔。我拼命地划水，却因为爆发力不够强而一次次被拍翻在海里。筋疲力尽终于到达了平静的浪区，浪来时，我感受到身下有一股前所未有的巨大推力，那一瞬间的犹疑和恐惧，让我错过了站起来的最佳时机。我刚刚狼狈着从冲浪板上爬起，就因为失去平衡而迅速落到了水里。

上岸后，教练看我如此沮丧，便安慰我说，对于我这个有点基础入门水平的人来说，两米的浪是一个坎，有许多具体的技术细节要练习。他跟我说，冲浪是一个一生的爱好，何必因为一天的失败而闷闷不乐呢？你一辈子还有那么长。

我无奈地说，可是我一年只能来一次夏威夷，平时在纽约根本没机会练习冲这样真正的浪。

教练不置可否地说，当你真正热爱一件事情时，你会发现自己永远有办法做出正确的人生选择去实现它。

我半开玩笑地说，可是很多时候人生就是没有其他选择啊，我想要多出来冲浪，估计只有辞掉工作了。

教练意味深长地看着我："为什么不呢？你总是有选择的，只是你没有意识到而已。"

这话让我又一次陷入了思考。

这两年，我努力做出一副十分热爱工作的样子，随时随地都背着电脑准备工作。律师这份绝对高强度的工作，让我没有任何绝对的私人时间，无论何时何地，生活都会突如其来地被工作打乱。我对生活的那些期待，也只有在工作的空隙中得到喘息和绽放。

即便如此，我从来都没想过我还可能有其他选择。去大律所做律师，难道不是我从大学以来的梦想吗？可这最初的梦想又是因为什么而存在的呢？我忽然惊醒了——还是那种想要高人一等的欲望啊。在做律师这两年，也正是这个华尔街精英行业的标签，一直在支撑着我忍受工作上那来自四面八方的压力。这份标签对我来说有那么重要吗？是否就像是我曾经对身材的执念一样，只是我在从小到大的成长环境下，被"植入"的一种不必要的坚持？

因为坚持着想在这个行业里做下去，我像激励自己减肥健身一样，给自己创造了"热爱"。我热爱在项目上指挥若定的成就感，热爱在熬了一个通宵后受到客户赞扬的满足，热爱工作能力进步的喜悦。可是这些热爱，究竟是真的来自内心的声音，还是为了追求一个执念给自己编织出来的假象？

我心中有太多疑惑，可也没办法破釜沉舟放弃自己的工作。这份执念已经让我陷得太深，让我早已紧紧把自己和"律所精英"的形象绑在一起。

人的理性与感性之间，有时仿佛隔着万丈鸿沟。我在理性上知道，自己已经陷入了成为“精英”的执念中，却在感性上无法逃离。

* * *

从夏威夷回来后，我决定小步解绑，开始探索我在做律师之外，是否可能有一种更自由的工作方式。

我的第一个计划，就是以耕耘了三年半的公众号为平台，打造一款知识付费的商业产品，将我在美国法学院的学习经验总结成一套网络课程。2018 年 8 月，纽约开始进入盛夏，我将工作之外的所有空闲时间都投入了这个项目上。为了调研市场、确定用户需求，我在公众号上征集免费试听课程提供反馈的志愿者，收到了 1000 多条申请，最后筛选了 60 个教育背景和年龄段非常多样化的志愿者，如火如荼地开始了课程的制作。

本来在我的设想里，制作课程如同写文章一样，只是一个内容的生产过程。但是音频和视频的播放需要有平台，商业导向的产品需要有自己的结构设计，从运营琐事到知识的整合都要耗费大量的时间。我每天绞尽脑汁地想象这个产品最终成型的样子，把自己放在消费者的角度，不断揣摩他们需要以什么样的方式来吸收这些内容。每个星期都会和群里的志愿者们沟通讨论，从课程的内容到网页的交互设计，一点点确定所有的细节。

9 月底，我终于把这套课程做了出来。计划上线的那个晚上是周五，直到深夜两点，我才打通了最后几个技术细节。在公众号上把课程发布出去后，我迷迷糊糊地睡了几个小时，醒来后惊喜地发现，课程销量居然远超我的预期。

两个月都没怎么出门，我才发现纽约已经由夏入秋。周六那天，终于完成一件大事的我和男友出去玩了一整天。我们租了两辆自行车，一天骑了 50 多公里，从曼哈顿的金融区一路骑到了布鲁克林深处的康尼岛。我们骑车路过喧嚣热闹的墨西哥社区，跑到阴天的海边放无人机、看沉船，路过公园里戴着小帽子的犹太人吹着小号游行，最后在曼哈顿大桥上看了日落。

上线几个星期后，那门课给我带来的收入就达到了律所四个月的工资。我的心情十分激动，最令我开心的不是经济收益，而是我在制作课程的过程中，体验到了一种全情投入、创造内容的快乐。这种快乐比大律所的工作所带来的虚幻的荣耀感更加真实。

我人生的前 24 年，其实是一个不断从执念中走出来的过程。对更高平台的向往与执念，曾给我带来数不清的痛苦。但我在追求这执念的过程中，因为机缘巧合，在法学院的第一年体会到了“热爱”的能量。自那以后，我学会了熟练为自己创造“热爱”的感觉，驱使自己心甘情愿地去追求那种执念，并用伪装的快乐紧紧包裹住了自己。直到工作和生活的种种任务将我逼到角落，让我正视自己的选择时，我才忽然意识到，在我拼尽全力追求的那些目标里，有一些是可以舍掉的执念。

也许是时候开始给生活做减法了。

四、告别大律所，选择下一步的人生

进入 2019 年，我还是像往年一样，写下了十个年度目标。但这次，我比往年想得更深了一点。在写下每个目标的时候，我都在问自己：我为什么想要完成这个目标？是因为我心中的热爱吗，还是一种不必要的执念？

我开始认真思索“工作”这件事情的意义，列出了对我来说最重要的四个方面：

- 物质回报：维持现有的生活水平。
- 技能积累：对行业产生深度认知，专业技能持续精进。
- 工作环境：与同事进行愉快的合作，找到团队归属感。
- 工作时间：能让我兼顾生活，可以完整地度过周末和假期。

从物质回报的角度来说，大律所的收入，用来维持我理想的生活水平已经绰绰有余。律所的工作也给我带来了踏实的技能积累，从公司的角度来理解商业社会，更是丰富了我对许多社会现象的思考，是一种难得的认知训练。

但在工作环境和工作时间上，大律所却无法满足我的需求。

大律所有一种极其残酷的加班文化，作为收费高昂的乙方律师，我们必须如同机器一般一周七天 24 小时在线，以最快速度完成客户所有的任务。律所的团队文化也充满着竞争和压力。因为律师的计费工时是律所唯一的收入来源，自然而然就形成了一种自上而下的加班文化。我们的工作成果也有着极高的标准，所有文件都会被来回审阅，直到近乎完美无缺，这就让团队上的每一个人都时刻绷紧神经，生怕出错。

可是不做律师，我还能做什么呢？去年尝试的网络课程，在物质回报和工作时间上也许可以，但是无法让我产生持续的技能积累，也不存在与人打交道的工作环境。

我忽然灵机一动，决定尝试一下公司法务这个行业。最初在法学院读书时，我就知道有些大律所的律师在工作了几年后，会转型做公司法务。但曾经的我一直不理解，为什么会有人甘愿放弃大律所这个“精英”行业，去公司内部做一个默默无闻的法务？直到我不断抛下执念，才意识到比起这些外在的标签，我更应该关注自己对一份工作的内心感受。我开始用物质回报、技能积累、工作环境和工作时间这四个要素，来重新衡量我对法务行业的看法。

相比起律师，公司法务算是行业的甲方，工作时间稳定许多。因为压力没有那么大，内部也没有太激烈的竞争，工作环境也会友善许多。从物质回报角度来说，法务的薪资普遍比律师要低，但个体差异很大，具体数额取决于公司规模。对我来说，只要能满足我对生活的需求，收入多一点少一点并无太大差别。

技能积累方面则比较特殊，法务这个行业，根据公司业务的不同，有可能只涉及某种单一的技能，不会接触到太多复杂的法律问题，日常工作比较模板化。但在一个有趣创新的行业里，也完全可能有一份需要处理许多前沿法律问题的法务工作，甚至需要我将法律与商业结合，进一步拓宽自己的职业生涯的宽度。

思前想后，我郑重写下了 2019 年最重要的目标：找到一份符合我四条要求的法务工作，告别大律所的生活。

* * *

除了工作，我的人生还有其他方面要做减法吗？2019 年的第一个月，我有好几天都在思考这个问题。

过去几年，我总爱给自己列每年要完成的固定目标，比如，一年要滑 30 天雪、潜 20 次水、读 25 本书……有了目标，就自然产生了无法完成目标的焦虑。对生活的精细控制，让我越来越恐惧那些可能出现的意外。我会提前安排出每周、每个月甚至每个季度要完成的事情，如果计划被打乱，就会陷入巨大的不安。我照着日历排好了假期，可是每一天都在担心是否会因为工作而无法请假。有时如果到了月底我还没有完成阅读或写作任务，我就会一整天都紧锁眉头、心烦意乱。

2019 年，我开始试着不去关注具体的目标，而只是去走得更深，走到自己的内心深处，想一想我到底想要什么，我真正热爱的又是什么。

最后，我留下三条主题：思考、爱、冒险。

思考

2013 年来到美国读法学院，让我第一次体会到思考对我的意义。法学院的第一课，学到了 Level 1 到 Level 3 的思维模型，竟然就奠定了我接下来数年的思维轨迹。对于我生活中的一切，我都想不仅知其然，还要知其所以然，想探寻事物背后共同的规律，甚至追根究底直到万法缘起的那一刻。

思考是美妙的，但我曾经给思考本身加上了太多额外的执念。自从开始写公众号以来，写作对我来说已经不仅仅是进行深度思考的催化剂，而逐渐变成了满足我虚荣心的工具。我有时喜欢“蹭热点”，遇到社会时事问题就要迅速写一篇文章来进行深度分析。这些文章纵然是我思考的结果，但其产生的心态却是我那种想要被人关注的欲望。

也许在 2019 年，我不应该要求自己一定要写完多少文章，甚至读完多少本书，而是让思考回归纯粹，让自己真正享受思考过程本身的快乐。

爱

我也更加深入地思考了“爱”究竟是什么。2017 年我和他坠入爱河，但在过去的 2018 年，我们的感情却几经起伏，给彼此都造成了巨大的痛苦。这些经历让我领悟到，真正的爱，不是基于荷尔蒙和多巴胺的生理之爱，而是无条件的包容和接受。

生理之爱，就如同人对于美食、金钱的爱一样，背后折射出来的是不知满足的贪婪，以及生怕失去的恐惧。我曾经以为自己很爱他，但却在这段恋情中体现出强烈的控制欲和占有欲。我的强势在我们两人之间一点点种下裂痕，直到失去信任后，一切矛盾都在一场机缘巧合下剧烈地爆发了。

爱一个人，难道是希望对方完全顺从自己，按照自己想要的方式生活吗？这种自私的爱、占有的爱、无条件的爱，并不是我想要追求的那种。也许在 2019 年，我要学会那种无条件的爱。人生一世，最深刻的体验，也许就是这种真正的爱了吧。

冒险

自从来了纽约后，我就一直在生活的各个领域突破自己的极限。我玩滑雪、冲浪、潜水、钢管舞，飞红眼航班去世界各地旅行。我要求自己在这些技能上都要取得突破，每年要“打卡”不同的城市，享受最多样最精彩的生活。可这些硬性任务也让我越来越疲惫，我渐渐发现，我好像把这种极限运动的生活方式本身，当成了自己的一个新的标签。也许是我觉得大律所的精英标签不足以定义我，所以想让自己做一个看起来有无限精力、可以平衡一切的斜杠青年。也许我最初选择这个标签的确是因为热爱极限运动，但我盲目追求一套固定的结果，反而将热爱变成了新的执念。

2019年，我想我应该回到我热爱冒险的初心——是那种突破极限、挑战新的领域本身所带来的快乐。每一次克服我身体对新事物的恐惧，咬牙度过最开始磨炼技能的时光，最后迎来海阔天空的满足感，才应该是冒险的最大意义。也许，我不应该执着于某一种运动，而应该在人生中不断寻找这种冒险的感觉。

* * *

刚刚进入新的一年不久，1月的一个周末，我一口气在新泽西看了七个房子。

来纽约的第四年，终于有些住腻布鲁克林了。我想搬到离曼哈顿只有一河之隔的新泽西，那里有很方便的公共交通，而且离开纽约去滑雪、爬山也可以免去不少堵车的麻烦。我和他都热爱户外运动，一直有买车的计划，就准备换个生活环境。另外，我在布鲁克林租的小公寓住了两年，渐渐发现还是有许多不便之处。比如，厨房的面积太小，导致我很少做饭。每次跳钢管舞都要重新挪动客厅家具，也很麻烦。楼上卧室、楼下客厅的设计，最开始我还觉得新鲜，可是逐渐觉得变成了负担。

我想改善居住环境，买房也不是刚需，如果有合适的房子，租也是一样。那个周末，我约了中介看一看新泽西在售的房子，纯粹是抱着试探的心态。但那天看到最后一个房子时，我一走进去就有一种被击中的感觉——开放式厨房和走廊连在一起，走进去是一个面积很大的客厅，屋顶挑高，做了一排斜斜的天窗。客厅朝南，我们去时正是下午，整个房间洒满了阳光，把人沐浴在橙色温暖的气息里。

这个房子的厨房有两排三米长的操作台，地上是古朴又专业的花砖，六个明火炉灶，一个亮晶晶的不锈钢抽油烟机，双开门大冰箱、烤箱、洗碗机一应俱全，一走进来还以为自己来到了哪家餐厅的后厨。更惊喜的是客厅还有一个旋转楼梯，直通往一个20平方米左右的私人屋顶花园，有着浅橙色的地板和围栏，甚至还能看到远处哈德逊河泛着光的水面。

看到这些，一种命中注定的感觉涌上我的心头，这不就是最适合我的房子吗？面积很大，但因为只有一个卧室，价钱很划算，正适合几年内没有生育计划的我们。客厅尤其大，屋顶又高，可以放得下我的钢管，让我在家跳舞。我们可以经常在家做饭，然后窝在客厅看电影。夏天的时候可以在屋顶花园围上灯，买上沙发和秋千，叫朋友们一起来聚会、打牌、看星星聊天。

我们几乎没有任何犹豫，看房后的几天内就签了合同，一个月之内就办好贷款搬了进去。我做事风风火火，效率极高，等到4月，新家已经全都布置完毕，我们亲手搭配了所有的家具，设计了每一个细节，房子的每个角落都是我们的最爱。

从4月到整个夏天，我的新家几乎每个周末都有朋友聚会。我们给朋友的私密读书会提供场地，让不同领域的主讲人来分享自己的知识、故事和经历。夏天的时候，屋顶花园也派上了用场，有朋友带了吉他、键盘和手鼓，我们日落时分在阳台弹琴唱歌跳舞，我开心地转圈，简直像生活在一个充满快乐的童话世界。入了夜，屋顶花园就变成了小酒吧，开始了真心话大冒险的环节。

到了7月，我还终于实现了一个从小到大都念念不忘的愿望——养狗。可能因为自己属狗，我从小就对狗这种温顺快乐的动物有一种难以抵挡的热爱。但我也曾经一直觉得，养狗是一件责任重大、会带来许多麻烦的事，应该等到合适的人生阶段再开始。

可到了 2019 年，我忽然就不想等了。买房这件事对我来说像是一个信号。也许，人生不应该遵循一个固定的模板，也不应该瞻前顾后、处处控制风险、一切按部就班。对于一些并不在计划内的事情，如果体会到了那种强烈的热爱，那遵循本心才是最好的选择。

7 月的一个周末，我们开车两个小时，从宾州郊区的一个农场里接回了家庭新成员——一条 3 个月大的边境牧羊犬小奶狗，我们给她起名叫 Tifa。

果然，有了 Tifa 以后，那些我曾经担心过的麻烦，在它带给我的那些数不清的快乐面前，根本就不算什么。边境牧羊犬性格活泼，运动量大，于是我夏天常常带它跑步。它的体力远胜于我，一天跑个四五英里都只是小菜一碟。

我们还按照计划买了车，周末会带着 Tifa 去爬山。Tifa 有着牧羊犬那种忠诚听话的性格，美国的山区都是没有固定步道的野山，我们要自己按照地图寻找合适的徒步线路，往往爬了一整天也遇不上十个人。于是每次爬山，我们都会把 Tifa 放开，让它自己去跑。它每次到了山里，都如同鱼儿入了水、鸟儿上了天，飞一般地自己判断路线，几秒钟就不见了踪影，但每次听见我喊它的声音，又会欢呼雀跃地跑回来，到我面前摇着尾巴。

Tifa 和我家的两只猫居然也相处得不错。两只猫其实很快就习惯了这个傻大个，只是秉着井水不犯河水的原则，看见 Tifa 就绕着走。可是狗偏偏不识好歹，总是对猫进行围追堵截，然后拼命摇着尾巴，乞求猫也来追她。我们只好在墙上给两只猫装了两个高高的窝，让它们可以就此逃避狗的骚扰。

这一年，买房、买车、养狗，我们仿佛忽然提前过上了一家五口的家庭生活。这些突如其来的变化，并非在我的计划和控制之内，但却给我们带来了数不尽的惊喜与快乐。我们两人之间的联系，也随着这些生活中的新体验变得更加深刻，直接到了一个全新的维度。

我也从这一年的美好生活中体会到了一种“爱”的能量。这使我更加坚信，我追求的并不是某份工作、某个行业这种标签和假象，甚至也不是滑雪、潜水这些特定的运动。生命的美好可能来自任何地方，而我要做的就是放下任何的执念和限制，去拥抱每一种可能性。

*　　*　　*

6 月，我终于参加了筹备一年之久的钢管舞比赛。

在备赛的过程中，我这种曾经做任何事都要赢的人，居然没有任何必胜的信念。仿佛对我来说，这场比赛不是终点，训练过程也不是赛道。我每一次去舞蹈室训练，都仅仅是为了目标而奋斗的一次美好体验而已。我在每一次排练时都收获到了精神能量，这是我从这次体验中得到的最宝贵的东西。

我依然记得每一个训练结束的夜晚，不管那天是刮风下雨还是晴朗夜色，不管我在训练之前经历了兴奋还是沮丧的一天，只要进入舞蹈室训练，就好像去了一个奇妙的充电站，像睡了香甜的一觉一样。从舞蹈室出来后，所有的烦恼、矛盾、不甘都消失在纽约湿润的空气里。我浑身毛孔张开，有种轻松雀跃的心情，走在路上的每一秒都如此的美好。

也许是因为内心平和，精神状态稳定，我在场上自信微笑，表情和眼神都光芒四射。这是一张给我自己的答卷，在舞台上的每一秒都是最好的享受。我发挥出了史上最佳水准，不仅一个错误都没有犯，而且很多动作的完成度都远超于我平时的训练水平。

*　　*　　*

这一年，我开始不断反思我在社交平台上曾说过的话。其实，每次在我想说点什么的时候，比起内容，我说话的动机是更重要的。我过去的许多表达，背后还是有着想引人关注的虚荣心，而并非真诚的创造，也算不上真正的深入思考。

我依然读了很多书，记了许多笔记，但写的东西却越来越少。我想，我需要花一段时间整理一下自己，想清楚我到底要向这个世界输出些什么？我每一次输出的信息其实都是向世界传递：我到底是一个怎样的人。那我到底想做一个怎样的人呢？

于是，2019 年，我降低了公众号的更新频率，花了更多时间在打磨一本书上。我想，比起在公众号上炫耀自己强大的学习能力、自律的律师生活，将我从小到大经历过的痛苦、迷茫、执念、欲望，整理成一本书，将自己最真实的样子剖析出来，可能更有意义。

*　　*　　*

2019 年我的另外一项收获，就是接触到了自由潜水。

相比起背着氧气瓶的水肺潜水，自由潜水这项运动需要靠一口气潜下去，而其中最关键的技术不是憋气能力，而是大脑的状态。自由潜水员在训练和比赛前，都会进行一段时间的休息和冥想，刻意把大脑的意识集中在感知身体、感受眼前上；不去思考过去和未来，不去想着自己和别人的故事，彻底进入到一个“无我”的状态。

我是在2018年去夏威夷旅行时，因为好奇自由潜水时不需要氧气的状态，找了当地的教练学了一个上午。自那以后，我被自由潜水所追求的精神彻底迷住了。也许是人生正好到了这样一个做减法的阶段，我爱上了这项不是单纯追求刺激或者进取精神的运动，也去学习放下执念、感受“无我”、活在当下这种状态。

2019年，我飞了一次洛杉矶、两次墨西哥、一次巴厘岛，找了三个不同的教练学自由潜。我的天赋其实一般，在水里很容易有太多杂念，恐惧、执着、贪婪都会影响我憋气和做耳压平衡的状态。每一次训练我都要大费周章地请假，也时常有“这一次一定要下到这个深度”的执念，结果也总是以失败和挫折告终。

但幸好我也在一次次的挫折里，更深刻地看到了那些困住我的东西。我过往生活中的一切、那些执念和不甘，从未如此清晰。训练自由潜就仿佛看见我自己的人生一样，如果预先设定一个必须要达到的结果，那我一定是面目狰狞、内心痛苦才能到达终点，也可能永远也摸不到终点，在迷茫中沮丧不堪。但如果我学会放下，学会热爱，学会感受生命中每一刻的美好的能量，我活在现在，而并非为过去而忧伤，或者因未来而焦虑，那一切反而会在我内心的幸福平静中达到一种顺其自然的圆满。

*　　*　　*

这一年，我每天早上都一边喝咖啡，一边花十分钟看一下可能的工作机会，并投一下简历，这逐渐成了我的日常习惯。

从律所跳到法务，本质上是一个广撒网的过程。在法学院求职期间，最顶尖的律所就那么几十家，通过学校的招聘网络可以群发投简历，简单高效。但是公司却有成千上万家，不可能定点投放，只能关注第三方渠道的招聘信息。

一般我可能要看几百条招聘广告才会遇到一两家想要投一下的公司。不过我抱着宁缺毋滥的原则，心态稳定，做好了打长期战的准备。虽然打定了主意要离开律所，但我对找工作却并没有十分焦灼。我已经看清了自己要走的路，但却并没有办法控制那扇大门会何时打开。对于无法控制的未来，焦虑的心情不会改变现实，还不如在眼下的生活里持续寻找点滴的快乐。这一年，我不紧不慢地以一个月投三四封简历的速度慢慢前进着，在律所也又做了几个并购和监管的项目，踏踏实实继续提高职业技能，等待着属于我的舞台。

等到了 2019 年秋天的时候，我陆陆续续面过了几家不同的公司，终于遇到了我最理想的机会。

这是一家消费品行业的集团公司，也是在美国注册成立、总部在欧洲的上市公司。集团规模很大，是真正的跨国公司，在欧洲、拉美、亚洲和美国都有分公司和业务部门。我面试的职位是在纽约的公司法部门的法务职位，主要负责处理集团的并购交易、证监会披露、内部架构的管理、与子公司的对接等事宜，正是我一直想找到的那种处理复杂多样业务，还可以结合商业领域决策的工作机会。

面试过程持续了一个多月，我前后在不同的时间见了七八个人。对我来说，以跳槽为目的的面试是一个双向选择的过程，所以我也通过和每个人的面试环节，不停地审视、评估这家公司的文化和环境。和大部分在美国的公司不同，这家公司管理级别的团队文化背景非常多样，基本每个人都有过在几个不同国家的生活工作经历，对于不同文化和观点的包容性也更强一些。

终面是和公司的法务总监（General Counsel），他30多年前也是先在大律所做了几年，然后在美国各大著名上市公司打拼过一圈，是管理层级别的资深法务。他跟我分享了一些对职业选择和管理文化的理解，其中有几句话让我印象深刻。

他提到，律所里的合伙人大多都是优秀的律师，但并不是好的管理者和导师。合伙人往往不知道怎么去带一个团队、如何将每个人的效用发到最大，也很难去关心底层律师的职业成长。但是他希望把这家公司的法务部门管理成一个会让每个人都有归属感，都有明确的成长目标和工作动力的地方。这几句话彻底打动了我，让我觉得这家公司从业务属性、团队氛围到职业发展都是更加适合我的地方。

几天后，我如愿以偿拿到了offer。

2019年的最后两个星期，我按照计划跟律所提出了辞职申请。同事和老板都十分惊讶，舍不得我离开，但是也认可并祝福我的选择。

我微笑着跟大家告别，在这家律所的三年，给我带来了受用终生的宝贵财富。我变成了一个自律高效的人，可以熟练地平衡工作与生活，在追求职业发展的同时兼顾生活中其他我热爱的一切。大律所的职业训练给了我在律师行业继续深造的能力，让我可以专业流畅地处理法律问题，并且自主选择迈向下一个职业台阶。

大律所繁忙的工作节奏，激发了我时间管理的欲望，培养了我拓展人生宽度的能力。我爱上了钢管舞、滑雪、冲浪、潜水、自由潜，养成了阅读和写作的习惯。在三年的工作之余，把自己变成了一个极限运动选手，在世界各地旅行，还不断在自己的平台上输出与写作，用文字实实在在地影响了许多人。

更重要的是，在完成这种转变之后，我对自己的人生有了更加深刻的理解。我开始学会了评判哪些追求是外界环境带给我的执念，哪些又是真正的热爱与美好。这其中没有恒定不变的答案，唯一不变的，也许只有永远保持一颗清澈透亮的心。

2013 年前，如果你问我，人生的意义是什么？

我会说，当然是要不断突破环境的限制往上走，变成自己领域里面杰出优秀的人。要有物质基础，要获得别人的仰慕和称赞，要成为社会里面最顶尖的人。

2019 年，你再问我同样的问题，我会说——

人生的意义是找到那个能够满足内心快乐的公式。这公式时刻浮动，需要心如明镜才能辨出真实，但无论如何，我不能去参考一个外界环境或者过去的自己给我设定的标准答案。

对我来说，经过了人生前 25 年的焦虑、痛苦、挣扎，这条公式已经有了：

- **我要有自己安身立命的工作，让我能够从中寻找到意义和鼓励。这份工作能满足我的物质需求，又不至于牺牲太多的生活自由。**
- **我要通过阅读、思考、反思和写作来获得灵魂上的自由。我不会被同一种观点、信仰、价值所裹挟，而是永远通过对知识的探索来突破思维上的局限。**
- **我要给自己创造一个充满爱的生活环境。用我自己无条件的爱，来获得父母的爱、朋友的爱、伴侣的爱、宠物的爱，还要去创造许许多多跟他们一起充满爱的美好回忆。**

- **我要不断挑战自己大脑和身体的极限,去做自己热爱的运动、去渴望的地方旅行,在体验世界中,体验不一样的自己。**

你呢？你找到自己的公式了吗？

PART TWO

我的方法论

英语学习的方法论

谈到任何一种语言学习的方法论,都要先从对“语言”的拆分开始。作为一种人类特有的沟通机制,语言其实是由两套完全不同的体系组成的:声音信号和文字符号。人类的大脑对这两种能力的掌握,其实是依赖于不同的神经功能,所以学习语言一定要把听—说和读—写作为两个分开的系统区别对待。

听—说系统

我上大学的时候,对练听力有一个误区,以为听力提高的关键是把自己长期暴露在英文环境里,因此每天晚上睡觉前都听 BBC、VOA 的广播直到睡着,天天开着字幕看美剧。几个学期下来,我花了大量的时间,但听力水平其实没什么进步。

2013 年刚来美国读法学院的时候,我第一节课就听得很费劲,前几个月的时候,都处于到处借笔记才能搞清楚老师讲了什么的状态。但是一个学期之后,我不仅不需要借笔记,而且我的笔记是身边同学里做得最详细的。我可以完全听懂老师上课说的每一句话,而且能一边听一边整理出这堂课的重点和提纲来。

这中间的神奇魔法，就在于我第一学期不仅仅是听课，而且是一边听一边强迫自己飞速打字，把老师说过的每一句话都记下来。遇到实在听不清的单词，就用一个相似的词替代，回头再对着笔记根据上下文来揣摩老师到底讲了什么。

练习英语听力，光听是没有用的，必须要在“听”和“懂”之间建立起一个层层递进的循环。

我们的耳朵识别出一个声音信号后，大脑要根据记忆把这个信号对应一个单词，以及这个单词背后的含义。这个过程有点像我们用电子词典的时候，输入一个单词，电脑要从数据库里面调出来对应的解释。不同的是，大脑的数据库要比电脑的简陋多了，反应速度也要更慢。

所以，从“听”到“听懂”，必须要满足两个前提条件：(1)你的听觉系统能识别这个声音信号；(2)你的大脑数据库对这个信号有对应的记录。由此可见，(1)和(2)都是不能从“大量暴露在英语环境下”本身获得的，而需要进行单独的训练。

我们在日常学习过程中，通常是先从(2)开始。通过背单词、读课文等方式，知道了一个单词怎么读，以及几个单词连起来是什么意思。但是对于大部分人来说，一段对话放在纸面上能读懂，练听力的时候就不知道是什么意思了。这就是从(1)到(2)的运算速度出了问题。

当几个声音信号连续发出来的时候，你的大脑要进行一系列的快速运算，先是拆分信号，然后到数据库里面去寻找对应的意思，换算成你可以理解的信息，记录到你的短期记忆中。然后根据这个短期记忆，你还要迅速做出反应——比如，跟人对话、答题等。

但是如果你的大脑对一个声音信号不够熟悉，还没有来得及从数据库里把正确的信息调出来，下一个信号就又来了。那大脑就无法处理这么多信息,从而彻底进入一种空白状态,导致你能听到声音符号,但完全没办法理解背后的意思。

为了提高从(1)到(2)的运算速度,就要让大脑进行长期、大量的练习,适应这个声音信号,并且熟悉信号到数据的回路,让它下次收到信号的一瞬间就能完成数据调取。

比如,在练听力的时候,如果一段对话里有没听懂的地方,那就找出原文来对着再听一遍。这样就能将刚才没有成功处理的声音信号,对应上信号背后的意思,完成一个(1)到(2)的处理过程。接下来,试着不看原文再听一遍,如果大脑成功理解了这些声音信号,那就代表这次练习是成功的。但是大脑对于信号识别的通路记忆有遗忘曲线,所以应该在第二天,在不看原文的情况下把同一段对话再听一遍,如果之前没办法处理的信号这回都成功处理了,才算是彻底掌握这段材料。

同样的道理,在做听力练习的时候,光是听完一遍、做完题、对对答案,是远远不能提高水平的。将自己没理解的地方重复几次再听,彻底消化这些声音信号后,才能够给大脑建立起处理这些信息的通路。

这一整套练习方法,就是从“听”到“懂”的过程。听力能力的提高,无非就是这个过程的不断重复和强化。

从学习英语到真正能在英语国家生活、工作,对(1)的挑战也会越来越大。在学习英语阶段,我们听的通常都是耳机里的标准英语,在这个基础上建立起来的信号识别通路,真正到了英语国家还需要进一步强化训练。就好像在中国不是每个人都说普通话一样,在英语国家里,不同的人会有不同的发音特色,而且在自然对话和课堂中,经常会出现语速加快和连读的情况。这就要求大脑加强对声音信号的识别能力——比如,在对方语速很快的情况下,依然能快速处理每个信号;比如,适应同一个信号的不同方言版本、连读版本等。

所以,“暴露环境法”对于英语听力的练习是必不可少的,只不过应该建立在能够完全听懂标准英语的后期阶段。

举例说,我们在托福、雅思考试中听到的英语是典型的标准英语,音色纯正,是最好的训练材料。只有在把这些材料都完全掌握,如在托福、雅思的听力部分达到接近满分的成绩后,采用“暴露环境法”,在走路时、睡觉前大量听英文博客,看英文视频和影片,才能起到提高听力水平的效果。到了这一步,“暴露环境法”才变成了一个能让自己有所收获的重要阶段——它可以让自己适应不同的听力材料,加速大脑处理多种版本声音信号的过程。

* * *

听力和口语是一套天然的系统。在说英语的时候,大脑的处理流程是相反的,分为:(1)从数据库里寻找与自己想表达的意思相对应的声音信号;(2)调动发声器官将这个信号传递出去。所以口语能力的提高同样需要分两步来看。

从数据库里寻找声音信号,其实就是我们一般理解的“组织语言”的过程。要把自己想表达的意思用声音信号传递出去,前提是你的数据里有记录这个信号。所以如果听力的基础没有打好,你能够从记忆中调动的数据本身就很有限的话,便不可能有良好的英语表达能力。听—说是一套彼此促进的体系。

听力水平的训练可以自动培养(1)这一步的能力。前面讲过,练听力的过程就是识别声音信号,填入短期记忆,然后永久录入数据库作为语言能力的基础。练口语的基础和前提就是不断通过练听力的过程，将声音信号和数据库搭建起来。

但是，我们经常能遇到“能听懂但是说不出来”，或者一个单词需要用的时候怎么都想不起来，别人告诉你才恍然大悟，发现自己是记得这个单词的。这其中的原因就在于，数据库搭建好了之后，想要获得高速调用数据和信息的能力，需要专项训练。

所以，打好基础，拥有了自己的数据库之后，就要开始通过训练培养第(1)步里，从数据库里寻找与自己想表达的意思相对应的声音信号的能力了。这一步并没有什么捷径，无非就是反复使用英语，熟练这个从数据库里找信号、组织语言的能力。

在这一步有一个常见的误区，就是很多人在练口语时，会习惯先把想说的东西写下来，然后再读出来。但是大脑从数据库中调用声音信号跟调用文字符号，走的是两个完全不同的回路。如果仅仅是将写好的东西背下来，那相当于绕过了口语训练中(1)这一步，直接先记忆文字符号，再用(2)将文字符号输出。这种方法也许能让你很熟练地把一篇演讲稿背下来，但是对于以对话、交流为目的练习口语，是非常低效的方法。

另外一个效率很低但是经常被人使用的训练口语的方式，就是先听原文然后跟读。跟读本身练习的其实是理解声音信号。加速信号到数据的理解过程，对应的是听力能力中(1)这一步。这个过程本身完全不涉及大脑从数据库中调用声音信号的回路，自然也很难提高口语能力。

最直接、高效的训练方法，主要有两种，第一种是给自己设定一个话题，然后组织语言开始说，训练从数据库直接到声音信号的通路。第二种是与人进行简单的对话，这个过程既练听力，又练口语，让你的大脑适应这种快速拆解声音信号，再快速做出反馈，调取声音信号的过程。

这个训练重复一段时间之后，英语口语表达的流畅程度会大大提高。在表达自己意思的时候，大脑能更快找到合适的语言，形成准确的表达。

但是有些人会在这个阶段发现，虽然自己可以流畅地使用英语，但是从发音到腔调，都跟母语为英语的人相差甚远。这就涉及口语能力中第（2）部分的训练——调动发声器官的能力。

口音问题，其实就是口腔和咽喉作为发声器官的使用习惯问题，本质上需要训练的是肌肉记忆。人类不同的语言体系中，发声器官的使用也完全不同。比如，中文里面有舌根顶起后发气声的“xi”音，英语国家的人就完全没办法理解。中文里面的四种声调，非中文母语的人要经过大量的后天训练才能形成肌肉记忆。但同样，中文母语的人在学习英语的时候，对于元音、爆破音等中文里面没有的声音信号，也会遇到困难，需要专门对发声器官进行训练。

举一个简单的例子，英文中“苹果”这个单词（apple），没有经过特殊训练的中国人很难发对音。关键在于“a”这个原元音和中文里面的“哎”的发音有本质区别，发声的时候舌头和嘴唇都要向后打开。如果仅仅是听英语自己跟读，或者记住了声音符号后自己试图调用的话，肌肉记忆会让我们在读“apple”的时候，习惯性用上发“哎”音的肌肉。

那如何正确地发出“apple”这个单词的读音呢？就要不断训练正确的口腔咽喉肌肉使用，形成肌肉记忆，让大脑下一次想要输出这个声音信号的时候，发声器官自动找到正确的发声方法。

发声用的肌肉也是肌肉，训练方式跟我们练习踢球、投篮、挥拍没有任何区别。关键在于大量重复正确的动作，让身体形成本能和条件反射似的习惯，在下一次需要做出相应动作的时候，能不加反应直接使用正确的肌肉。

所以,英语口音的训练,必须要对所有音标拆分进行专项练习,没有任何捷径。只有把每一个音的发声方法都形成正确的肌肉记忆,组合起来进行口语表达的时候,才能说出标准流利的英语。

但是,这里有一个例外——很多在英语国家生活过很多年的人,即使没有专门训练过发音,英语口音也会变化很大。这其中的奥妙就在于大脑潜意识运行的后台程序:模仿。这背后的原理就跟一个南方人如果去了北方生活,普通话会变得更标准一样。对于同一个单词的声音信号,当大脑长期、大量接触的都是与以往的肌肉记忆不同的发音时,也许跟适应环境的本能有关,大脑会自动激发模仿程序,会在下一次发音之前,给发声器官做一个"发出这个音"的指示。然后发声器官会自动尝试调整肌肉习惯,来符合大脑记忆中对这个声音信号的描述。久而久之,发声器官就会适应了新的肌肉记忆,无须特殊训练,口音也会发生很大的变化。当然,这个例外并不适用于所有人。

我当初在美国生活一年后,也没有特殊训练过自己的发音,但是有一天无意中听到录音里自己说话的声音,惊喜地发现与我大学时候的口语有了很大的改变。我后来还特意找出自己大学时参加英语辩论、演讲的视频来看,非常确信地发现,我的确是在没有任何专项训练的情况下,发音得到了很大提高。

但是很快我又发现,这种提高虽然整体上有很大变化,但是很多细节经不起推敲。比如,"war"和"world"这两个词,我每次说起来都觉得怪怪的。于是我花了十几分钟去网上找了几个视频,学习了这两个单词的发声方式,又特地训练了一段时间,才能做到在日常说话要使用这两个单词的时候,下意识发出正确的发音。

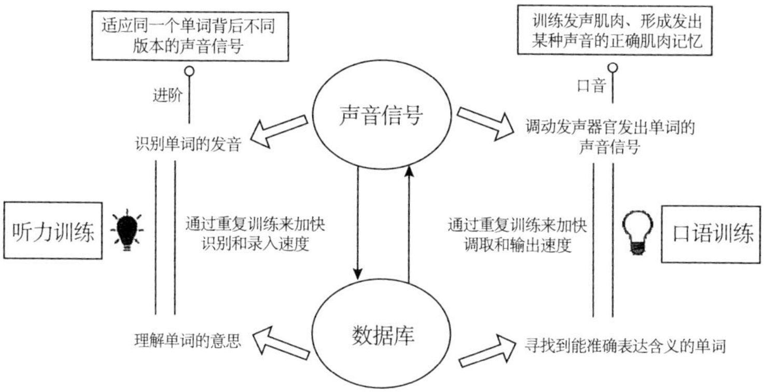

读—写系统

读—写系统基于文字符号转化成的视觉信号，和听—说系统的学习方法完全不同。我时常觉得，任何一种语言体系，本质上都是将两种不同的信号/信息机制，对应到人脑可以理解和产生的意识碎片，以方便拥有独立、封闭意识系统的人类进行交流。

文字符号本身比声音信号更加抽象，但也是记录信息更为有效的方式。也因此在人类历史上，文字的产生远远晚于口头对话，但却颠覆了人类文明的发展路径。在个体人类学习语言的过程中，读—写系统也比听—说系统更难学习，需要到专业的教育机构进行训练，而且能熟练使用读—写系统的人类，往往可以利用更多的社会资源。

相比起声音信号，文字符号的特点在于信息的密度极大，而且并非线性逻辑。所以对读—写系统的训练，不仅仅是要能快速识别文字符号的含义，最重要的能力在于高效分析大串文字符号背后所表示的复杂信息，进而能够在大脑中形成对应的抽象逻辑系统。

举个例子，当人在训练英语听力的时候，如果跟着原文把每一个单词都听懂了，那基本就可以掌握这段对话的含义。但是人在训练英语阅读的时候，经常是一段话里每个单词的意思都明白，但是就是不知道这段话的意思。

换句话说，任何一门语言的读—写系统，其实已经完全超过了狭义的语言学习，而是进入了学习一种文化背后思维方式的范畴。

因此，读—写系统的训练永远是高度抽象、符合逻辑、讲究框架性思考的。大脑在阅读一段文字的时候，首先要识别出每一个符号背后的含义，然后要把所有的符号组合起来，形成一个信息矩阵。比如，对于论述性文字，我们需要先理解论述的结论、框架和每一个支撑性论据。对于描述性文字，我们要能清晰地跟随文字的展开，在脑海里绘出一个情景，接着理解作者想要讲述的故事。

相比起听—说系统，大脑对于一个信号的快速反应反而没那么重要了。因为阅读文字的过程并不是那种见招拆招的连续信号解析，而是把大量的符号转化成抽象的框架性认知，考验的是大脑的记忆力和抽象思考的能力。

在训练英语阅读的时候，应该不断重复这个理解文字的本质过程——从抽象的符号系统中，解析出一个完整的信息矩阵。在读一篇英语文章时，要做到在读完后能清晰地用英文复述出其框架和逻辑，才算是真正把信息矩阵建立完成。

在不断重复这个过程时，我们会渐渐发现，英文语言里的文字系统，对于抽象框架、建立信息矩阵，是有一定的技巧可言的。比如，构成结构的关键信息,往往在文章里有特定的分布逻辑;一些连词常常被用来做结构连接点,可以用来定位不同的层级;熟悉了几种常用的论证框架,可以帮我们更快找到段落之间的逻辑联系。

所以,我们从小到大在各种考试中遇到的阅读测试,无一不是通过具体问题的形式,来判断你能否真的掌握了结构、框架和论证,并且能够在规定时间内高效定位到关键信息。在进行阅读训练时,也应该力求真正拆解一篇文章的信息点,在大脑中形成框架性认知,做到有效训练。阅读训练的关键不在于读过了多少页书,而是有没有对内容和框架做到了精细掌握。

具体而言,一篇英语文章的阅读训练,应该有如下几步:

- **第一步,泛读之后正常做题,先对文章有大体印象,同时初步评估自己对文章的理解程度。**
- **第二步,配合着翻译、查生词等方法,确保自己能理解文章中的每一个单词、每一句话的意思。**
- **第三步,自己动手整理文章的框架(outline),先确定一个主题和结论,然后写出第一层次的论证框架,在每个层次下面再具体总结和补充每一个论点。**
- **第四步,仔细阅读、咀嚼文章的框架,熟悉它的论证手法,能做到闭上眼睛还能大体复述出文章框架背后的逻辑。**
- **第五步,记忆住框架后再回去读一遍文章,仔细观察文章有哪些关键词、句法、段落结构,能够帮你快速定位框架。**

把这五步全走完之后,才做到了有效的英语阅读训练,切实提高了大脑处理复杂信息、拆解信息矩阵的能力。

这种精细阅读训练的过程,同时也是培养英语写作能力的基础。

写作的训练逻辑正好是阅读的反面——首先要先形成自己独特的思维和逻辑框架，然后才能通过在阅读训练中学习到的论证手法，将文字符号以通用方式排列出去。

阅读训练的每一步，其实都是在反哺英文写作能力。

在根据框架来读文章时，要重点记忆串起文章框架的关键词、句法和段落结构。并且不断进行情景假设：如何使用这些论证技巧来表达我自己的观点？能否用同样的句法和结构来造个句子，或者写一段话？

在动手整理文章的框架时，要一边拆分文章的结构，一边学习形成一个观点和结论背后的逻辑。论证一个结论，一般需要给出多少例证？每一个论点层级下面的子论点，又是如何贡献于整体结论的？如果给了我一个主题，我要提供什么样的框架才能完整表达一个观点？

有了一定了精读基础之后，可以开始进行写作训练了。在对一个话题进行写作的时候，也要遵循框架——内容——论证技巧的思考顺序。先不忙于下笔写第一句话，而是先回忆精读训练中学过的论证技巧，想好对待这个话题要从哪几个方面、遵循什么样的逻辑来展开。确定框架之后，再思考如何填充每个论点下面的内容，寻找什么样的例证、观察和数据。最后在动笔写的时候，要动用记忆数据库中的论证技巧，用恰当的手法将结构和转折布置在一篇文章里，才能使读者快速把握文章中的信息矩阵。

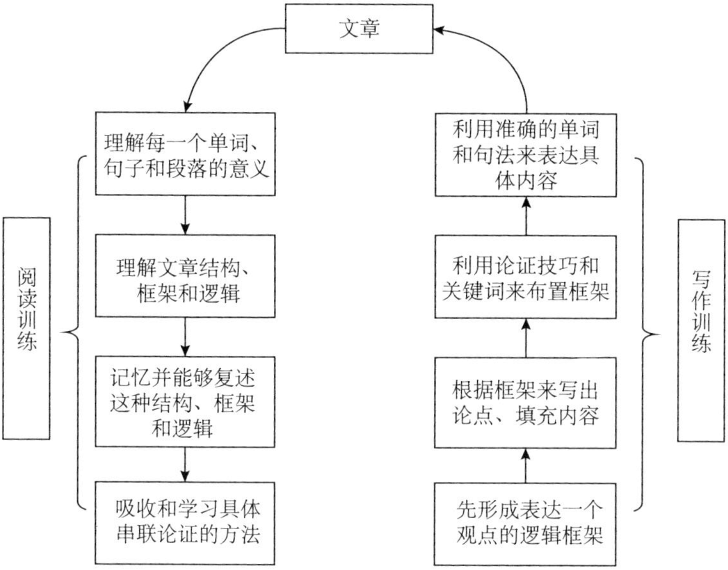

勤奋、天赋与方法

自从大学开始读英语专业的第一天起，我就一直在思考这个问题：学好一门语言，靠的到底是勤奋还是天赋？还是要找对方法？

在美国生活了很多年，回过头来总结我学习英语的方法论时，我才渐渐觉得，这三者之间是一个辩证的动态关系，过度强调任何一点都是错误、孤立的方法论。

天赋的因素肯定是存在的，比如，天生记忆力更强的人，听到新的声音信号录入数据库的速度会快很多，读写速度也都会比别人快。在做阅读训练而抽象出来论证结构时，更容易记住、内化一套结构，训练的效率会高很多。

再比如，天生模仿能力更强，更擅长调动自己发声器官的人，在练习英语口音时会有得天独厚的优势。两个人同时听一个标准的英语元音并试图发出这个音，天赋高的人可能经过一两次尝试就能固定下肌肉记忆，掌握这个音的发声技巧。天赋差的人可能要练个十几次，而且肌肉记忆不牢靠，第二天又没办法发出标准的元音了。

但是天赋不能替代努力，天赋弱的人如果通过更多的后天努力，可以在语言水平上超越天赋强的人。同理，天赋强的人如果没有在具体专项技能的积累上花费足够的时间，去训练大脑相关的功能区域，也无法见证能力的进步。

方法论则是同时作用于天赋和努力的一个共同因素，因为它涉及学习英语的效率这样一个本质问题。

其实不管是天赋高还是天赋低的人，在掌握一门语言的时候，都要经过同样的大脑活动，经过一系列的刺激来形成同样的神经元结构和肌肉记忆。但是具体学习语言的方法又千差万别，并不是每种方法都能达到同样的刺激，因此如果花太多时间在错误、低效的方法上，再高的天赋和再勤奋的学习也无法见证英语水平的进步。

有两个典型的低效方法，就是朗读课文和背单词。

在朗读课文的过程中，大脑只能听到自己发出的声音信号，并不是能达到有效听力训练的信号输入，无法起到分析声音、录入数据，加速整个分析过程的效果。对于口语来讲，朗读课文无法纠正发音，反而可能会固化错误的肌肉记忆，更没有从数据库中调出信号，缺乏真正表达效率的练习。

从读—写体系训练的角度来说，朗读课文本身并不涉及高强度和抽象的脑力思考，既无法分析文章的逻辑结构，也无法揣摩用词和句法对于论证的作用。朗读达不到精读的效用，自然也没办法为写作能力打基础。一个人即使花了一万个小时读课文，也没有办法形成自己的思维框架，熟练使用通行的论证技巧。

那为什么我们在从小到大学习英语的过程中，总是能看到人用朗读课文当训练方法呢？

第一个原因，是在课堂集体英语学习的环境下，朗读课文是泛读的一个变种，而泛读是精读过程的第一步。比如，老师在课堂上要带大家分析一篇课文的框架，但是又不确定是否所有学生都读过课文，这时候通过朗读可以形成一个普遍的理解基础。

第二个原因，是在掌握了基本元音的发声方法后，朗读课文可以熟练和固化这种肌肉记忆。所以有些进阶的英语学习者在完成了基础的元音训练后，会通过不断朗读课文的方法，学会连读、语音语调、句子重音等表达技巧。但是这个过程也要伴随着大量的模仿，比如，听一段标准英语的朗读，自己做一些语调的标记，然后自己尝试朗读。

第三个原因，是对有些人来说，朗读可以带来一种情绪的调动，从而增进表达欲，表达欲又会进一步刺激大脑从数据库中调取信号，发出声音的回路。比如，我们在朗读名人演讲时，通过身临其境地体会这些声音信号对情绪的刺激，有了自己也想要做出类似表达的欲望。这种欲望对我们形成了一个奖励机制，鼓励我们去不断表达自己，训练大脑数据库的输出速度。

换句话说，朗读课文这种训练方法，在学习英语的基础方法论中，起到的是一个补充和进阶的作用。根据每个人不同的进度和性格特点，能起到一定的效果。但是如果无法认识到这种方法论的局限性和特殊性，而是将它当作主要的英语学习方法，可能会浪费大量的时间做无用功，而没能将时间花在真正有效的学习方法上。

背单词也是很多英语学习者的一个常见误区。比如，我大学的时候，很多人准备四六级、考研英语、托福雅思都是先从一本单词书开始的。大部分人从来就不可能背完一本单词书，不是因为他们都缺乏坚持的精神，而是因为背单词本身就是一种低效、不值得花太多时间的学习方法。即使是能够花大量的时间背完单词书的人，如果他们能将同样的时间用到更有效的学习方法上，可以更高效地提高英语能力。

所以我时常觉得，坚持虽然是人生宝贵的品质，但更重要的是学会"聪明的"坚持。在坚持做一件事情之前，应该先清晰地规划出每一步的时间成本，争取用最短、最经济的时间消耗，起到最好的效果。如果达到有些成就的方法必然需要投入大量的时间成本，那也应该先花时间来给自己建立一种奖励机制。毕竟只有符合大脑生理运作机制的学习，才能通过刺激产生多巴胺，给人真正坚持下去的动力。

背单词为什么不是一种"聪明的"坚持呢？同大声朗读英语一样，背单词实际上是英语学习方法论中一个辅助和次要的手段，应该与其他更有效的学习搭配起来使用。比如，背了再多的单词，做听力时依然可能无法正确识别声音信号，因为语言的文字符号和声音信号是两个完全不同的系统。对于精读文章，快速通过掌握结构而进行宏观理解的能力，背单词也起不到什么效果。

的确，在精读文章的过程中，如果遇到大量无法理解的生词，会极大增加理解抽象结构的难度，但是记生词的过程应该是融入精读文章的过程里。对生词、新的语法、句式的理解，不应该单独去记忆，而是学会在一个环境中去立体剖析。这也更符合人类大脑的记忆曲线——让我们单独记住一个事物可能很难，但如果能把这个事物跟我们大脑中已有的数据对应起来，或者直接形成一个框架去记宏观的信息矩阵，那短期记忆就更容易转化为长期记忆，变成可供我们日后输出使用的信息点。

一份可操作的实用攻略

虽然现在的我在总结英语学习方法论时讲得头头是道，但是大学四年学英语的时候我还是走了不少弯路。我前后花了整整一年的时间来训练托福，还是只考了108分，来到美国后一开始也无法适应全英文的学习环境。所以，我经常思考这个问题，如果回到我大二的时候，有了两年英语专业的学习基础，想毕业后去美国读法学院，希望在两年内把英语能力提升到托福接近满分的水平，到美国后能够迅速在法学院的环境里理解和使用英语，我应该怎么做呢？

我给自己重新规划了一个学习方案：

阶段	训练项目	训练计划	训练目标	训练时间
1—2个月	阅读	1—2篇托福阅读精读	自己总结文章提纲， 能够复述提纲和主要论点， 记忆所有生词和新的句式	1—2个小时
	听力	1套托福听力精听	不依赖原文也能清楚地理解每一个声音信号	1—2个小时
3—4个月	阅读	2—3篇托福阅读精读	同1—2个月	1—2个小时
	听力	2套托福听力精听	同1—2个月	1—2个小时
5—6个月	阅读	3—4篇托福阅读精读	同1—2个月	1—2个小时

阶段	训练项目	训练计划	训练目标	训练时间
7—8 个月	听力	1 套托福听力精听 沉浸式听美剧、播客、演讲等英文材料	同 1—2 个月 增加对不同类型声音信号和音色的敏感度	1 个小时 1 个小时
	口语	使用其他口语教材进行元音、辅音、连读训练	形成基础声音单位的肌肉记忆	1 个小时
	阅读	1 套托福阅读+做题	对托福难度的阅读材料能快速熟练地分析结构	0.5 个小时
		2—3 套 LSAT 阅读精读	开始进阶到更有难度的材料，重复精读所有步骤	1.5 个小时
	听力	寻找更有难度的音频材料进行精听，或者对托福材料进行 1.5 倍速精听	进一步提升大脑对于信号的输入和处理速度，能做到不依靠原文完全理解更有难度的材料	1 个小时
	口语	使用其他口语教材进行元音、辅音、连读训练	继续巩固基础的肌肉记忆	0.5 个小时
	写作	对托福考题进行自问自答	开始训练大脑调取和组织信息的能力	0.5 个小时
		对托福考题列提纲 实际写托福考题	训练自己形成观点的思维能力 训练自己快速填充论证框架	0.5 个小时 0.5 个小时
9—10 个月	阅读	1—2 套 LSAT 阅读精读	开始进阶到更有难度的材料，重复精读所有步骤	1 个小时
	听力	寻找更有难度的音频材料进行精听，或者对托福材料进行 1.5 倍速精听	进一步提升大脑对于信号的输入和处理速度，能做到不依靠原文完全理解更有难度的材料	1 个小时
	口语	对托福考题进行自问自答	开始训练大脑调取和组织信息的能力	1 个小时
	写作	对托福考题列提纲 实际写托福考题	训练自己形成观点的思维能力 训练自己快速填充论证框架	0.5 个小时 0.5 个小时

这套方案比较贴近我当时的实际情况。我的基本思路是，先通过精读和精听训练给口语和写作打基础。精听能让我对每一个声音信号建立起比较清晰的记忆，后期在单独训练发音的时候比较容易模仿。精读能让我的大脑适应英文语言里的抽象思考框架，在做精读的过程中，可以掌握更多的单词、语法和句式来为训练写作打基础。

整套方案每天花费的时间不宜过长，毕竟我还有学校的正常课业要完成，所以每天计划用3—5个小时左右的时间来训练。因为我是英语专业，有些专业课的学习也可以纳入这一套训练框架里，比如，用英语精读课本上的文章来代替托福材料。

现在回忆起来，我当时针对托福考试的训练的确走了许多弯路。比如，我先拿出来整整一个月的时间背单词；练听力的时候一直到后期才意识到精听的重要性，前期就是不停地刷题、对答案，很少会回过去听第二遍，这就导致我做了整整两个月的题，准确率依然没有任何提高。

我最后一个月才开始练习写作，只是突击背了很多范文，并没有通过阅读文章而形成自己的论证思路，对论证常用的语法、句式的积累也不够，这就导致我在考试的时候遇到没有准备过的考题时，完全不知道要如何下笔。

练习口语的时候，我当时丝毫没有单独训练发音的意识，只是针对一些英语音频进行跟读。但是大段的跟读往往会掩盖掉不规范的发音细节，自己又听不出来问题，英语发音没有任何提高。后期针对语言组织和流利性的训练，我也是找了一些往年考题，自己写出了答案，然后把答案背下来，完全没有重视大脑直接调取数据、形成语言的能力。

这些准备托福考试、学习英语走过的弯路，让我渐渐意识到，做一件事情不能急于求成。听到号角就开始冲锋，是毫无经验的新兵才会做的事情。真正身经百战、经验丰富的将军，会先尽可能多地收集信息，然后通过思考形成布阵策略，将每一条可能的算法都推导一遍。找到最优解之后，才会投入宝贵的军力和时间。

人只能活一次，而我们要思考、学习和体验的是如此之多。不把时间浪费在事倍功半的低效方法上，才能获得更加高效丰富的人生。

LSAT 备考策略与原理大解析

同学习英语的方法论一样,在考 LSAT 这件事上,我也是过了很久之后才意识到自己走过的弯路。

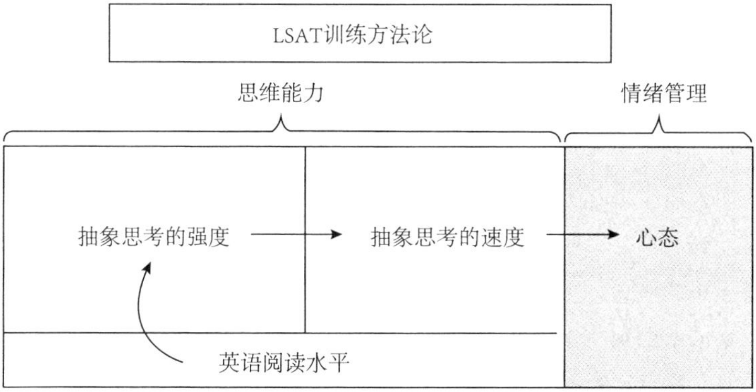

学习法律要求什么能力?

在第一次听说 LSAT 这个考试的时候,我就知道 LSAT 看重的是逻辑能力。可是逻辑又是一种怎样的能力呢?又或者说,学法律为什么需要逻辑能力?

2016 年我看了一本书叫《人类简史》,作者在其中提出了一个启发了我的观点:人类之所以能一代代进化到食物链顶端,是因为人类能够通过抽象思考的能力,来建立“想象力共同体”,从而让人类有了大规模进行协作的能力。

这个“大规模”指的不仅仅是几千人几百人,而是整个世界贯穿古今的所有人类,都可以用某种方式交流,在某种程度上相连,利用彼此来搭建起一个社会。这种跨越时间与空间、旷古绝今的群体智慧,归根究底还是因为人类具有将具体事物抽象化的能力,能利用抽象的方式彼此交流、传达信息,甚至想象出不存在的媒介、制度、理念,以此在宏大的规模上协调整个人类群体的行为。

比如,在几十万年的生物演化进程里,人类是唯一一个发明创造出“钱”这个概念的生物。人类想象出了用“钱”来体现交换价值,从此就有了货币,人类社会最基本的经济关系才得以成立,才有了市场交换,资源才可以在社会上流动配置。

人类历史上几乎每一次大规模的生产力进步,都伴随着社会制度抽象程度的提高。与工业革命共同产生的,是市场经济、理性人、资本这些人类想象出来的概念。当代社会作为第三次信息革命的成果,拥有人类历史上最复杂的金融和公司制度。

法律体系运行的本质,就是用文字符号来将这些高度抽象化的复杂机制固定下来。而法律人最看重的逻辑,就是抽象概念之间的内在联系。法律并不是存在于自然界的物理机制,而是人类纯粹用脑子想象出来,再通过社会规训机制让每个人都能共同遵守的概念。法律是人类想象共同体在现实世界的外延。

所以,在美国读法学院需要的能力,也就是 LSAT 需要测试的能力,是高强度抽象化思考的能力。

关于“抽象”与“具体”的区别,其实“具体”就意味着直观的、未经过任何大脑加工的，甚至是在人类现代社会开始发展之前就存在的信息。比如，其他人类的动作、表情和表演，所以影视剧是任何人都能理解的表达形式。学会说话的小孩子不需要任何后天训练也能看懂动画片，就是这个道理。

而“抽象”信息，是不直观的、经过大脑后天加工的、伴随着人类社会的发展而不断进化的信息。最笼统的分类是任何以书面文字为基础的信息——任何人类都必须经过读写训练才能自由处理这类信息。甚至伴随人类进化的一个过程就是将直观的信息抽象成文字，再广泛传播的过程。

而这类信息的复杂程度也有难易之别，抽象思考训练强度不够大的人，没有办法处理更高层次的信息。一个只有小学教育水平的人，大概率没有办法理解宏观经济学，但是等到了高中毕业后，就可以在大学选择这个专业来学习了。

人类教育程度的高低，本质上就是处理抽象信息能力的高低。复杂信息的本质是高度抽象化，而不是信息的多寡。

在美国读法学院，理解法律不能仅仅理解眼前的法律条文，而是要分为level 1、level 2、和 level 3(参见美国法学院的第一课)。我们在练习法律写作，写 memo 和 brief 的时候，不仅仅是要将案例一个个读下来，而是要抽象出每个案例背后的法律规则，再按照 memo/brief 中法律问题的分析框架，根据争议点排列好所有案例，放到案例表格里，根据案例的抽象规律进行重组。当我们要彻底掌握一门法学课程的知识时，需要做到的并不是把每个案例都背熟，而是要根据考试题的要求量体裁衣，把案例中会考到的东西重新根据新的逻辑抽象出来，并整合到一起，做成一份 outline。

这些学习法律过程中的点点滴滴，都在指向这样一种本质的能力：擅长从纷繁复杂的信息中看到抽象的逻辑，并且对这种高度抽象的逻辑运用自如,能用来反过来解释具体问题,能与人讨论,甚至能对逻辑本身进行多层抽象、交叉思考,得出跨领域甚至跨学科的结论。

LSAT 的逻辑思维训练

LSAT 考试分为三大块,阅读、逻辑游戏(logic games)和逻辑推理(logical reasoning),还有一个不计分的写作部分。这三块测试的都是人的抽象思考能力。

比如,LSAT 的阅读题,通常都是从一篇学术论文中拿出最关键的衔接和总结语句,拿掉中间的论证环节,组成一篇浓缩性极高的专业文章。在读这种文字的时候,必须时刻进行高度的抽象思考,透过语句看到信息背后的逻辑,再按照逻辑线索来看下一段。一篇文章读完,脑子里要有一个大概的框架和论证因果,然后才能去做题。

比如,对于下面这段在 LSAT 官网上出现的阅读题,读完后的任务,是应该能迅速透过信息来总结文章背后的逻辑。

> The World Wide Web, a network of electronically produced and interconnected (or "linked") sites, called pages, that are accessible via personal computer, raises legal issues about the rights of owners of intellectual property, notably those who create documents for inclusion on Web pages. Some of these owners of intellectual property claim that unless copyright law is strengthened, intellectual property on the Web will not be protected from copyright infringement. Web users, however, claim that if their ability to access information on Web pages is reduced, the Web cannot live up to its

potential as an open, interactive medium of communication.

The debate arises from the Web's ability to link one document to another. Links between sites are analogous to the inclusion in a printed text of references to other works, but with one difference: the cited document is instantly retrievable by a user who activates the link. This immediate accessibility creates a problem, since current copyright laws give owners of intellectual property the right to sue a distributor of unauthorized copies of their material even if that distributor did not personally make the copies. If person A, the author of a document, puts the document on a Web page, and person B, the creator of another Web page, creates a link to A's document, is B committing copyright infringement?

To answer this question, it must first be determined who controls distribution of a document on the Web. When A places a document on a Web page, this is comparable to recording an outgoing message on one's telephone answering machine for others to hear. When B creates a link to A's document, this is akin to B's giving out A's telephone number, thereby allowing third parties to hear the outgoing message for themselves. Anyone who calls can listen to the message; that is its purpose. While B's link may indeed facilitate access to A's document, the crucial point is that A, simply by placing that document on the Web, is thereby offering it for distribution. Therefore, even if B leads others to the document, it is A who actually controls access to it. Hence creating a link to a document is not the same as making or distributing a copy of that document. Moreover, techniques are already available by which A can restrict access to a document. For example, A may require a password to gain entry to A's Web page, just as a telephone owner can request an unlisted number and disclose it only to selected parties. Such a solution would compromise the openness of the Web somewhat, but not as much as the threat of copyright infringement litigation. Changing copyright law to benefit owners of intellectual property is thus ill-advised because it would impede the development of the Web as a public forum dedicated to the free exchange of ideas.

前两段内容背后的逻辑是：

- 网络的诞生让版权问题变得有争议。[*第一段第一句*]
  争议是什么？
  - 传统版权法保护文件的流通，所以如果有人未经授权就进行传播，知识产权的所有人可以追究其责任。[*第二段第三句*]
  - 网络诞生后，“传播”的门槛变低了，在文章中加入一个超链接引用就可以了。那如果 A 未经允许，创建链接跳到 B 的网络文章，算是侵犯了 B 的版权吗，就好像私自印了 B 的实体书流通出去一样？[*第二段第一句、第二句、第四句*]
- 如何解决这种争议来保护版权？改革现有的版权法体制。[*第一段第二句*]
- 对这种争议解决办法的评价。
  - 有些人认为，对互联网加强版权保护，会影响互联网这种交互、开放的沟通形式。[*第一段最后一句*]

可以看到,虽然这两段话的逻辑顺序为:(1)争议;(2)解决;(3)对解决本身的评价。但是原文的排列顺序却并不是按照逻辑线性展开的。这就要求我们在读每一句话的时候,在大脑的短期记忆空间里,先把这句话的逻辑内涵抽出来,化作一个逻辑符号放在那里。等两段话都读完后,再将所有符号排在一起拼出一个合理的顺序来。要先能完整理解前两段话的逻辑,才能去阅读第三段。因为文章的第三段是在解释前面两段提出的问题。

文章说,创建链接跟私自印书并不一样,因为链接能不能跳转过去不是创建链接的人说了算,而是被链接的网站说了算。这就好像 A 的电话设置了自动答复,而 B 把 A 的电话号码给了别人一样,那 A 的电话到底谁能打通,还是 A 说了算。如果 A 想要限制自己创建信息的流通,可以设置密码让陌生人打不通电话/无法访问网站。

要想明白类比是怎么运行的,必须要理解事物的共性,那就要求看破例子后面最核心最本质的东西,再和其他事情抽象出来的理论做对比。

读完第三段之后,可以再回过头去补充和修改逻辑提纲。

- 网络的诞生让版权问题变得有争议。[*第一段第一句*]
  争议是什么?
    - 传统版权法保护文件的流通,所以如果有人未经授权就进行传播,知识产权的所有人可以追究其责任。[*第二段第三句*]
    - 网络诞生后,“传播”的门槛变低了。在文章中加入一个超链接引用就可以了。那如果 A 未经允许,创建链接跳到 B 的网络文章,算是侵犯了 B 的版权吗,

就好像私自印了B的实体书流通出去一样？[*第二段第一句、第二句、第四句*]

- 如何解决这种争议来保护版权？
    - 改革现有的版权法体制。[*第一段第二句*]
    - 不改革现有的版权法体制。[*文章最后一句*]
- 对争议解决办法的评价？
    - 有些人认为，对互联网加强版权保护，会影响互联网这种交互、开放的沟通形式。[*第一段最后一句*]
    - 不需要改革版权法体制，因为可以通过设置访问权限的办法来解决侵权问题：创建链接不能保证链接可用→跟私印分发实体书不一样→网络上创建链接跳转到别人的网站不算侵权→没有必要加强版权法。[*第三段的例子*]

一篇文章读下来，要能做到逻辑通透，无用的信息都成了模糊的背景，只剩下最核心的框架和因果。而这些被抽象出来的逻辑，能够让你彻底理解文章的论证套路，并能在你脑海里跳跃交叉，自由组合，让你看到清晰的脉络和潜在的逻辑断层。

再仔细分析一下第三段话中的例子，就会发现作者在使用法律实务中一个典型的逻辑类比技巧。先分析两个事物的共性，然后得出结论说因为他们具有某个相同的特点，所以适用于一个事物的法律规则，也应该适用于另一个事物。

在互联网上创建跳转链接和电话留言机的共性是信息的原始来源，或者说版权的拥有者，是否能控制别人对信息的访问权限。如果能控制访问权限,那么给出一个指向原始来源的路径就不算侵权。因此,在这个具体问题下,不存在版权保护的争议,没有必要通过改革版权法的形式来影响互联网的开放性。

从结构和逻辑上理解了这篇文章之后,再来看题目会顺利很多。

The author's discussion of telephone answering machines serves primarily to

A. compare and contrast the legal problems created by two different sorts of electronic media

B. provide an analogy to illustrate the positions taken by each of the two sides in the copyright debate

C. show that the legal problems produced by new communication technology are not themselves new

D. illustrate the basic principle the author believes should help determine the outcome of the copyright debate

E. show that telephone use also raises concerns about copyright infringement

正确答案应该是 D——电话留言机的例子,本质上是在说明"能控制访问权限则没有侵权"这条规则。

理解这篇文章的这一套思路,就是很典型的抽象性思考。对于这种思考方式的训练,LSAT 考试只是一个起点。真正开始读法学院之后,读案例、做 outline、写论文,还有工作后开始看复杂的交易文件,都要不断依赖和训练这种能力,直到观察逻辑和事物背后的规律成为一种下意识的习惯。

抽象思考能力的进一步解析

抽象化思考人人都会,但是能力有高有低。比如,LSAT 作为测试抽象思考能力的考试,170 分是一个能力的分水岭。

这种能力在各行各业的职业选择中也起了重要因素。当代的商业经济模式往往越来越复杂,所以能够理解抽象的规则框架并能具体应用的人才,在职场上得到的回报会更多。比如,金融、法律、咨询这些抽象化程度比较高的工作,工资会比思维方式更直观、对抽象思考能力要求低的工作,比如,秘书、校对、行政的工资要高。

小朋友也能进行最简单的抽象思考,比如,爸爸跟上幼儿园的小姑娘说:妈妈说了,我们家所有人在晚上十点以后不能吃甜的东西。那小朋友肯定能明白这个规矩里面的两个要素是“所有人”和“甜的东西”,并依此根据眼前的生活事实得出结论,即——自己作为家里的一个人,晚上十点以后不能吃甜的棒棒糖。

那如果用来表示规则的要素都变得更加复杂呢?如果为了得出规则,要读上几千字的案件事实和逻辑分析,才能够从抽象的语言和交叉引用中找到能适用于眼前情景的答案呢?在没有特殊训练的情况下,大部分人都是很难从大段的文字背后,抽象出一套逻辑和结论的。这其中抽象思维能力的差异,笼统来说可以从两个角度概括。一个是大脑处理抽象信息的速度,另一个是能接受信息的抽象程度,也可以表述为大脑对抽象信息的处理强度。

先说速度。假如说同样是看一篇 100 页的案例,或者是一个 100 多页的并购协议,有了三年工作经验的我,大概只需要半个小时就可以把全篇的逻辑理顺,把主要问题总结出来,并且能直接给第三人口述大概的框架和争议点。但是换作刚来美国的我,也许得看上一整天。

学习法律所需要的最重要的能力,也就是快速处理抽象信息的能力。

拿法学院第一年考试来说,看完案例要花一个小时总结出规则和争议的学生,相比起只需要花 20 分钟的学生,肯定是后者成绩更好,因为速度更快的学生有更多的时间去把整个学期的知识融会贯通,不断强化自己对知识的逻辑化理解。

除了速度,这个能力的另一层要点就是能接受信息的抽象程度。

比如,以我大学时期的思维程度,即使给我一个星期的时间来读一个 100 页的案例,我就算查遍所有单词,也大概率没有办法把逻辑理顺,并且总结出如何适用于眼前的情况。我大学的时候上美国宪法课,一个学期下来,总觉得所有的案例都跟得很吃力。期末的时候,我们的作业是读“纽约时报诉苏利文”这篇经典的美国最高法院的判决书,并写出案情摘要,一共有一个星期的时间。

当时,我一开始还信心满满,觉得一个星期的时间绰绰有余。准备先把所有的生词都查出来,再反反复复读上几遍,总结一个案情摘要还是很轻松的。可做起来就发现不对劲,明明单独每一句话都看得懂,可连起来看就是搞不明白案子的争议点在哪里,法官又是通过什么样的逻辑论证得到这个结论的。我去网上找了一些别人对这个案子的总结和摘要,看起来觉得无比清晰。可是回过头去再看这个案例时,还是觉得对着一片密密麻麻的文本十分头大,完全捋不清判决书的逻辑大纲。

最后虽然我的案情摘要写了很多页,可基本都是挑判决书的重点句子改写的,我一直觉得自己没有理清过那个判决的逻辑。

直到 2017 年,我从法学院毕业,已经工作一年了,有一天忽然需要查一下美国的诽谤罪和宪法第一修正案的关系,就又把这个判决找出来看。我居然 20 分钟就粗略读完了判决的重点信息,而且觉得自己耳聪目明,思路清晰,大法官的论证思路从看似繁复的句子中抽象了出来,跳跃在空中,重新排列组合,我能清楚地看到不同逻辑框架下的架构和模型,并轻而易举地找到自己想要的问题的答案。

决定了大脑抽象思维能力的这两个要素,感觉就好像是对电脑的核心处理器而言,运算强度和内存带宽同样重要。大脑就好像是可以不断自己升级、优化的集成电路,适应了一种运算模式后,每次处理新的信息所占用的资源就越来越小,速度也越来越快。

所以,如何从强度和速度两个角度来提高抽象思维能力呢?

这个训练过程如同一个跨越台阶的过程。先提高强度,在强度能上一个台阶后,再通过反复训练来提高速度。

判断自己能接受哪个强度的抽象思维,主要是看在没有时间压力的情况下,你能否把一段抽象材料的逻辑和大纲给总结出来。对于考 LSAT 而言,拿几篇阅读题来读一下,看看自己能否像上文中的例子一样,自己理顺逻辑,形成框架。然后拿着自己写好的框架再去看题目,如果整体正确率能有 90%以上的话,那准备 LSAT 的强度就达到了,剩下就是通过不断的模考来训练速度。

那如果没办法理顺逻辑,时间充足也做不对题,大脑无法达到这种抽象思维的强度,要如何训练?

一种办法是先找简单一点的材料开始读,比如,四六级、托福、GRE 的阅读。用同样的列提纲来消化逻辑的办法,一点一点地让大脑适应这个过程。另一种办法是参加辅导班,或者跟着一个已经具备这种能力的人,去学习别人解析文本逻辑的过程。大脑在观察别人破解逻辑的过程中,会渐渐升级、进化,学会拆解更加抽象材料的能力。

对于 LSAT 拿高分而言,强度和速度都是必不可少的条件。只有强度没有速度,就意味着大脑只能在没有时间压力的情况下进行逻辑分析,无法胜任 LSAT 每个 section 都严格限定在 35 分钟之内的时间要求。在真正的考试环境中,大脑会因为信息太多、速度有限而无法发挥出应有的水平,做题的准确率也很难达到理想状态。

所以,强度提高了之后,就要通过不断的训练来提高速度。速度的意思就在于,在同样的时间里,你是否能比别人抽象出更多层逻辑,对论证的思路和本质理解得更透彻,甚至能迅速找到文章/试题逻辑的薄弱点。比如,针对上文中的 LSAT 的阅读训练,有的人需要十几分钟才能看完并消化,有的人可能几分钟就可以完成,这就是大脑抽象思维速度不同的体现。

那抽象思维速度如何锻炼?只有通过不断的模考来实现。如果做一套 LSAT 题目,在不限时间的情况下能达到 90%以上的正确率,但是严格计时就降到了 70%,那下一步就是通过压缩时间,比如,每个 section 严格限定在 45 分钟,不断地连续做题来提高准确率。如果 45 分钟的严格计时的情况下也能达到 90%以上的正确率,那就把时间进一步压缩到 40 分钟,直到最后每一次模考都可以在标准的 35 分钟内达到 90%以上的正确率。

训练大脑的思维能力,就好像锻炼肌肉一样,要训练、营养、休息。在通过模考这种形式来备战 LSAT 的时候,每天高强度训练大脑 3—5 个小时,剩下的时间正常饮食和休息,保持充足的睡眠,第二天再继续回来训练。

不断重复这个过程,每天都使劲用脑子去抽象东西,去挖掘信息背后的逻辑和本质,去反复考究文章的论证思路和缺陷,用秒表计时争分夺秒地去思考。这个过程坚持下来,就如同健身的人做力量训练一样,不知不觉就会迎来抽象思维能力的提升。健身的人肌肉的增长是可见的,大脑思维能力同样可以通过做题的正确率来检阅。

这个过程没有捷径,再优秀、高明的老师和辅导班也无法替代日复一日的训练。就好像学习一门乐器,优秀的老师只能给你示范、帮你剖析问题、给你提供练习思路,但如果没有投入大量的时间来训练自己,再多的技巧和方法也无法换来能力的提升。

我 2011 年底第一次考 LSAT,最后取消了成绩,当时应该是通过暑期的辅导班训练、不计时的 LSAT 题目拆解、有限的模考练习达到了足够的强度,但是还没有通过反复训练实现速度的突破。只有在 2012 年的春夏,我才开始每天风雨无阻地模考。早上吃完饭后就找一个空教室,打开手机开始计时,35 分钟一个 section,时间到了以后立刻停笔,开始下一个 section。

但是回想起我 2012 年的备考过程中,我其实是没有坚持每天都去模考的,有时候因为辩论赛、学校的作业或者纯粹自己偷懒,隔了一个星期才回归 LSAT。

坦诚说,那个阶段的我,假装努力多过于真正的努力。我经常在发微博、写日记、跟朋友聊天时,强调自己备考 LSAT 的辛苦。我也许的确有那么一两天,早上七点神清气爽地起床,麻利地跑到图书馆二话不说开始模考,一直到下午一点才吃饭回宿舍。但整体而言,我也经常晚上熬夜,早上不起,找各种理由不模考,逃避思维训练的痛苦过程。

可是,训练又哪有不痛苦的呢?就好像弹琴、打球、练肌肉等任何一种身体技能,能力的提升需要固定频率的训练,以及达到一定程度的总训练时长,没有捷径可走。但是训练的过程是如此的枯燥痛苦,肌肉酸疼、注意力涣散,让人无法坚持。抽象思维的训练也是如此,有时候我觉得眼前的信息明明单独来看是能理解的,但是放在一起就不对劲,看完一句话有点走神,回头再看还是连不上,脑子有点绕到死胡同出不来的感觉。时间还在滴答滴答地走,提醒着你在严格的时间要求下进行思维训练是多么艰难的事情。

这世界上没有不需要努力就可以获得超能力的天才,所有人都要经历这个过程。那些LSAT考高分的人，没有不传之秘，也没有天赋异禀，而是通过一段时间让人不太舒服的思维训练，获得了这样一种高速处理复杂信息的能力。

英语水平对于LSAT考试的作用

LSAT是纯英文考试，所以是否应该先把英语阅读能力提高到一定水平之后，再去攻克LSAT？在我当年准备LSAT的时候，也在反复不停地问自己这个问题。

回忆起我在大二上学期的时候第一次接触LSAT，不管怎么读题都无法解析逻辑，做题错得一塌糊涂，其实是抽象思维能力的强度出了问题。我的确可以通过不断拆解LSAT阅读的方式来提高强度，但是因为每篇文章里有太多单词不认识、遇到长句子要反复读好久才能明白、读了上句忘下句种种基础阅读问题，导致我提高强度的训练极其没有效率。

达到一定英语水平是考LSAT的“底线”，在我的理解里，英语水平和LSAT能力的关系是一个先迅速上升然后忽然扁平的曲线。在一个分水岭之前，英语阅读的能力越强，训练LSAT的过程就越轻松，也越容易得到抽象思维能力的提升。但是在达到这个分水岭之后，决定了LSAT分数的并不是英语阅读能力，而是抽象思维能力。

这背后的原因是，我们在做LSAT题的时候，要求能透过信息直接抽象出背后的本质，那快速理解信息的意思就非常重要。对目标语言的熟悉，能够快速切分复杂的从句，直接透过语言表达转化成大脑可以理解的信息，再分解信息抽象逻辑，是两层程序。没有第一层，自然就没有第二层。如果处理语言都要额外的时间，那将信息转化成抽象逻辑的效率会大打折扣。

达到英语阅读能力“底线”，就是按照上一篇“英语学习的方法论”中的介绍，从简单一点的阅读材料开始拆解。比如，如果托福阅读能够在 30 分钟内达到 28 分以上的水平，那就基本过了 LSAT 要求的英语能力的分水岭了。

冲刺阶段的关键——情绪管理

在英语水平突破底线，强度达到新的台阶，并且通过了不断反复地练习提高了思维速度之后，还有另外一座大山——考试时的心态稳定。

LSAT 与托福不同，每年能参加的考试次数很少，而且如果考完没有取消成绩的话，最终申请的时候所有的成绩都会被学校纳入考虑。所以我在考托福和 LSAT 时，体会到了完全不同的巨大心理压力。我上大学的时候，全北京每年只能在 6 月和 12 月去考 LSAT，而且为了赶上申请的时间线，最多只有三次机会在北京的考试中拿到理想的成绩。

另外一重因素，是相比起英语水平的测验，逻辑能力的发挥对于情绪稳定的要求要高得多，这就导致真正考试的时候，更有可能因为心态失衡而遭遇“滑铁卢”。语言能力本质上是信息的读取和输出，习惯一项语言之后，每次大脑进行操作，占用的“内存”都会很小，而且运行稳定，除非遇到极端的情况，否则不太容易受到情绪状态的干扰。抽象思维则不一样，即使达到了一定的强度和速度，依然需要极高的专注力才能调用这项能力。比如，当你陷入极端失落、沮丧的时候，也许还能读书、看剧、跟人说话，但是静下心来做一道数学题却极其艰难。这就导致在真正考 LSAT 的时候，如果头两个 section 被一道题卡住了，做题的节奏被打乱，甚至 35 分钟截止时还有几道题没做完。那接踵而至的下一个 35 分钟计时会让你完全没有平复心情的时间,在心烦意乱的情况下,还要分出算力来处理情绪,大脑的思维速度会降低,影响新一个 section 的做题状态,由此陷入一个恶性循环。

还有一种可能是一次 LSAT 分数的不理想而带来的长线情绪打击。备考 LSAT 的过程,本身就是一个高压、焦虑的过程。每一个严格按照 35 分钟一个 section 计时的模考,都是对情绪的刺激,让人精神紧张、出汗。于是,准备 LSAT 的过程中,有时人会不知不觉让自己陷入一个一碰就乱的脆弱状态,因为太在乎成绩、太担心申请,所以容不得一点的错误。

这两种因素加起来,让人很容易因为一次正式考试的失败,而陷入自暴自弃的情绪黑洞中。不理想的成绩作为一个情绪信号的输入,还会继续带来不理性的输出,让人做出糟糕的决策,比如,彻底放弃申请法学院。

我读大学的时候,一直很不明白,为什么这个考试一年只有这么几次,法学院坚持要考察每个人历次的所有成绩,而不是像托福那样取最高分。当我在纽约做了三年律师后,才觉得这个过程是有道理的。

LSAT 不仅是考人的抽象思维,还要测验人在高压环境下,能否将情绪和理性分开,去稳定使用逻辑的能力。这是因为高压环境实际上是法律行业的生存常态。从上学到工作,不管我在哪个阶段,时常会有一种被不可能实现的任务淹没的感觉。当我是三年级律师的时候,还时时刻刻能感受到一种修罗场一般的压力,在完全没准备好的情况下,被"呼"的一下推出了舒适区。

这种压力常常来自思考时间与决策效率的矛盾。在读法学院的时候,一个晚上要看几百页的案例,在课上随时会被冷不丁叫起来回答问题,要在几秒钟之内把案例的主要论证过一遍。考试时三小时要分析六个案例,随后打了 5000 多字打到手腕酸痛,一边写一边后背冒汗、手心冰凉、浑身发抖,但大脑还是要像机器一样进行稳定地逻辑分析。

工作之后，这种压力只增不减。同时有好几个项目并行时候，各方都在拼命地催产出，手里的文件还一点都不能出错。那种从准备 LSAT 以来就很熟悉的四肢冰冷、隐隐胃痛的感觉，成了当律师以来身体记忆的一部分。

但是，不管我情绪上有多少责任带来的压力、对错误和未知的恐惧，理智还是要求我的大脑以 100%的效率去调用、分析、输出信息。

这种情绪与理性，输入与输出的分离，是当律师最大的挑战，也是 LSAT 作为入学考试的灵魂所在。

所以，训练 LSAT 到了后期的冲刺阶段，在不断通过模考来提高思维速度的同时，千万不要忽视了对心态的练习。永远对自己的负面情绪保持警惕。在模考的时候，学着把情绪和理性、输入与输出分开。比如，可以不停地变换环境模考，给自己创造来自未知环境的压力；可以跟同学一起模考，体验互相竞争的真实生存状态，挑战自己的耐力极限一口气做七个 section 的题，或者故意到很吵的咖啡厅去做题。

在生活上，也要学着处理一些会引起情绪变动的信息输入，比如，不理想的成绩、充满荆棘的未来、外界的批判、别人的眼光，学着将这些情绪单独关到一个“房间”里，然后把逻辑和理性请到另一个“房间”来主导输出决策。

这条路并不好走，实现完全的分离需要很多年的训练。但这种训练会让人更加了解自己，学会不被情绪掌控，甚至去主动利用情绪来促进自己的决策和行动力。人总要慢慢才会意识到，人生最大的敌人在于自己，但是一辈子最大的成就，也只可能来自于打败和调整自己。

法学院学习的“四步大法”

美国法学院的学习过程，按照时间顺序会分为阅读、听课、做 outline 和考试四个部分。

阅读

曾经还在国内的时候，我就听说美国法学院的阅读任务是最可怕的。每天所有的科目加起来有几百页纯英文的案例要啃，还必须读到能够应付课堂上教授冷不丁的提问（cold call）的程度。

刚到美国的时候，我将按时完成阅读视为第一个重大关卡，严阵以待等待着第一波阅读任务的到来。开学前两周，我们收到了每个课的教授发来的大纲（syllabus），上面列明了这门课要求的案例书，以及每节课会讲到的案例，平均每门课每节都要讲两三个案例。

开学前一周，我在亚马逊上或租或买，备齐了所有的案例书。然后对照着 syllabus，才搞明白第一节课的阅读任务是什么。第一周开学，除了第一天两节课的阅读任务比较少，只要 100 页，剩下的每一天都要读 200—400 页！

在开始万里长征般的阅读之前，需要先理解读案例对于法学院整体学习的目的,能从一个更高的维度去理解法学院帮助学生构建知识体系,对一门科目形成初步的系统性认识的过程。读案例的目的不仅仅是“读过”,而是要在这个阶段,将读案例动态糅合到整体的学习过程里。

为了做阅读任务而读案例,不是为了彻底理解这个案例的前因后果,以及判决背后的深层思考,而是先形成一个基于文字表面的,对于案例的案情、争议点、分析过程、法律规则和判决结论的理解。有了基础理解,才能在课堂上听到教授的深度分析之后,将一个学期的所有案例按照规则和趋势形成完整的体系。接着再通过自己总结整门课的提纲(outline)作为复习材料,将这种体系内化成自己的知识结构。

所以,在读案例时甚至没必要逐字逐句地精确阅读。法学院的阅读任务并不是让我们来提高阅读水平的,所以不能适用我们在准备托福、LSAT时的精读训练法。针对一篇几十页的案例,我们并不是要对每一段都做结构分析,直到整理出全部的提纲,而是为听课做准备,抓住案情(facts)、争议点(issue)、法律规则(rule)、分析过程(analysis)和判决结论(judgment/conclusion)这五个要点。同时,一边读案例一边自己做案例摘要(case brief),将五个要点总结下来,是读案例时非常关键的一步。

做案例摘要涉及的大脑思维活动,其实跟“英语学习的方法论”和“LSAT备考策略与原理大解析”中介绍的精读文本整理提纲的过程十分相似,本质上都是从文字中抽象出框架和逻辑。只是做案例摘要时,我们的关注的重点从阅读文字本身转到案例背后的实质内容,是一个通过创造结构辅助理解、消化吸收知识的工具。

我自己在阅读一个全新的案例时,一般都会走以下几个步骤。

第一步:去网上找一些英文的案例摘要,先花十分钟快速阅读一下,对案例的重点有个大致了解,需要记一下大体的争议点和分析结构,来辅助和加速后面的理解。

第二步:打开一个 word 文档,开始列出案例摘要的五个部分。如果第一步中找到的 case brief 写得比较好,理解起来十分容易的话,我会直接把一些关键句子复制粘贴到我自己的 word 文档里。这一步通常是五分钟左右。

第三步:大脑进入火力全开模式,一边阅读案例,一边寻找对应五个部分的关键信息,高度总结、浓缩后,填充到第二步中创建的案例摘要 word 文档里。这一步根据案例的复杂程度,通常会花 30 分钟到一个小时不等。

一边阅读一边总结案例摘要,其实也跟准备 LSAT 一样,是锻炼大脑抽象思维能力的强度和速度的过程。

抽象思维能力的强度,决定了我们能通过阅读理解多复杂的案例。有些美国法律历史上非常关键的案例,在案例书上能占近 100 页,分为四五个争议点,互相之间彼此串联论证,逻辑缠绕如蛛网。如果思维能力没有达到一定强度,可能花再多时间也无法总结出令人满意的案情摘要。

但好在美国法学院对于案例的学习也是由浅入深的,刚开学的前几周,一般不会布置太难的案例。有些学校甚至会特意将抽象程度比较高、案例复杂的宪法课程留到一年级的下学期才学。

强度达到台阶以后,接下来抽象思维的速度就很关键了。

为了顺利推进后面的学习过程,每天将阅读任务完成到可以总结出五大要点的程度非常关键。法学院的学习是一个层层推进的过程,一个环节出问题,会影响下一步的学习。如果对案例的理解不够,那就会影响听课时的深度学习,在后期做 outline 形成知识体系的时候,就会出现一些节点的空白。

提高速度的办法,就是多做训练。我发现,通过一边读案例一边总结摘要的办法,可以帮助我快速定位理解案例的关键信息。在阅读字数最多的分析部分,我会在总结摘要的时候,试图自己总结判决书的结构框架、每个争议点的推理过程。这种边读边写的方法,能养成我在阅读时关注抽象逻辑的习惯,快速找到能串联信息的结构。

在全力做阅读任务的时候,还要时刻保持着全局意识,让阅读案例服务于整体的学习过程。这里面就涉及一个资源分配的问题。

美国法学院的学习过程,就好像是一场模拟的战略游戏。每个人都是战场上的将军,带领着自己的部队与敌人作战。每个人拥有的资源都是相同的——因为每个人一天都只有 24 个小时,一个学期用来学习的时间每个人都差不多。而最终的考试无非就是测试每个人通过消耗时间,在教授的带领下,利用大脑的加工活动把零散的案例串联成知识结构的能力。

所以,作为自己大脑的绝对主宰,我们这些“将军”都要时刻有排兵布阵的全局意识,时刻反思自己有没有将我们手里的资源最优化,也就是有没有最优分配时间。

在我从小长大的环境里,“努力”一直是一种优秀的品质。小时候只要我伏案写作业,就会得到妈妈的表扬。如果我有一次考试没考好,妈妈就会忧心忡忡地问老师:这孩子每天也花了很多时间在学习上,怎么还能退步了呢?

在我来到美国后才意识到的一点是,努力是分不同维度和等级的。努力的本质是消耗自己的专注力和时间,而每个人的精力都是有限的,在为一件事情全情投入前,花点时间前后观望,找出消耗最少、效率最高的路径,形成自己的方法论,才是真正的“高维”努力。

回到法学院的学习过程,阅读案例的时候也要有所取舍。可能时刻要衡量许多因素:

- 今天没时间完成所有的案例了,我是专攻一门课的案例做完整的案例摘要,还是尽量对每个案例都有一个大致的印象?
- 我有没有足够的精力和速度来对所有的案例完整摘要总结?对于一些简单的案例,是否可以简化摘要,争取读过一遍?周末有更充足的时间做阅读任务的时候,我再花一个下午来给一个复杂的案例做摘要,强化理解的同时锻炼抽象思维的速度?
- 是不是每门课的案例都要认真读?有些课上的案例比较古老,教授在讲课的时候也只是点一下判决中的逻辑,紧接着开始"借力打力"搭建自己的框架。对于这些案例,是不是快速扫一下判决结果就可以?
- 是不是有些课的案例,就是几年前美国最高法院的真实判例,且其中给出了一项法律规则需要平衡的各项因素?对于这些因素,是否应该在读案例的时候就通过做摘要的形式完整地总结下来?它们也许会成为考试时要直接引用的依据。

听课

听课是阅读环节的进一步延伸,也可以反过来帮我们理解:阅读任务要做到哪一步。

比如,我在读法学院第一年的时候,很快就意识到侵权和合同的教授不喜欢讲解判例本身,而是把一份判例放到时代背景里,结合当时的政治、哲学环境,给我们做深度解析。最后这整堂课的知识结构都是围绕着从 level 1 到 level 3 的思维过程展开的,有很多法哲学和社会思想流派的内容在里面。这就让我决定对于这门课的案例不要读得太仔细,因为有些几百年前的案例往往很长,对英语的使用习惯也与现在不同,读起来很费时间。这些案例的分析思路也与现代案例完全不一样。更重要的是,教授在上课时,往往会对这些案例“过时”的分析思路进行批判,结合后来的法哲学流派的发展,提一个完全不同的判决思路。

所以,对这门课我的策略是花最少的时间读案例,但是上课的时候全力以赴记下全部的内容,课后多去找老师讨论,理解老师独特的解析思路。

与此相反,我们民事诉讼法的老师不喜欢自由发挥,也可能是因为民事诉讼法的案例都以确立规则为主,能深入到 level 3 哲学层面的解读比较少,更多是为后世的诉讼程序确立比较清晰的分析框架。所以,教授喜欢拿着经典判例带着我们逐字逐句地解读。涉及极其复杂的程序设计时,教授会帮我们找出一条最清晰、最容易理解的路线。

这种风格的老师会让我反过来调整我的阅读策略,把课前最多的精力放到阅读民事诉讼法的判例上。提前仔细读了案例后,上课的时候反而会轻松很多。老师每次一提到判决书的某个章节,我就能迅速根据自己的摘要定位,然后跟着老师的思路把这条规则的推理路线再过一遍。

我还记得我法学院第一个学期,一共被 cold call 了两次,一次是在侵权和合同法课上,一次是在民事诉讼法课上。

侵权和合同法那次,教授问我怎么评价那个案例的判决,觉得判决结果体现了哪一种价值导向。我支支吾吾答不上来,这些问题读案例本身并不能找到答案,我又没有教授那种深挖哲学思路的思考能力。那次对我情绪打击很大,我课间休息的时候也没出去,坐在座位上垂头丧气。直到教授过来,在我耳边轻轻说了一句——You did a very good job today!(你今天表现得很好!)我当时心里一酸,教授一转身我就开始掉眼泪。

但是,民事诉讼法课上的那次 cold call,可是我第一学期难得的高光时刻了。教授问的是一个高院判例中异议部分的思路，而我正好在前一天做了详细的案情摘要，对整套逻辑都记忆犹新。我流利地跟教授对答，感觉大脑在飞速运转，思维形成了框架和语言，那种能够自信输出的感觉真是太美妙了。几分钟的 cold call 结束后，我邻座的同学跟我点点头，给我竖了一个大拇指。

在法学院的学习过程中，听课的重要性在于，老师课上讲到的内容是形成知识框架、应对考试的直接依据。法学院的学习有一条黄金定律，就是如果阅读任务的案例里面提到的判决思路，老师在上课却没有分析的话，那考试的时候一定不会考。也就是说，期末考试的时候要整理和理解的材料，全部来自课堂上的内容。

法学院的课堂一般都大概遵循以下流程：

- **阅读任务里的案例回顾**：大部分教授会通过与学生对答的方式，来帮助大家回顾阅读任务。比如，会叫一个同学起来简述案情，再叫另一个同学来分析原告和被告的主张，然后叫第三个同学来总结法院的判决和主要理由。
- **对案例的深入发掘**：

  1) Level 1 的法律规则：在对案例的深入发掘部分，首先会点明这个案例中可以适用于未来相似案情的法律规则，再探讨一下如何使用这条规则。比如，如果案情中的一个关键信息被改变了，那适用同样的规则会产生什么样的结果。这个环节教授通常会举出一个假想案例(hypothetical)作为分析讨论的基础。这个假想案例是需要重点记笔记的部分，因为可能跟考试的时候老师给出的题目直接相关。

  2) Level 2 的政策分析：分析完规则后，教授通常会深入规则背后的原理。法官是基于哪些政策层面的考虑才选择形成这条规则？这条规则体现了什么样的价值选择？

3) Level 3 的哲学分析:政策的背后一定是一种价值选择,而价值选择往往具有时代特色。比如,美国 20 世纪初的法哲学更注重自由,要求公权力与私权利分开,讲究限制政府的影响,法官应该保守造法,尽量遵循先例。但是 20 世纪中期的法哲学则更注重效率,认为公权力的调控可以弥补市场机制的低效,所以法官应该发挥能动主义,用判决塑造理想的社会现实。教授在这一阶段有时会开始自由发散,谈自己对于这些对立冲突的价值的理解。

- **案例本身在知识结构中的作用:**法学院所有的学习科目都有极强的体系性,所有案例最后一定能前后串联,形成一个完整的分析问题的思维框架。所以教授在讲完了单个案例背后的规则、政策和哲学时,一定会与其他的案例联合起来串联结构。这个部分对于我们理解课程的内容框架,后期整理自己的 outline 非常有用。
- **知识结构本身:**有的老师可能会在此基础上走得更远,对于一些非常经典、有代表性的判决,会开始分析它们对这个领域的历史影响,确立了什么承前启后的规则,是否塑造了一整代人对于这个部门法的理解。这个部分一般更加抽象,而且因为与案例的具体内容已经离得很远,在短短几个小时的课堂内未必能完全掌握。但是对这一部分的讲解往往跟这个教授自身的研究领域相关,或者是教授自己最感兴趣、最有热情的深度知识。可以先在课堂上记一个大概,下课后去找教授单独讨论。如果能深度掌握这部分的内容,在考试时能跟题目结合起来谈的话,会很容易让教授眼前一亮。

我们作为英语非母语的学生，在美国法学院的课堂上，大概都会遇到同一个问题：上课没办法全部听懂怎么办？尤其是到了教授没有严格讲案例，而是开始自由发散一些哲学、政策领域的思考时，旁征博引，语速又开始变快，很容易就漏掉重点。

我有一个很笨的办法，就是在觉得自己听不懂的时候，强行进入一个打字速记的模式，先把能听懂的每一个单词、短语或句子都原封不动地打下来，实在听不懂的音节就先用一个相似的代替。很多人会觉得，在打字的时候没办法专注理解信息。一边记录一边理解的确需要非常高超的大脑多线程处理能力。但是在语言障碍下，有时即使我们在专注于理解、暂时不记录的情况下，也没有办法听懂100%的信息，会留下许多信息空白，课后大概率是没办法留下什么深刻记忆的。我会衡量、量化自己记笔记和不记笔记能理解的信息程度。比如，如果不记笔记，专注听讲，我能理解70%的信息，记笔记的话我能理解50%，但是会多了好几页纸的文字记录。我会选择用这20%的信息流失来换一个文字记录，因为我很有可能可以通过事后解析这些文字记录，把自己对信息的理解率达到90%。

这是因为，课堂的内容听不懂，通常有这几种情况：(1)一句话里面有几个单词没听懂，从而影响对整句话意思的理解；(2)一段话里面有关键的一两句因走神而漏掉了；(3)教授的一大段讲解和独白，虽然好像每个单词都能听懂，但是就是无法理解背后的内容。

这三种情况，都可以通过记笔记来有效解决。

对于情况(1)，其实原因只是我们的大脑还不习惯教授的特定声音信号。在“英语学习的方法论”中我提到过，听力训练的本质就是大脑去识别声音信号和分析信号，训练过程就是不断去适应一个声音信号的不同版本，逐渐加快大脑的处理速度。在课堂上每次听到一个没理解的声音信号,但是通过记相似发音的方式去将这个信号记录下来,实际就是在调动大脑的一切资源去拆解这个信号。有时一句话即使有单词没听懂,我还是会把这句话写下来,然后再扫一眼刚刚敲下来的这句话,有了上下文,忽然就明白刚才那个没有理解的信号是什么意思了;或者在课后借同学笔记对照一看,忽然恍然大悟。

对于情况(2),我的办法是去找同学借笔记,有时会一口气借好几个人的。因为自己的笔记信息量很大,不管听没听懂都把内容迅速记下来了,跟同学的笔记做对比时,很容易定位到自己上课没听懂的部分,事后对着不同的笔记反复琢磨,很多课堂上的问题就能想通了。

对于情况(3),很多时候同学的笔记也是一塌糊涂。这里已经不是听力的问题,而是单纯无法理顺教授逻辑的问题。遇到这种情况,我也是尽量做打字员,事后拿着这些笔记去教授的 office hour 提问。因为我笔记精确记录了教授说的话,提问的时候也更能有的放矢,有时会直接问教授,课堂上的某一句话背后到底是什么意思。

还有一种情况是,对于有些教授对法律政策、哲学的深度分析,虽然当时在课堂上没听懂,但是随着这学期学习的继续深入,很多其他课程的知识点串连成结构,期末复习的时候再回来看笔记,忽然就明白这些知识空白了。

做 outline

如果让我用一句话总结在美国法学院考试拿高分的技巧,那就是做 outline。Outline 是一份长达几十页到上百页的复习材料,是自己对这一学期所学到知识的系统性总结,以提纲的形式将所有零散的案例搭出结构,形成清晰的逻辑。

我一直觉得,法学院的学习过程,就是在脑海里把一个抽象的房子慢慢搭起来的过程。每次的阅读任务和课堂上讲的案例,只是普通的砖瓦、散沙,但最终考试要检测的,是井井有条地建起一个大楼,这也是我们学习的目的。这个大楼还要有电梯和门牌号,当考试时问到某个争议点的时候,我能清楚地知道要走到哪个房间去把知识取出来。

换句话说,outline 是一个人脑海中抽象思维框架的文字性展示,所以具体的格式、篇幅、风格和内容因人而异。因为每个人对课程的抽象理解形式不一样,制作的 outline 也会有完全不同的思路。只有按照自己的思路做 outline,才能真正对这门课程的知识有抽象的理解。

尽管在网上可以买到很多商业版的 outline,有些学校高年级的同学也会主动分享自己去年在这门课上做的 outline,但我从来都是坚持自己做——只有自己亲手把所有的材料放到房间里,一点点建立好索引和目录,才能在脑海里形成清晰的架构,能够在有需要的时候迅速定位相关的材料。

Outline 有两重作用:一是在学期中后期复习所有学过的内容,搭建知识结构的产品;二是在考试时直接参照。法学院的考试形式通常都是开卷的案例分析,时间通常都很紧迫,比如,三个小时里面分析四个案例。每个案例会涵盖许多争议点,教授往往会把案情设计得特别复杂,有时光是读完案情就要 20—30 分钟。找到争议点之后,还需要快速援引相关的规则、政策和价值考量,给出全面深度的分析。这些分析的材料并没有任何现成的索引,因为每个教授会考的争议点都不一样,所以需要自己根据这个学期学过的内容来做 outline,在考试的时候作为开卷的唯一参考。

因为 outline 是考试时的直接参考材料,在做 outline 的时候,必须根据考试的要求量体裁衣,有针对性地进行准备。

比如,我的民事诉讼法的 outline 是完全流程图的形式。因为民事诉讼法案例的案情往往比较复杂,诉讼流程的分析又要精确到很多步骤,流程图能让我清晰地回忆起每一步需要考虑哪些因素,适用哪种逻辑来做出决策。

对于侵权和合同法,我的 outline 分为三个独立的部分。第一部分是 level 1,纯粹是对所有案例规则的理解,按照争议点的结构列出分析框架。第二部分是 level 2,每个争议点的规则下面,都排列了正反双方的各种政策性论点。第三部分是 level 3,针对课堂上讲过的一些对于价值选择的讨论,我用分级结构记录了教授每一层讲到的思路,从历史变革、社会影响、哲学思考的角度都做了详细的总结。这是因为在侵权和合同法考试里遇到的每一个案例,教授都会要求我们从 level 1、level 2 和 level 3 的角度进行分析,outline 也必须与这三个主题相对应,才能面面俱到。

对于物权法,争议点比较琐碎,一个案情中可能涵盖许多不同的争议点,需要把它们都找出来才能拿高分。所以我除了正常的完整版 outline,还单独做了一个只有五页的浓缩精简版,只是列出了所有可能的争议点,并在下面用一两句话列出最主流的规则。物权法考试是所有科目里时间最紧的,这份浓缩版 outline 节约了我很多时间,我在读案例的时候几乎是对照着它去看,遇到相关的争议点就赶紧圈出来,不相关的就打叉,最后分析的时候才没有错过任何一个争议点。

那 outline 到底是怎么做出来的呢?

我从考 LSAT 的时期就觉得,抽象思维的框架是分阶段的。就好像做一道菜,我们不可能把所有原材料一口气扔到锅里,直接混合完了上菜。要先洗菜、切菜、腌制……也就是说,要把所有最原始的材料进行预加工,经过了制作半成品这个中间程序之后，才能下锅炒菜。做 outline 也一样，阅读任务就是食物的原材料，而 outline 是我们的成品菜，中间的预加工过程就是听课和整理笔记。

我一般每堂课下来都能打出十几页的笔记。这些笔记并不是成体系的，因为我当时还并不具备一边听一边按照逻辑重新排列信息的能力，只能尽量把老师的话原样记录下来。所以一般每天下课回到宿舍，我都会立刻对照着从同学那里借来的笔记，把今天课上的所有笔记重新整理一遍。最迟到第二天，我也会把前一天记下的笔记进行一次再梳理。这个时间间隔一定不能太久，因为课堂上以记录老师说的话为唯一目的所做的笔记，有些话语必须要凭借着对当时课堂讲授上下文的记忆进行解读。如果隔了太久，记忆流散，解析笔记的难度就会大很多。

在解析笔记的时候，我会力图把所有的内容都重新归纳成前后通顺的语言，让我日后不需要依赖记忆来回顾课堂内容。比如，我会以案例为框架，在下面用分级列表的形式，把老师讲到的所有内容按照逻辑排列出来，尽量在这一步就形成体系。

整理完的笔记我会放到一边，但是隔了更长的一段时间，比如，完成了课程内容的一大块章节之后，我会回过头来把所有的笔记再看一遍，看看能不能在更高的维度抽象出一套不同结构的信息。在这个阶段，我还会参考往届同学的 outline，以及一些市场上能买到的、对这个学科通用的 outline。遇到相同的争议点，起码在 level 1 阶段，这些参考资料对于理顺法律规则的结构很有帮助。我会不断重复这个过程，直到在考试开始前两周，把所有的 outline 都做完，用剩下的两周来全力做模拟考试。

考试

从考试前两周开始，法学院学习的过程就进入了关键的最后一个阶段。在这最后一个阶段，我们要做的事情就是研究这门课往届的考题。

法学院的考试通常都是案例分析，针对一篇案例，分析的结构通常都是 IRAC 结构。开篇先点出这个案例中涉及的所有争议点（issue），可能只有一两个，也可能有六七个之多。针对每个争议点的分析，通常先从可适用的规则（rule）开始。因为美国是判例法系，普通法案例里的法律规则基本上不会来自成文的法条，而是从过往的案例中总结出来，因此在这个阶段，要引用课堂上学过的案例的关键部分。

接下来的部分就是分析（analysis），几乎所有的考试都会强调要从双方的角度进行分析（argue from both sides）。法学院考试中的案例很少是简单地适用规则得出结论，而是会存在模棱两可的事实、双方对立冲突的立场，正反两方都能从案情中找到有利于自己的事实。所以在分析阶段，我们要跟自己左右互搏，结合案情把不同的立场都说一遍。

虽然要分析不同的角度，但是在考试时，我们的答案还是要指向一个结论（conclusion）。比如，我们在分析双方的论点后，点明其中一方的论点更贴近于以往判例，因为它们具备相似的政策和价值考量，从而得出一个支持其中一方的结论。

在具体备考时，由于每个教授对于分析结构和方法的偏好不同，在答题的时候也要量体裁衣地使用一些小技巧。比如，我遇到过喜欢学生用双引号严格引用以往判例的教授，强调学生要在答题中体现出他们对法律规则的精确掌握。还有些教授要求在分析阶段，答题要有清晰的结构去跟以往案例做对比，例如，要比较两种不同的案情。但是，有些教授就对规则层面的分析不太重视，甚至连学生有没有找全所有的争议点都不在意，只关注学生对问题的理解是否足够深入，能否抽丝剥茧到哲学和价值导向的层面，去看到一个案例争议背后真正的内涵。

那要如何知道每个教授有什么偏好？又要怎么去有针对性地准备考试呢？

值得反复强调的一点是，法学院学习过程中的"四步走"是系统性的策略，虽然大体按照时间线展开，但我们应该如同战术高明的将军一样，在战争开始前预测每一步的变化，并据此做出安排。

大部分法学院应该都会公布每个教授的历年考题和优秀学生答案，或者有的教授会把这些直接群发给所有学生。第一年在上了一个月左右的课之后，就应该花点时间把每门课的历年考题都看一遍，力图理解教授考试的风格，从而有针对性地听课、做 outline、准备考试。

法学院的教授都还会有 office hour（办公室时间），会在每周一个固定的时间在办公室给学生答疑。我自己觉得这是难得的跟教授交流的机会，所以经常去听 office hour。我会带着自己整理好的笔记，直接对我笔记上那些信息空白的部分进行提问。有时我会拿着往年的真题去跟教授讨论某一种具体答题风格的优缺点。到临近考试的最后两周，我还会做往届的试题并把答案拿给教授看，让教授点评我的分析思路，是否抓到重要的争议点等。

所以，到了离考试还有两周这个时间点，我们虽然还没有正式开始"模考冲刺"，但之前所做的一切准备工作都是严格围绕着考试的要求展开的，应该也已经针对不同考试的特色而建立起了自己的知识结构。这最后的两周，就是要不停地根据往届的真题，严格计时做模拟考试。

同LSAT的模考不同,法学院的模考,并不是通过一次次严格的逻辑训练来提高大脑的抽象思维速度,而是加强自己与outline之间的联系,习惯快速打字分析题目的流程,是一个为正式考试所做的“热身”过程。所以理论上每门课做上两三次的模考就足够了。

但是考虑到考试的时间限制,模拟考试还是很有必要严格计时的。开始模考的时候,手里应该有一份自己已经完成的outline,可以通过模考来测验自己的outline能否满足考试要求,是否可以快速定位争议点,引用判例规则进行分析。所以模考同样也是一个对outline查漏补缺的过程,发现了问题还可以在最后关头调整outline的格式。

关于法学院的模拟考试，我们可以在这里来看一道模拟题目：

玛丽和杰克都住在某小区的同一栋公寓楼里，公寓楼有门禁系统，只有住户才能打开楼下的大门。但是最近公寓楼的大门坏了，住户们跟物业投诉了好几次也没人来修。

在一个月黑风高的夜晚，玛丽家里被人破门而入，凶犯试图强奸玛丽，但是被玛丽反抗后落荒而逃。玛丽也因此受了轻伤，遭受了很严重的心理伤害。

玛丽报警时提到，事发当晚她没有听到公寓楼的大门被打开的声音。于是警察怀疑作案人员是公寓住户，遂从玛丽的皮肤、公寓楼的信箱和门把手上提取到了DNA样本。DNA样本被送往警察局的合作机构——汉诺威实验室进行分析。汉诺威实验室的鉴定规则中有一个条款是：他们对DNA分析结果所产生的任何财产损失或人身伤害均不负责。

DNA分析结果显示与杰克相匹配，于是杰克被警察以强奸未遂起诉，主要证据是汉诺威实验室的DNA分析结果，最后杰克被判了十五年有期徒刑。

时间过得飞快，距玛丽家被人闯入已经过去一年了，公寓楼的大门还是没修好。有一天晚上，玛丽的家又被人破门而入，作案手法跟上次一样，不同的是玛丽自上次的意外后，买了把枪放枕头下面，她直接一枪击中了凶犯。

凶犯受了重伤住进了医院，随之被警察逮捕。在医院被警察询问的时候，凶犯汤姆对两次犯罪供认不讳，他说他之所以想要对玛丽下手，是因为玛丽的公寓楼大门门禁坏了，而且玛丽自己的防范意识也比较差——他第一次犯罪的时候，玛丽家的门没有锁，第二次虽然门锁了，但还是被汤姆撬开了。DNA分析结果证实了汤姆的说法——他才是第一次破门侵入玛丽家里的人。

那杰克是怎么回事呢？原来是他的DNA样本那会儿被弄混了，但不知道是警察还是汉诺威实验室犯的错。唯一知道的是两边的DNA检测程序都有漏洞。

现在，玛丽和杰克同时找到了你，想让你来代理他们。请问他们两个分别可以告谁？胜算多少？注意：不需要讨论汤姆做被告的情况。

我一般在读案情的时候，会习惯一边读一边画人物关系图，用来迅速提醒自己案情关键角色的关系。在这个模拟题目中，第一步是根据人物关系来找争议点。可能的原告有两个人，玛丽和杰克。排除了汤姆做被告后，可能成为被告的只有警察、汉诺威实验室、公寓楼。所以一共可能有六组原被告的人物关系。

在读完案情后的十分钟之内，我们在落笔前应该能迅速做出以下分析：

玛丽→警察：玛丽可以起诉警察侵权法中的过失责任（negligence）。根据美国的判例，过失责任成立需要四个要件：责任（duty），责任未履行（breach of duty），因果关系（causation）和损害（injury）。每一个要件是否成立，都有具体的案例法规则可以对应，需要单独分析做案情对比。

玛丽→汉诺威实验室：玛丽也许可以起诉汉诺威实验室合同违约。虽然DNA鉴定的合同是警方和汉诺威实验室签的，但玛丽有可能是合同法中承认的第三方获益者，可以获得合同违约的救济。实验室的检查结果会被用于刑事起诉，而警察是具有公共属性的机构，所以汉诺威实验室是否应该承担更大的责任？如果现有的判例不支持玛丽的主张，玛丽能否以汉诺威实验室损害公共利益为基础请求法院更改规则，形成新的判例？考虑到汉诺威实验室的鉴定规则中有免责条款，这里还需要分析现有判例中对于这种免责条款是如何处置的，是否在一定情况下，这种免责条款不生效。

玛丽→公寓楼：因为公寓楼没有及时修理门禁，玛丽同样可以起诉公寓楼的过失责任，分析责任、责任未履行、因果关系和损害四个要件。同时，玛丽还可以根据与公寓楼的租约起诉，租约中也许会有要求公寓楼保证公共设施及时得到维修的义务。

同时，还要从警察、汉诺威实验室、公寓楼的角度对玛丽的诉讼请求进行分析。比如，因为玛丽第一次没锁门，可不可以主张共同过失（comparative negligence），以减少损害赔偿的责任？玛丽第一次被袭击后，明知楼下的门禁是坏的，但是没有搬家，只是买了把枪，是否意味着玛丽主动承担了被破门入户的风险（assumption of risk）？这里要从迅速定位到 comparative negligence 和 assumption of risk 部分的 outline，跟先例判决中的情况做对比。

最后，对于玛丽的损失认定，如果仅仅是基于过失责任起诉的话，只能得到人身伤害和财产损失的赔偿，但是案情中明确指出了玛丽遭受了精神伤害。这种损失在传统侵权法上是不受保护的，但是近几年出现了松动的趋势。这里需要定位到 outline 中关于是否应该赔偿精神伤害的案例中，找出正反双方的政策性主张，结合案情进行分析。

找出所有的争议点和基本的分析方向后，就可以开始动笔写答案了。在考试时间紧张的情况下，我一般有了一些思路后就会迅速动笔，然后边写边想，有的时候思路会越写越清晰。

在写答案的时候，对于具体如何分析这些争议点，还必须设计好答题策略。我一般会在答题的最开头把所有我想到的争议点都写下来，然后从我觉得最重要的、与课程的内容涵盖最紧密的开始分析。比如，对于玛丽的主张，我会优先写警察的过失责任、汉诺威的违约责任和免责条款、精神损害赔偿这三条，因为我们当时那学期的课堂上，对于这三种法律问题学过的案例比较丰富，有许多可以用来分析的材料。

此外，对于答案的结构还要进行优化。这道题目里要同时分析玛丽和杰克的主张，所以是否可以把两个人的主张合在一起分析？比如，对于公寓楼的过失责任和违约责任，两人可以援引的案情都是极其相似的，但是针对警察和实验室的过失责任可能需要分开分析。最后还要决定是要以人物为线索，先分析玛丽所有的主张再分析杰克的；还是以具体的争议点为线索，依次分析两个人可以主张的过失责任、违约责任等。

我在答题的时候，一边双手飞速打字，一边大脑在不停地运转，时刻计划着接下来时间要分配给哪些争议点。这种边写边想的流畅感，在法学院的学习过程中不断出现——比如，我要一边做阅读任务一边做案例总结、一边记笔记一边试图理解信息。平时的积累可以让我们在真正考试的那一刻做到游刃有余，不管是实体法律的知识结构，还是边写边想的答题策略，都依赖于过去的学习过程中已经建立起来的思维习惯。

总结起来，在最后的考试环节，想要取得很好的成绩，主要取决于以下因素：

- **有一份自己做的完整的 outline，跟考试的形式紧密联系，而且我们通过模考熟悉这份 outline 的结构，可以用来帮我们找争议点、适用法律规则。**
- **要能在考试规定的时间内做完所有重要的分析，这就要求我们具备足够的打字速度，以及边写边想的思维能力。**
- **我们对题目的分析方式和技巧，要符合教授的要求。**
- **心态要稳定强大，大脑要冷静高效地输出内容。**

将这些因素都汇聚到一起，需要我们在平时的学习中认真做好阅读任务、听课、笔记和 outline 的每一步。法学院的考试靠的绝不是几周或几个月的临时突击，而是融合了这一学期每一天、每一分、每一秒的努力。

从心态上，我一直没有把法学院的学习过程当成一种压力和任务，而是一个挑战自己、构建知识体系、强化思维能力的美妙过程。我在学习上所耗费的时间，并不仅仅是为了考试时的那些成绩，而更是为了探索不同的可能性，成为更好的自己。

我现在回忆起最开始来美国读法学院的那一年，记忆中最美好的时刻，是第一次把列的一些案例串在一起，在 outline 中搭出了一套规则结构的时候。那一刻脑子里像开了漫天的烟花，忽然觉得法律知识美得不可思议。法哲学的学习，还让我把几百年来美国法学界最核心的正义观都过了一遍。我好像举着火把行走在历史的长廊中，看着每个时代熙熙攘攘的辩论和思维的碰撞。这个过程让我第一次发现，原来世界还可以被这样理解，法律不仅仅是浮在表面的规则，而可以走得更深，一直走到那套最核心的问题上去——我们想形成一个怎样的社会？我们需要怎样的国家和政府？我们要在社会中做一个怎么样的人？

这也是美国法学院的学习经历给我最大的礼物吧，让我学会深度思考，学会探寻表面现象背后的抽象逻辑，懂得找到事物背后的深层规律，从而更深入地理解这个日益复杂、飞速变化的世界。

如何构建自己的知识体系?

好像从 2018 年开始,知识付费的浪潮伴随着知识焦虑感不知不觉席卷了每一个人。

在科技没有进步的年代,“信息”作为人类构建想象力共同体的基础,传播方式是低效而初级的。纸质书的出版和印刷都要耗费大量人力物力,新闻媒体的信息流通也有一定门槛。在那个年代,“知识”的产生本来就独属于已经具备资源的社会阶层,底层大众的角色仅仅是这种单向传播过程中的终端受众。

移动互联网的兴起,让人类跨越地域和时间,以前所未有的规模联结在了一起。在我们的时代,每个人既是信息的接收者,又是信息的制作者和传递者。“知识”的脉络从纵向传递变成了多维度的立体交错,每个人都身处在一个复杂的网状结构中,被信息的洪流所淹没。

在这样的时代背景下,我想跟所有的读者探讨一个问题:在这种环境下,作为个体,我们需要有怎样的知识体系,又要如何构建这种体系?如此建立起的“对知识本身的认知”,是否能够克服时代洪流下的知识焦虑感?

知识的本质与分类

从宏观上看,人类对自然(理科)和自身社会(文科)的了解,都以“信息”为基本单元,整体上呈现出一个由具体到抽象,由零散认知到体系构建的趋势。我把这种趋势简单分为了信息→知识点→知识结构→知识体系这几个阶段,应该很好理解。

如果我说,一片叶子是绿的,这是一个信息。

如果我进一步表述,叶子是绿的,是因为叶绿素的化学组成为卟啉结构,能呈现出强烈的正绿色。现象加上原理和解释,这是一个知识点。

如果我们进一步了解了一个知识点的前因后果、关联要素,能举一反三,类推适用到其他相似的分析,那基本上就具备了一个知识结构——比如,我们知道叶绿素的化学物质之所以呈现绿色,是因为叶绿素吸收和反射的波长不同,所以深入探究起来,还要明白在光学意义上绿色产生的原理。同理,这个知识结构可以让我们去分析,天空为什么是蓝的,玫瑰花为什么是红的。

如果我们觉得,这种举一反三的知识结构还不够深入,不足以建立起事物之间的抽象联系,那我们可能希望建立起一个知识体系:叶绿素为什么要选择反射绿光?对进化有什么作用和影响?为了回答这个问题,我们需要在生物学和考古学上都有一定研究,才能给出一个看似合理的解释。

在人文科学的领域,这个趋势依然成立,本书中提到过很多次Level 1,Level 2 和 Level 3 的概念,也可以同样用来解释获取知识的不同阶段,分别对应着知识点、知识结构和知识体系。

针对一个法律案例,我们知道原告还是被告胜诉,这是一个信息,属于普通人都能观察和理解的。作为法律这个专业领域的入门学习者,学生可以通过阅读案例,简要分析出判决结果背后的理由和规则,这是一个知识点,是通过入门级训练可以获得的 Level 1 领域的知识。

在领域里积攒了一定经验的执业律师,可以综合大量案例,总结出

Level 1 所体现的具体理由和规则背后的共同支撑点，形成一个抽象的方向性策略。美国法学院在上课时，教授会直接把一系列案子背后 Level 2 的逻辑和论据传递给学生，让学生掌握一个关于这个部门法初步的知识结构。

如果想走学术派，成为可以向别人传递 Level 2 知识结构的法学教授，自己就必须具有一个宏观的、串联多方、高度抽象的知识体系，即为 Level 3。到达这个层面，我们会从社会运行的基本结构来解释眼前的现象，对于历史上的事件和某种潮流背后所代表的理论趋势，有完整的理解，甚至会慢慢形成自己的理论，来预测未来的具体实践。

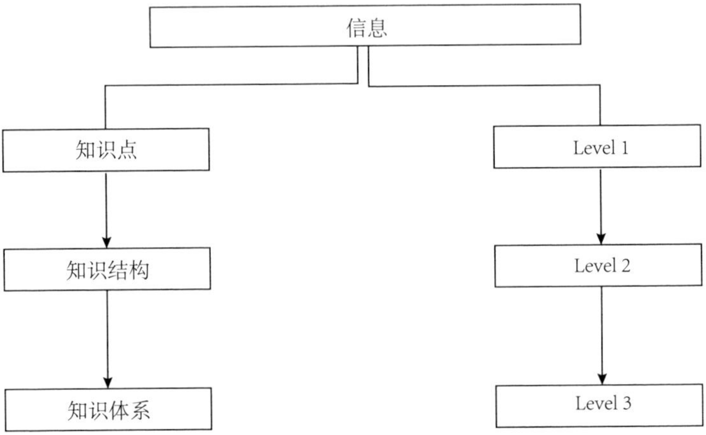

每个人对于世界的了解，从知识构成的角度来说，都可以按照这个基本分类形成一个大概的图谱。来判断自己拥有多少 Level 1 的知识点、Level 2 的知识结构和 Level 3 的知识体系。

比如，像我这种高考之后就没学过数学，一路文科出身读了法律，又工作了两年后，知识框架图谱大概率长这样：

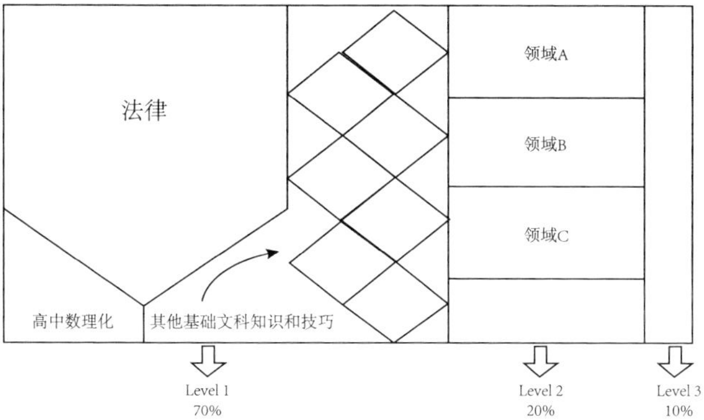

每个人的知识框架图谱形成之后,还可以进行横向的比较和分析。比如,即使两个人的图谱里面 Level 1 的比例都占 60%,也还可以继续、细化到 Level 1 知识的具体领域、强弱和范围,进行横向比较。

同时,因为从知识点到知识体系是一个递增和进化的关系,Level 3 占比越大的人,在“知识”的金字塔上位置就越高,因为对 Level 3 的掌握必然包含着大量的 Level 1,反之则不成立。

这些图谱有什么用呢?

从主观角度说,知识图谱很大程度上是我们记忆的重要组成部分,是“我”这个概念的重要依据之一,是人类自我认知和自我成长的基础和目标。

有一种说法是,人对自己的认知和记忆可以笼统分为三类:人格记忆、经验记忆和知识记忆。

- **人格记忆——我有什么样的性格、脾气和秉性?我喜欢什么,讨厌什么,恐惧什么?**
- **经验记忆——我经历过什么样的事情?遇到过什么样的人?有怎样的社**

交圈？有什么样的成长轨迹？

- **知识记忆——我学到过什么东西？对世界具备怎样的认知和技能？我懂什么，不懂什么？**

影视作品中常常出现的“失忆”，一般只是丢失了经验记忆，但人格记忆和知识记忆还在，比如，还记得自己不喜欢吃辣，还理解这个世界基本的物理和自然规律，甚至还记得自己从事某种行业曾经学会的特殊技能和手艺。

有些脑洞大开的科幻作品中还会提到“记忆移植”的概念——在不改变一个人脾气秉性、社交经历的情况下，给他移植了多段知识记忆，瞬间让其就变成了博古通今、可以指点江山的行业专家。

从客观角度说，知识图谱决定了一个人作为劳动者，能够在市场经济条件下所具备的价值和能获得的报酬。这里不仅仅适用于领固定工资的劳动者，而代表一种更广义的“身价”，也涵盖了投资、顾问等无需固定频率的劳动却可获得极高报酬的职业。

换句话说，对大部分人来说，在我们这个社会，你有多少价值、能过上什么样的生活，取决于你的知识记忆——你懂什么、会做什么、靠什么赚钱。当然，对小部分人来说，人格记忆（流量偶像）和经验记忆（家庭背景）就足够成为安身立命的资本。

在本书后面的“如何成为一个领域的专家？”中会提到，在社会职场领域，Level 1、Level 2 和 Level 3 作为一种职业技能，分别代表了入门、专家和大师，达到不同水平的人有各自不同的社会和行业地位。Level 1、Level 2 和 Level 3 作为一种理解世界的方法论，可以用来解释人类社会上的很多现象，既包括人类的工作能力，又包括人类的知识储备。

知识习得——输入的方法论

不管是信息、知识点、知识结构还是知识体系，现代人类获取它们的方式都是通过以语言和文字为基础的视听输入，其中最高效率的方法自然是文字——文字的产生可以说是彻底变革人类共享和传承知识的方法，直接促进了科技的飞跃。

视角回到微观的个人身上，如何通过视听输入来建立起从浅到深的知识体系？这背后是否有一以贯之的方法论、技巧和逻辑？

1. 知识点

信息和知识点的获取都相对简单，甚至不需要依赖正式的教学体系。人类通过正常的社会活动便可以接触到大量的信息，在网络技术发达的社会，了解到其他行业的表层信息也是轻而易举。

获取知识点则需要费一点功夫，本质上必须要有一个懂的人来讲解。知识点实际上是表层信息背后的解释，是现象背后的原因，是知其然却不知其所以然中的“所以然”。

但是，为了习得一个知识点，“懂的人”和“讲解”这两个要件非常容易满足。其一，“懂的人”只需要懂这个知识点都可以了，并不需要了解深层的知识结构和体系。其二，“讲解”也不需要什么复杂的教学技巧、漫长艰辛的培训，能够正常交流表达的人类，都可以通过文字或语言的形式来“讲解”。

有没有觉得这个流程听起来似曾相识？

互联网上流行的许多知识付费产品，都是围绕在知识点，或者说Level 1层面知识的讲解。信息技术的发展，让“懂的人”可以通过网络轻而易举地接触到愿意为此付出一点代价的“想懂的人”，各种平台的产生又让“讲解”变得简单流畅——不过是通过网络传输文字、视频或音频而已。

一般而言，知识点的习得所需要的时间成本并不高，短则 20 分钟，长则数个小时，具体取决于不同学科，而且不要求长时间的专注输入，可以各个击破，分成碎片时间来完成。其实归根究底，这背后的原因还是在于知识点只是 Level 1 的知识，理解一个现象背后的简单原理，并不需要太多复杂的认知技巧。

2. 知识结构

知识结构则不一样——用现在人们所熟悉的教育体系来类比，知识结构大概相当于“一门课”下来能够习得的知识，而且有可能要求学习者先具备一定的知识背景。

为什么人们去学校学习都要上课，为什么一节课时长都在 40 分钟到一个小时不等，都要以学期为基本分割，期末进行考试？因为这是人类千百年摸索出的最适合人类习得知识结构的体系，从中不难看出获得一个知识结构所需要满足的要件。

跟获得知识点相比，知识结构的传递和学习成本则需要高很多。

- 授课人：不能再仅仅是一个对某个知识点“懂的人”。授课人本身必须对这个知识结构已经滚瓜烂熟，在正式的教育体系中，授课人往往是在 Level 3 级别的知识体系层面有一定造诣，对该领域所有的 Level 2 知识都融会贯通，或者有能力自主学习知识结构的人。
- 授课方式：单纯的文字或语言片段很难输出知识结构，必须是有一套完整的视+听+文字+反馈的教育交互系统才可以。换言之，授课人不能轻松地“讲给你听”或“写给你看”，而必须精心设计一个逐级递进、互相补充的教育系统，提供文字材料、真人讲解加上答疑互动。

- 学习者的时间成本：到了知识结构这一层，只用碎片时间自然也是无法达到学习效果了。学习者必须以完整的专注时间为单位，以一个相对频繁、固定的频率进行学习，且持续一定周期。在此过程中，学习者还要不断地通过测试和问答等形式来巩固自己的学习成果。

不难看出，同时满足上述三个要件的壁垒已经大了很多。而且，即使在授课人、授课方式和时间成本都达到的情况下，不同学习者的学习效果可能也不一样——这取决于学习者本身的输入效率，对大部分人来说都是天赋使然。

在 Level 2 的层面，想要获得一个知识结构，对普通人来说必须要满足这三个要件，很难有任何例外，除非是旷世奇才。也正因为如此，从 Level 1 到 Level 2，从知识点到知识结构，并不是一个量变引起质变的过程，而是两个完完全全不一样的教育体系。换句话说，我们利用碎片时间学习了大量的知识点，如果没有一个质量过关的授课人，用精心设计的授课方式来讲解，再加上我们自己花了大量的专注力去学习，大脑是不可能自动把这些零碎的知识点加工成一个知识结构的。

但是，这三个要件所组成的公式，只适用于从 Level 1 进阶到 Level 2、自下而上的学习者的学习情况。对于普通人，目前我能想到的打破这个公式的唯一情况，就是下文会提到的，已经具备 Level 3 或 Level 2 水平的人，在自己的领域去自主学习 Level 2 的知识结构。放到我们熟悉的环境里，Level 2 层面知识结构的学习，就等于“在学校上课”这么一个正式的教育环境。一个学期一门课的内容，基本上就等于帮助你获得了一个知识结构。这也是人类花大力气设计出正规教育系统的意义所在。

结合知识付费的潮流来看，在非正式“学校上课”的环境下，有可能获得知识结构吗？

回到这个授课人+授课方式+时间成本的公式，技术的发展让普通人通过网络接触前两个要件变得容易了许多。但即便如此，仍然只有极小部分的知识付费产品是以传播知识结构为目的，能够满足这两个要件，比如，国外商业网站、高校开设的学期制网课。剩下大部分的产品，因为满足这两个要件的门槛太高（满足这个水平的授课人本来数量就少+授课人需要花时间成本设计教育体系），基本都没有试图传播知识结构，而是关注在门槛更低的知识点上。

但即使前两个要件获得满足，通过正规教育体系之外获得知识结构，最难的一点还在于第三个要件——学习者的时间成本。这点更好理解：长期、固定的以专注力为基础的学习是需要极高的自律性的，在没有外部环境的压力作用下，即使有符合条件的授课人和授课方式，也很难有学习者能够自觉满足这个时间成本。

3. 知识体系

我们继续推到 Level 3——怎么样才能获得一个知识体系？

好消息是，从 Level 2 到 Level 3，是可以有一个量变引起质变的过程的。也就是说，即使没有（或者只有很少的）外界引导，一个在 Level 2 领域钻研深刻、对同一学科的不同知识结构融会贯通的人，可能自然而然就获得了知识体系。也许一开始只能形成一个比较粗浅的 Level 3 的框架，但是随着对这个框架不断完善，以及必要的 Level 2 知识的补充，学习者的知识体系会不断自我升级和进化。

拿美国法学院写论文的过程来举个例子。我在就读耶鲁法学院时，毕业时必须要完成一个小论文和一个大论文。耶鲁大部分教授对这两篇论文的要求相当严格。学生需要自己先想好合适的题目和感兴趣的领域，然后联系相关教授，让教授直接监督自己的论文。不同教授对论文的要求都不一样，但总体来说都有一个本质的主线：看你的论文中能否体现出 Level 3 的思考能力。

开始准备论文的时间是在法学院第一年结束后，学生们此时都已经在不同的部门法领域获得了 Level 2 的能力，掌握了一大批基础的知识结构。这时候，耶鲁鼓励学生让自己的认知能力更上一层楼，将知识图谱升级到 Level 3 的方式，就是让他们自己去写论文。

如何通过写论文的过程，形成、培养和体现出 Level 3 的能力，即使是对于耶鲁的学生来说，也是一个无师自通、需要自我领悟的练习。

我的指导教授曾经告诉过我，学术论文的目的不在于让你向别人展示，看！我这个部门法学得多扎实，知识框架多坚挺。教授在意的是我们的想法够不够深，是否具有独创性的见解。为了理解这种“独创性见解”到底是什么，我花了许多时间去读期刊上的法律学术论文，还去找往届同学的优秀论文来读。在此之前，我读论文只是快速翻到自己需要了解的地方，找出几句话当作重点，或者直接参考别人在论文里整理好的 Level 2 的知识框架，来帮自己理解眼前需要学习的内容。从来就没有这样完完整整地读过这么多篇学术论文，来回答“论文背后应该体现什么样的知识体系和思考深度”这一命题。

这个过程也让我缓慢又艰辛地理解了 Level 3 到底需要什么样的知识体系：是抽象之上的抽象，是规律背后的规律。就如同我想用论文分析一个案子，Level 1 的写法是总结一下原被告的观点和法官的判决理由，Level 2 的写法是将此案与其他相似的案子一起谈，讨论其背后体现出来的法律规则和优缺点，Level 3 的写法则要求我进一步分析这种规则背后的深层原因——是否体现了一种社会运动和哲学思潮？是否代表了法院相对于行政机关权力的整体后撤？这种深层原因又如何帮助我们判断未来事物的走向？

这一套思路在法学院第一年的时候我都学习过，可是真轮到自己来摸索、来总结规律背后的规律的时候，总觉得难上加难。我把为了写论文搜集好的资料又拿回来看，反反复复地想——这背后还有什么深层的原理呢？Level 3 的知识体系不是瞬间形成的，而是有一个不断积累、沉积、酝酿和加工的过程。我只好继续查资料，扩大自己的输入范围，盼着哪一天那个灵感自己就蹦到脑子里了。

跟我自己苦苦摸索写论文的过程相似，从 Level 2 进阶到 Level 3，以人类社会目前的阶段，已经没有系统正式的教学体系可以做到了。

所谓“系统正式”，是指不存在像 Level 2 的学习套路中，授课人+教学结构+固定时间专注输入这样的统一公式。就好比内功心法都要有好几层，前几层只要认真修炼都能过关，最后一层的大招总需要一些机缘巧合和天赋灵通才能突破。这是因为很多已经具备知识体系、可以洞察深刻而普适原理的人，他们也说不上来自己是怎么做到的。他们可以把已知的原理教给你，或者给你仔细讲解自己所发现的原理有何逻辑体系和深层依据，但却没办法外化“发现原理”的这个思维过程。

那知识结构究竟是怎么进化到知识体系的，真的是一种玄学了。唯一可以普遍观察到的共性为，Level 3 成立的必要条件是 Level 1 和 Level 2 领域的大量输入和练习，也就是对每一个细小知识点的掌握和拥有大量知识结构的稳固根基，但后者却不是前者的充分条件。对本学科的知识结构了如指掌，教学和考试都没问题，但论文产出总是不理想的博士生比比皆是。究其根本，似乎也只能说，从 Level 2 进阶到 Level 3 依靠的是量变引起质变，但质变的原理、触发条件和具体要求，则无从得知。

回到前文挖的一个“坑”——Level 2 和 Level 3 的人，可以打破“学习三要件”来获得一个知识结构吗？答案是：在相同或相似领域且具有大量资料的情况下，是可以的。这背后的原因是，获得知识结构的“三要件”本质上是一种学习模式，是一种把复杂信息框架化、系统化之后，帮助学习者进行全局深度掌握的手段。已经在这个模式下积攒了大量 Level 2 和 Level 3 经验的人们，会下意识地去主动重复这个模式，寻找替代因素来满足模式下的要求。

比如，在知识结构的学习模式中，授课人设计教育系统的一个重要阶段是设计课程提纲——就是我们在学校见到的、每学期一开始先拿到的那份 syllabus，总览了这门课将要讲到的章节、分支和例证。

一份好的提纲对于学习知识结构是必不可少的环节，因为 Level 2 的知识最大特色就在于其“结构性”，有结构的知识才能彼此相连，才能让你利用规律来举一反三。一个领域的知识要经过无数次优化和发展，才能形成一个通用的、可以让入门者掌握的结构，授课人还会根据自己的风格和喜好做出实际调整。

有经验的 Level 2 和 Level 3 的学习者，在自学知识结构的时候，即使在没有授课人和教学体系的情况下，也会先主动去寻找相应的“提纲”和“总论”来作为学习环节的第一步。在一个已经有大量丰富资料的领域，有经验的学习者能够在看了大纲后主动挑选资料，自己给自己搭一个教学体系出来。

博士生在写论文的时候，经常会遇到在自己学科内没有接触过的子领域，比如，一个人写侵权法论文的时候需要搞明白一个冲突法领域的问题，为了研究这个问题，很少有人会重新选一门冲突法的课。因为二者属于同一学科内的相似领域，通过找资料（文字或影印资料）的方式完全可以自己学明白了。

我在耶鲁读书时的两年，课外活动多了许多，便不是每节课都去听了。有些课，期末的时候没有什么笔记可以让我做 outline，我也根本不太清楚教授讲过什么，于是就自己拿着商业出版的提纲，对照着老师发的教学大纲把案例一个个过一遍，自己边读边从零开始做结构，花了很多力气，最后考试的时候也只能勉强过关。

但即使如此，不在正规体系下学习知识结构而只依靠自学，要花费相当多的精力，效果自然也达不到最好。对于自上而下或平行的学习者尚且如此，只在 Level 1 自然是永远不可能打破三要件来获得知识结构了。

知识的挑选与应用

了解“知识分类”和“知识习得”的方法论有什么用呢？最大的作用是在我们之后的人生中，可以有很大概率去避免做无用的输入。

到了我们这个年代，每个普通人能接触到的信息实在太多了，似乎无时无刻不在拼命“输入”——看新闻、看推送、看日报、听歌、听英语、学习这样或那样的技能。知识付费的兴起更有一种“全民学习”的错觉，好像每个人都随时随地拿着手机开启了“移动小课堂”的模式。

大概许多人都有这样的困扰——他们到底在学什么？我是不是也应该学点东西？我不学习是不是就落后了？这种困扰就是典型的“知识焦

虑”，而这篇文章想要传达的方法论，也许恰恰可以对症下药地打散这种焦虑。

在我们进行任何输入前，也许需要先明白一个法则：人这一生的时间，其实比我们想象中的要少很多，而我们有的这样那样的梦想，其实也比我们以为要耗时的多。不管我们对人生的期待如何、有什么样的目标，都需要做好时间规划，不要在一条看不到终点的路上浪费大量宝贵的精力。

并不是所有的“输入”都是有效的、有意义的、值得鼓励的。

在开始花费大量的时间和精力“输入”之前，先要做一个元认知的训练，做这么几个思考：

- **我学习的目的是什么,我想要获得什么样的知识**？
- **我目前的知识图谱是什么样子**？
- **为了达到目标的知识图谱,我需要进行怎样的输入**？

如果我们是一个领域的门外汉，想要通过资格考试，本质就是一个Level 1的知识图谱想要晋级到Level 2。那千万不要犹豫，赶紧找一个正规、系统的教学体系来学习，要学会分辨什么样的课程满足“Level 2三要件”，什么样的课程只能提供Level 1的碎片知识点。更不要试图通过自学来直接获得一个陌生领域的知识结构。

如果我们已经具备一个领域Level 2的知识，那需要的学习目标可能也分很多方向。可能我们为了将自己Level 2的知识应用到一个实务技能上，比如，金融领域的人想自己做投资交易，需要积攒本领域大量Level 1的知识点，那学习的方向就是大量地读新闻、读行业分析。可能我们需要获得一个其他不相关领域的Level 2的知识结构，那就需要给自己寻找一个正式的学习环境、符合要求的授课人和教育体系，管理自己花掉足够的时间成本去习得这个结构。

也许我们是一个想要进阶到 Level 3 的人，为了写论文、为了做学术，或者单纯就是喜欢有深度的思考。那我们应该清楚地意识到，为了达到这个目的，懂再多不同领域的 Level 1 的知识点，即使会让人觉得你很“博学”，却永远不会帮助你进行深度思考。我们应该去大量吸收 Level 3 的知识，补充 Level 2 的结构，让思维沉浸在量变引起质变的过程里，期待着哲学灵感轻盈到来的那一日。

不论我们是哪种人，学习都不应该是盲目的，不学习也不应该是焦虑的。

我到了 25 岁之后的人生阶段，知识的应用与进阶的目标是非常明晰的，对于自己的学习方向也达到了一种“内心舒适”的状态。工作上，我会利用 Level 2 的知识结构和能力去阅读 Level 1 的材料，处理 Level 1 领域的工作（比如，给客户讲解或在文件上用法律语言表达一个知识点）。有时因为工作需要，必须花时间去获得其他 Level 2 的知识结构，比如，在法学院没有系统学习过的证券法和银行监管法，我会先从总论和大纲入手，寻找最适合的学习材料，一点点整理获取可以实际使用的知识。

工作之外，我更想让自己在有限的时间内获得更多 Level 3 的知识体系，因此对于输入材料的选择非常谨慎，绝对不会去浪费宝贵的时间来吸收与我的目标毫不相干的知识。

我平时新闻看得不算多，除了头条新闻和关键局势的走向，对于“清楚知道世界上每个角落在发生什么事”、广泛搜集多个领域的知识点没太大执念。Level 3 层面的文字材料，多集中在书这个载体和少部分社交网络可见的分析文章里，这些也基本构成了我的阅读来源。有时看到一个现象、一种思路，会让我想要深入了解其背后的原理，延展我现有的知识体系来进行分析，我会有意识地去寻找进行延展所必需的 Level 2 和 Level 3 的资料让自己进行输入。

比如，关于全球化中各个国家的矛盾与冲突成了近几年的热点，五花八门的思路充斥于网络。我就发现自己在法学院学的国际贸易法还是不够深，学到的一些表层规律不足以解释我们复杂世界背后的重要原理。有那么几个月，我的书单都是自己挖掘来的全球化批判、世界贸易史、经济理论等领域的著作。遇到自己想不明白、无法用理论来自圆其说的现象时，只能有的放矢去进行输入，来完善自己的知识体系。

Level 1 的输入肯定也是有的，主要是为了有趣。我爱听 podcast（播客），因为 podcast 这些针对现实世界的分析和讲述，有时提供了完美契合我知识体系和结构的知识点，会有种抽象结合实际、理论变成人生的奇妙收获。但我在吸收 Level 1 层面知识的时候，会清楚知道自己的预期和目的是什么——是为了好玩，为了放松，而不是为了形成一个知识体系。

归根究底，一切输入都应该是有计划、有目标的。有人为了快乐而去输入，有人为了学以致用、安身立命而去输入。但无论如何，不要为了焦虑和跟风而去输入。

人生那么短，当然要先想清楚自己要什么，再拿出宝贵的时间去做，不是吗？

“输出”的逻辑（1）——“说话”背后的哲学

自从文字和语言诞生后，人类在知识和信息层面与这个世界发生的连接，自始至终都只有两种渠道：输入（听+读）和输出（说+写）。单个人类个体在这两个渠道上的技能点，直接决定了在相同时间内相对于其他同类所获得和传递信息的广度和深度——在以大规模信息共享为基础的现代社会，这两个“度”直接决定了个体在排除先天资源的因素下，所能取得的社会地位。

换而言之，一个同时具备极强的理解/阅读能力和娴熟表达技巧的人，从事任何领域、任何专业都能迅速完成原始的知识积累，具备通过不断实践而成为专家的基础，并通过恰到好处的展示和沟通，获得领域内其他人的认可，在现有价值评价体系内的地位一路上升。

在不考虑阶级优势的情况下，输入和输出这两项指标都极高的人，很大概率都成了世俗眼光中的“人生赢家”。

输入和输出这种贯穿所有领域的终极能力，背后其实是有一套完整的方法论存在的。现行的教育体系虽然并没有针对这两种广义能力的特殊训练系统，但任何高等教育都是以专业学科为主线，在辅线上潜移默化地培养这两种能力。

前面几章关于法学院学习考试、如何做 outline 的内容，本质上是把法学领域培养输入能力的方法论抽象了出来，系统整理成可以让别人理解并实践的文章。由于法学是一个高度依赖于复杂信息传递和解剖的学科，这种“输入方法论”其实是一通百通，适用于对任何以文字为基础的知识的拆解和吸收。

关于输出能力的本质和进阶方法论，是我一直很感兴趣并持续思考的话题。

在输出层面，“说”和“写”其实是两个完全不同的能力，所以我将这个话题分为上下两篇。本篇讲“说”，下篇讲“写”。与输入不同，在输出层面上的讨论不再局限于法学领域，因为法律知识的输入虽然非常具有代表性，输出的形式和讲究的能力却十分单一，不具备一通百通的价值。

“话术”的重要性——被忽视和误解的重要能力

“输入”和“输出”能力不匹配的例子，在现实生活中太常见了。比如——

- 会做题但是不会讲题的学霸。
- 知识渊博、写作严谨，却偏偏教书水平极差的教授。
- 不善言辞和表现自己，但是做事勤劳心细、一点就通的员工。

更远一步说，输出能力极差但也在自己的领域内取得了杰出成就的人也比比皆是。这是为什么？

我在前文一开始提出了一个观点：输入和输出能力高于平均值的人，会取得较高的社会地位和人生成就。注意这是一个充分条件，不是必要条件，也就是说，这个世界上有很多的人，即使他们输入和输出的能力有一项极弱，也能在自己的领域内过得很滋润。

这是因为在不同领域衡量人才、获得成就，对输出的能力要求的标准和形式往往不一样。理工科搞学术、做研究对输出能力的要求仅限于能清晰完整地表达自己的观点，成果和收益最终还是取决于通过数据、实验和论证便可以展现的硬技术。相比之下，对于医药销售代表这种职业来说，输出的能力就不再是完整地讲述一个药品的特性，而是要用上共情、说理、阐述等种种谈话技巧。

这就导致了社会上大部分人对语言上输出的能力持两极分化的态度。要么是“会吹牛有什么用，说得天花乱坠能怎样？做人啊还是要踏踏实实凭实力说话”。要么则是相反却同样极端的观点——“老实做事闷头学习有什么用？在这个社会上，如果不会展示自己，一切都白搭，会说话会表现才是王道”。

这两种极端态度都大错特错。那是因为不管是“说”或“写”领域输出的能力，本质上都是一种相对力，而不是绝对力。也就是说输出这种能力并不保证在任何领域、对任何个人都能起到打通上升通道的黄金效果，而是要与其他能力进行搭配，借力打力，才能发挥其最大价值。

也因此，从个人的角度而言，培养怎样的输出能力，并没有放之四海而皆准的目标，要严格量体裁衣，根据自己的职业选择、事业和人生规划，以及个人的天赋和精力所决定。

那怎么通过量体裁衣来制定目标呢？基本思路非常简单：先分析自己从事的领域和发展方向需要怎样的“输出”能力——是要擅长共情还是擅长说理，是要进行公共演讲还是小团体小范围的口头展示，再寻找领域内已经具备这些所需要输出能力的顶尖人物，对其“话术”进行拆解和分析。这个训练甚至不需要局限于自己所从事的领域，对各行各业的观察都可以适用，逐渐建立起一套对多种输出能力的认知标准。

我看过《大空头》（The Big Short）这部电影，讲的是这样一个故事，2008 年金融危机爆发前夕，四个做空团队有先见之明地预见到，次级债券价格的高速膨胀只是泡沫，泡沫破裂后价格大幅下跌是必然。于是在房地产市场一片欣欣向荣、所有人都疯狂买入时候，他们顶住压力和质疑的声音开始做空（通过跟银行买一种叫 CDS 的对赌协议，如果次级债券价钱下跌、对家破产违约，则银行赌输，按照 CDS 协议进行付款），最后大赚了一笔。

这个电影让我印象最深刻的是两个主角命运的对比：第一个预见到次级债券必然是泡沫的基金经理迈克尔，以及“高司令”（Ryan Gosling）饰演的仪表堂堂、讲话滔滔不绝的德意志银行经理（下面简称他为高司令）。

迈克尔是那种典型的“怪胎式”天才：身为基金经理却短裤赤脚不修边幅，厌于与人沟通，总是沉浸在自己的世界里，对数字、金融和市场却有着极其准确的判断，外表邋遢却能做到基金经理，也是凭投资成绩说话。也正是这样一个金融领域的天才，在 2005 年抢在所有人之前，通过量化分析得出了次贷必然是泡沫，危机一定会到来的板上钉钉的结论，也是最先入手对赌协议进行做空的人。

高司令则正好相反，他对危机的到来一无所知，不具备最早判断经济大势的专业水平，但却有独特的看人眼光。他最先注意到了迈克尔这个市场上第一个入手对赌协议，同整个行业的判断唱反调，还疯狂砸了十亿美元去赌的人。通过量化分析证实了这一点后，高司令开始利用他高超的谈判力与说服力来为自己谋一桶金。

从这一点开始，迈克尔和高司令是站在同一起跑线上的：两人先后意识并掌握了远超前于市场发展的准确判断，并具备利用这种判断，通过买卖金融产品来赚钱的可能。

然而，由于两人在输出能力上的差别，整个电影展现出了从 2005 年到泡沫爆发金融危机到来前，两个人截然不同的命运。迈克尔的判断是对的，但是他没有也不能（也许还有不屑）去锤炼输出能力来向他人证实这一点。于是在他作为基金经理，将他所管理基金的大笔资本用于购入对赌协议的时候，上至老板和客户，下至员工都以为他疯了。客户开始疯狂地要求撤资，老板威胁要开除他，员工纷纷辞职，只剩下他孤家寡人一个，有着最正确、最超前的市场判断，却只能顶着巨大的压力在办公室里疯疯癫癫地听摇滚乐。

与之形成强烈对比的是，风度翩翩的高司令这几年的日子过得可谓十分舒服。做出了市场必然崩盘的判断后，高司令开始试图向其他基金来销售对赌协议，从而从中赚取中介费，并成功钓上了前点基金（Front Point）这条大鱼。高司令跟前点基金人员的第一次见面那场戏，简直让我叹为观止——可以说是将谈判术与说服力应用到极致了。在被高司令忽悠之前，前点基金的老大马克·包姆跟市场上所有其他人一样，认为在这个时候买对赌协议去做空的人都是傻子，但却被高司令一番慷慨激昂的阐述给镇住了。于是前点基金开始自己做尽调，终于通过种种手段得出了房产市场必然崩盘的结论。这个过程可谓十分曲折，电影也展现了在调查中包姆跟高司令的几场争吵，包姆脾气极差，自始至终都怀疑高司令在坑他，经常出言不逊，然而高司令总是刚柔并济地安抚住包姆，最终成功拿下这笔大单，赚了好大一笔中介费。

危机爆发后——果不其然，迈克尔的基金净赚 26 亿美元，但在他最后更新黑板上的投资收益时，整个办公室空空荡荡，只剩他一个人。作为基金经理，除了做出正确的投资判断之外，赢得客户、上司和员工的信任，让整个环境相信他在做出正确的决策，也是至关重要的。然而迈克尔则是从一开始完全不屑于向老板和员工解释，到后来盲目自信地说，以自己过去优秀的投资水平，客户一定会相信自己，再到众叛亲离、被所有人指责和怀疑的时候，在高压下颓废而崩溃。好好的一个天才，为什么不愿意花点时间去打磨输出的能力呢？

输出的能力的确先天有强有弱，但并非完全不可培养，有些真正的天才由于种种原因不屑于去输出，或者意识不到恰到好处、时机合适的输出对自己的职业目标有强烈的加强效应。归根结底，都是他们没有正视输出这项能力。

“话术”的本质——不仅仅是“会说话”那么简单

那“说”这一层面的输出到底是一项怎样的能力？我琢磨出来的公式最主要的有两点——逻辑思维+情绪感知——加上一系列辅助能力，包括大脑的反应速度、知识储备和个人风格。

但是在谈到具体的能力拆分前，有必要先明确一下“输出”的定义：我文章里要分析的“输出”，是用来有效传递信息的一种技能，而不是单纯的自说自话。

现实生活中我见过许多想要锤炼自己输出与表达技巧的人，还没走到拆分和提升能力的一步，就败在了对定义的误解上。这些人最大的特点在于：任何场合的口头输出都毫无组织性和目的性，想到哪说到哪，背后更多是实现一种“我在输出”的自我满足感，实际上只是在低效地释放无用的信息，浪费自己和听者的时间。

我做销售出身的爸爸，最爱教育我和我妈的一句话就是：说话之前要先过脑子，想想你说这话的目的是什么，再站在别人的立场上去想想怎么把这话说出来。对于任何想要锤炼自己输出能力的人来说，搞明白这个思路至关重要。

在开始说任何话之前，先想。不光想要如何组织语言，而是要一路推到本源，先搞清楚自己为什么想说这些话——是要传递什么样的信息，表达什么样的情绪，想要从对方那里得到什么样的反馈，最终又想看到什么样的结果。把说话的目的搞清楚之后，才能根据目的来量体裁衣，组织说话的顺序、内容和逻辑。

假如在日常对话中，我的目的是描述生活中的一项经历——那旁枝末节和发散内容是不是就没有用了？假如求职面试中，我说话的目的是传递关于自己职业能力和求职意愿的信息——那无关职业技能的情绪表达是不是没有必要了？假如在亲密关系中想要获得情感支持——那是不是省略无关的细节和事实，直奔对自己感受的剖析最有效率？

要先掌握这种“由目的推手段”的思维方式，再来拆分输出的技能点才有意义。

具体而言，口头输出领域的技能点有：

1. 逻辑思维

在这一点上，“说”跟“写”所涉及的思维能力是相同的，即掌握一段信息内部的抽象联结关系的能力。

什么是逻辑？在我们这个语境里，逻辑等于信息之间的抽象联系。考过 LSAT 的朋友对这一点大概深有体会。两三段不同的几百字信息，充满了人物、时间、地点、事件等各自不同的细节，但背后都可以用同样的一段逻辑公式来表达，因为这几段信息背后共享着同样的抽象联结关系，也就是有着相同的逻辑。

逻辑对输出能力有什么用？千百年来人类用语言和文字进行信息交流，通过教育、文化、社会习俗种种手段，早已固定下来一套最有效的展现信息的逻辑。在某些门槛极高的专业领域，例如，法律和金融，更是如此。能否用这套逻辑进行信息的沟通，很多时候在无形中也构成了一个专业领域审阅新人的门槛。

所以，任何人想要锤炼输出的技巧，第一步便是先把目标领域和情境在信息交流时用的“通用”却“隐含”的逻辑剥离出来。比如，新入行的销售代表想要知道怎样锻炼自己的谈话术，首先要研究行业内的输出实践中有哪一些隐含的逻辑：是不是先从闲聊入手，因人而异寻找切入点，再由此发挥来进行劝说和说服。

再比如，一个学生要参加演讲比赛并立志要夺冠，那在开始写演讲稿之前，应该先把历任冠军的演讲都分析一遍——他们的演讲背后共性的逻辑是什么？是否是先由拉近距离的小故事开始，故事结束升一个价值，然后开始用排比和举例来表达道理，最后再升一个价值？

在一个全新领域进行初次输出的时候，善于挖掘逻辑并运用逻辑，往往有意想不到的惊奇效果。对听者而言，在这个领域经过了多年的信息交流，对于行业公认的输出逻辑有着下意识的认同和熟悉。在面对一个“非我族类”的领域新人时，共同的话语逻辑往往能迅速地建立起亲切和信任。

2. 情绪感知

情绪感知、控制和释放的能力对于口头输出技能的高低至关重要，是因为人类本来就是理性和感情皆存的动物，在与同类进行交流时，人脑中主管情绪的杏仁核（amygdala）无时无刻不在起作用。

人类在倾听其他同类进行表达的时候，大脑除了在认知层面不停地分析信息，在感性层面也时刻对正在表达的同类进行扫描和判断。如果对方的表达激起了听者情绪上的正面反馈，那听者在内容上的认知分析上就会更有效率。反之则亦然——就是传说中那种“我看你讨厌，于是你说的话我一句都听不进去”的心情。

那作为正在输出信息的人，时刻观察听者的情绪反应、恰到好处地用语言来调动和刺激情绪，以达到信息传递的效率最大化，是至关重要的技能点。

比如，所有人都经常在日常生活中使用的“附和大法”：假如你在跟领导、老师或面试官交流时，取得对方对你的正面反馈非常重要，如对方在闲聊时提起了一次不愉快的经历，并针对这次经历表达了失望、不满等负面情绪，具有正常情商的人均会频频点头表示赞同，附和对方对这次经历的负面情绪，通过“共情”来建立心理上的联系，以达到促进沟通效率的作用。

政客在演讲和辩论时，打情绪牌更是屡见不鲜的手段。林肯的葛底斯堡演说中的结尾语“that government of the people，by the people，for the people，shall not perish from the earth”，用三个排比词，铿锵有力地把“我们是代表人民的自由国度”这一概念深入人心，传为经典。排比词和排比句在演讲中往往是调动情绪的最佳手段——与主管人类情绪的杏仁核联系紧密的小脑，对任何“节奏”和“规律”都异常敏感。也因此，人类大脑在接受信息的时候，规整、短促、有力的排比句会刺激小脑来识别节奏，进而刺激杏仁核对接收到的信息产生加倍的情绪。

因此，高明“话术”的基本功之一，便是意识到情绪对沟通交流的作用，并擅于引导对方的情绪。比如，约会迟到了一个小时的男生，想让女朋友接受他迟到的理由，先低声下气安抚好对方的情绪最重要。对求职面试的应聘者而言，一身合身的西装和干净的外表，相比于邋遢的外形而言，更能激起面试官情绪上的正面反馈，从而让其更容易捕捉和理解应聘者想要传递的信息。

3. **辅助技能**

除了逻辑思维和情绪感知，擅长进行口头输出的人还具备一系列不言自明的辅助技能，比如——

- 知识的广度：输出毕竟是以信息为本源进行交流，如果不具备信息，那再多的逻辑和情绪也没有意义。假如说逻辑是食谱、情绪是佐料，那决定“输出”这道菜好不好吃的关键自然还是取决于食材的优劣。不管是任何领域的输出，对该领域基本知识的了解、旁枝信息的掌握，都能促进在谈话时运用逻辑和情绪进行游刃有余的输出。
- 大脑的反应速度：口头输出并不同于写作，更讲究即时反应。在一对一谈话中，一句间隔五分钟的反馈，即使逻辑再完美、情绪再同步，也难以起到应有的沟通效果。这一点对于主持、演讲、辩论等对于临场反应有极高要求的输出活动更是如此。在辩论赛中，多几秒的延迟都会错过最佳回应的时机，而临场反应出色的辩手往往让人印象深刻。
- 个人风格：即使在逻辑水平和情绪引导能力相同的情况下，不同的人来表达同样的内容，由于表达形式不同，效果也会千差万别。从另一个角度而言，情绪的引导本来就有千万种语言之外的方式，神态、动作、时机恰好的语气，如果组合搭配得成功，都会对表达和沟通的效果起到加成作用。

那为什么这三点只是辅助技能呢？因为对于我们普通人来说，想要锤炼输出与表达的技巧，培养这三点辅助技能既无必要，也不现实。

大脑的反应速度和个人风格多为基因决定，即使后天可以练习，对“说话”技能的提升也并无决定性影响。在现实生活中，大部分人的大脑反应速度都在一个在平均值上下浮动的范围里，反应速度较慢的可以通过放慢语速、增加肢体动作等技术细节来弥补，而个人风格更是没有后天培养的必要。知识储备虽然取决于后天积累，但大部分人的短板并不在于这一点——而是在于如何把已有的知识表达出来，毕竟人们都是在具备某一专业领域一定的知识储备后，才会考虑如何沟通与输出的问题。

有趣的是，对于以“说话”为职业的人群而言——用通顺的逻辑和娴熟的情绪操纵技巧来表达自己观点是入行基本功，这时候能拼个高下的便是辅助技能了：比如，知识储备极高能出口成章的主持人、反应极快能连战好几个小时的专业辩手、说话表达具有极强个人风格让人印象深刻的政客演说家。

辅助能力是进阶技能，属于专业人士更上一层楼的职业层面的范畴。对于普通人而言，想要提高自己的输出和表达能力，并恰到好处地与自己的职业目标结合借力打力，重要还是关注两个基本点：情绪和逻辑。

“话术” 进阶方法论

在普通人里面，一个“会说话”的人究竟是一个什么样的人？

其实我一直觉得，研究输出与表达的方法论，最重要的是解决上面这个问题，而不是零散地提供一些类似能够提高话语流畅性、增加信心等细枝末节的小技巧。

研究任何能力背后的方法论都是如此：先看主要矛盾，抓住核心要素，有了正确的思路之后，再以总揽全局的视角去打通具体路径。就好像你玩游戏要先拿地图在手才好去打怪，而不是见一个打一个，打到两眼发黑，根本不知道在地图上走了多远。

回答上面的问题，语言表达领域的“输出”技巧，最清晰和好用的“练功地图”就是这句话：想变成一个“会说话”的人其实很简单，理顺自己表达输出的逻辑，并能够体察和引导对方的情绪，就可以了。

有了地图在手，接下来的细分任务就有据可循了：怎么样能让自己说话逻辑清晰？如何体察和引导他人的情绪？

先说逻辑。在这一点上，口头表达和书面写作的逻辑能力在实践应用上其实并无差别。如果一段话你能用清晰的逻辑写出来，那么你同样也能说出来。你所需要的只是把“文字逻辑”转换成“语言逻辑”的一点小练习——对写作而言，由于文字传递信息的效率比语言要大很多，内容背后的逻辑往往跨度更大，把同样的内容传递给听众而不是读者的时候，需要进行简化、切割和修正。

所以，追本溯源，一切的一切还是取决于一个人对逻辑的理解、对内容背后的抽象联系进行把握和重现的能力。

对于普通人而言，最有效的训练方法还是先从输入开始，在自己的领域内，选择需要学习、模仿和练习的对象——可以是一段文本、一次演讲或一场对话，然后试着去理解对方这段表述背后的抽象联系，看是否能形成可以套用的公式，看自己能否快速透过现象看到本质。

然后，就像你训练其他能力——体育、绘画、音乐一样，关键是从小到大、由点及面地试着去表达、去阐述、去自己亲身运用逻辑。

比如——

- 同样一个主题的演讲或辩论，模仿对象是用什么逻辑来表达的？

如果我想表达自己脑海中的这个观点，我要如何组织材料，先说什么、后说什么？如何形成一个完整的逻辑链？

- 同样是在谈话中讲述自己的经历，模仿对象是如何做到让人听过一遍即能迅速理解、逻辑简明扼要、最大限度地用直观的方式来展现信息的？
- 准备面试中，试着回答一个“why our industry”的问题，应该如何组织信息？什么才是最通顺、最合理的逻辑？给信任的人尝试几种不同的思路的说法，是否发现运用不同的抽象关系来表述同样的内容，产生的效果会大不一样？

“说话有逻辑”其实涉及大脑各种复杂功能的配合：你要先能识别逻辑，用抽象思路去理解问题，再快速运用这些思路来表达想法，很多时候需要边说边理顺逻辑，还要同时调动自己的大脑语言分区来给逻辑填充内容。这个过程还不能太慢，必须是在日常交流可以接受的速度下完成。所以打磨这种能力并不是一蹴而就的，本质还在于日积月累地不断练习。

那情绪的体察又从何入手呢？

我前段时间看了丹尼尔·戈尔曼（Daniel Goleman）在1995年写的一本叫《情商》（*Emotional Intelligence*）的书，算是这个领域最为经典的早期著作之一，成书于那个人们第一次发现“情商原来与智商一样，代表大脑的一种能力”的时代。

在20世纪90年代，大脑扫描技术的发明使脑神经科学取得了革命性突破，人们也是第一次意识到，情绪的控制、与人相处的技巧、性格秉性等并不是虚无缥缈的“社会能力”，而是根植于大脑皮层、与认识和逻辑能力相似的身体机能。简而言之，科学家们发现，大脑中控制情绪的分区是在早期人类大脑便存在的杏仁核，而“情商”作为一种大脑的机能，从生物学上意味着大脑里分管认知和理性的新皮层（neocortex）对杏仁核的控制能力。

既然情商的本质是大脑的机能，那它就与阅读、写作、逻辑、认知、运动、艺术等所有基于大脑的活动一样，是可以被训练和提高的。这种技能一般又被分为两个方面：intrapersonal intelligence（自我认知智能）和 interpersonal intelligence（人际智能）。前者意味着体察和控制自己情绪的能力，而后者意味着引导他人情绪的能力。前者的能力为后者的基础。

情商的提高路径是一个完全不同的话题，涉及的方面极广。但就“在谈话中体察和引导对方情绪”这一点，比较直观的进阶路径为：

> (1) 意识到情绪对于信息交流的独特作用，即中立情绪是进行认知分析和判断的前提，负面情绪会降低听者拆解信息的效率，而正面情绪则会加强听者对信息的接受程度。
>
> (2) 刻意去观察语言和情绪之间的关系，先采用广泛样本来建立起语言→情绪的大概模型，再缩小范围，结合自己的目标来寻找调动情绪最有效的范例。
>
> (3) 确认想要实现的目标情绪，再以（2）的训练为基础来设计具体语言模型。这一点因人而异，因为不同人类个体对相同语言的情绪反应千差万别。
>
> (4) 训练/实验，拿到反馈后改善模型，进一步训练/实验。直到熟练掌握能激起相应情绪的语言模型，并能在各种场合灵活运用。

这条进阶路径看起来直观，但真正上手实践的时候还是任重道远。

我觉得最为深远的原因在于——我们（也可以说整个东亚文化）的教育从青少年时期开始，一直对于情绪采取一种压抑而克制的态度。愤怒、悲伤、兴奋、不满……这些本来应该是人类对于外界环境的刺激所产生的最为正常不过的情绪反应，在当下的社会环境和教育体系里，却经常被“一刀切”地要求所有体系的参与者“中和”极端情绪，呈现“中立”反应。然而目标有了，过程和手段却秘而不宣，等着你自己去发现。情绪的本质是什么？我什么时候会出现这些情绪？直接诱因是什么？我自身什么样的行为、动作又是能“中和”这种情绪最有效的方法？这个过程同阅读和写作一样，需要基于脑神经科学、贴合生物实际而设计出来的专业训练。

缺乏对情绪管理的教育体系，直接导致的结果就是这个体系下成长出来的一批人对于自身的情绪认知低下，情绪管理的方法粗暴而混乱。要么是过分压抑后爆发，要么是肆意宣泄而不顾及后果。对于情绪的产生和控制缺乏完整、理性和科学的认知，更没有系统学习过情绪管理和控制的方法论。而 intrapersonal intelligence 又是 interpersonal intelligence 的基础：连自己的情绪都无法很好地体察、控制和管理，又何谈通过谈话术去引导和调动他人的情绪呢？

“话术” 的三种实践

文章写到这里，说话层面输出的进阶地图和通关秘籍都已经结束了，最后一点点内容是一个脑洞略开的“实践”部分。

自从想通了这套“输出的能力取决于逻辑+情绪”的公式之后，我就试着用这个公式去逆推生活中所有涉及语言交流的场景。我发现有趣的是，人与人之间的大部分语言交流都可以根据直接目的性分为三类：阐述、共情和说服，与逻辑+情绪这两种能力存在对应关系。

第一种为阐述，纯粹对应逻辑能力。常见场景为上课做 presentation，给客户讲述一个法律如何应用，向同事描述一个产品如何使用，为朋友复述最近刚看过一本书的内容等。

“阐述”的本质在于把“我知道而你不知道”的信息，用一种你能听懂的方式告诉你。擅长阐述的人，即使情绪感知能力极差，对自身和他人的情绪都体察不足，也依然可以在事实描述的层面做得很出色。看似复杂的信息，他三言两语就可以说清楚，从抽象到具体再到抽象的思维能力极为出色。在纯粹理性的层面，这类人的交流能力无可匹敌，在一个只要求能交流正事、社会关系简单的职场环境下（比如，美国大律所的低年级律师）往往会大放异彩。

第二种为共情，纯粹对应情绪感知力和操控力。常见场景为男生哄女朋友，女儿撒娇向母亲要零花钱，知心大姐姐安慰人，心理医生循循善诱，闺蜜之间默契非凡地吐槽共同好友，等等。

“共情”的本质在于《韩非子・说难》中那一句：“在知所说之心，可以吾说当之。”巧妙抓住对方的心理，再熟练用语言、动作和表情等一系列口头输出的技巧来调动和引导对方的情绪。一个一说正事就全无逻辑的人，可能有超乎常人的敏感，对于情绪的捕捉力极强，又因其敏锐的观察力，对于不同语言对情绪的引导作用也熟练于心；日常相处经常让人觉得“亲切”“舒服”“懂我”“知心”，往往会成为亲朋好友宣泄负面情绪的“go-to person”。

第三种为说服，要求情绪和逻辑能力都要同样出色。只擅长阐述和只擅长共情的人，在工作和生活中都会遇到问题，毕竟没有一种行业和人生是可以完全排除情绪或逻辑的，人类是融合了理性和感性的动物，在此基础上建立的人类社会对两种能力同时都有要求。

除了少数按照严格的程序和流程“公事公办”的情况，大部分情况下，一个或一群人要完全接受另外一个或一群人的观点，需要逻辑和情绪这两个条件都实现。

选民给一个政客投票，除了在理性上支持其提出的政策和对自己的现实影响，在感性上也需要对该政客有信任和支持的正面情绪反馈。

销售人员想要说服客户购买产品，需要在理性上让客户相信这项产品的优点、与自己需求的契合度，也要在感性上赢得对方的好感，让客户愿意掏钱。

律师在法庭上说服陪审团，既要展示己方在逻辑和法律上能站住脚的理由，也要不断强调己方当事人的感性立场，引导陪审团情绪上的支持。

智囊给政客建言献策，不光要先剖析政策利弊好坏，理性考量，还要在情绪上进行呼应，让对方“舒心”地觉得自己在做出“正确”的政策决断。

因此，说服可以说是融合了逻辑思维和情绪控制力、高明话术的“集大成者”。在日常生活中擅长说服的人，比如，能说动一群朋友选择自己的旅行计划、能让同事采用自己提出的方案、让亲密关系中的另一半心服口服地为自己的生活习惯所让步，必然是具备了“成大事者”的潜质——因为同样的说服技能，及其背后代表的掌控逻辑与情绪的强大能力，已经可以在任何需要输出的场合做到游刃有余、胸有成竹了。如果再加上强大的输入能力、超高的自律与自控力，想在任何领域功成名就，都不过是时间问题。

“输出”的逻辑（2）——“写作”背后的哲学

文字是人类个体意识跨越时间和空间进行沟通的机制。是人类迄今为止设计出来沟通效率最大的方法。正是因为有了文字，人类才能将所发生的事情记录下来，让意识跨越时空的局限。文字能让相隔万里的人相互沟通，意识上却可以达到高度的合作与统一。

使用文字本质上是一种技能——有脑神经研究显示，人类进行写作时，大脑负责视听、运算、记忆的区间都会进入高速活动的状态。经验越丰富的作家，大脑各个区域之间协同的效率就越高，能够迅速调动大脑不同的功能来进行写作。

这就好像钢琴家在弹琴或网球运动员在打球时一样。他们的大脑都处于一个普通人无法达到的“特殊运行状态”，允许他们在短时间内调动更大的“内存”，运行速度达到极致。文字人人都会使用，但作家和普通人的区别也在于此——大脑的运行能力有本质区别。

所以，写作需要长期进行大量有意识的训练，如同普通人不可能一天就变成钢琴家一样。

自从在美国法学院上第一节法律写作课之后，我就开始慢慢琢磨写作的方法论。法律专业对于写作的要求，远远不止于把一件事情写出来，而是不断探索和突破人类使用文字效率的极限。

我对写作的方法论有三个层次的理解：结构、段落和句法。

结构

在法学院上写作课时，我们做过一项很有意思的训练。

老师把模范文书中每段的第一句话摘出来，做成几十张纸卡，让我们把这些每张只有一句话的纸卡排出先后顺序。虽然还没见到文书本身在说什么，但这些纸卡一排完，整篇文书的结构就出来了。

好的文章会用结构性表达，如利用每段首句点题这种表达方式，把文字背后的逻辑清晰展现出来。作为读者，在阅读的过程中，我们会不断地看到作者给你“提示”一篇文章背后的逻辑。

我一直觉得，结构性表达对于写作方法论来说，是最重要的基础内功。这个基础没打牢，其他任何文字表达技巧都是无法施展的“花拳绣腿”。

结构性表达要求写作者在脑中时刻有一条清晰的逻辑主线，来服务于自己要论证和表达的命题。写文章不像是种树，不是说你“种”下了一个想法，它便会自己一点点长成参天大树。想看到树，你要先把它所有的枝干分步创作出来，再一点点为每一条树枝添上叶子。

写作者的大脑是反线性的。一个命题在构思之时，不会按照时间顺序单向展开，而是四处发散，彼此呼应，形成一个蛛网般的复杂结构。这也是为什么这种结构性思维需要特殊训练。人类拥有单向前进的时间线，记忆、总结和预判都不算是与生俱来的能力，而是在进化过程中，为了更好地生存一点点打磨出来的。文字是对于一个人思维活动过程的总结归纳，本质上是人类分析自我的体现。在人类文明的发展过程中，正是通过文字，人类的大脑逐渐从“刺激—反馈”的简单循环中升级，来给自己过去的经历总结出抽象的规律，甚至给一个族群制造出“想象共同体”。这个过程标志着大脑思维模式的进化，对于个体来讲是一个需要后天训练的过程。

抽象的理论到此为止，下面是举例时间。

比如，我想写一篇文章来介绍2015年美国同性婚姻合法化的著名案例：奥贝格费尔诉霍奇斯案（*Obergefell v. Hodges*）。在落笔之前，我会先开始给文章设计结构。最需要考虑的两点因素是：文章主要传达的信息是什么？读者有多少背景知识？

我认为这个案例最引人深思的一点，是最高法院从美国宪法中解读出来的这一条基础原则：“自由婚姻是公民应该享有的基本权利，且这项权利应该无差别地适用于同性婚姻。”并且打算围绕着这一点展开。

接下来我会想，为什么我会以这条基础原则为主题呢？我到底想给读者传达什么，是表达对同性婚姻的支持吗？

继续深入到我的思维过程中，我会发现，我想分析的是美国最高法院是如何得出这个结论的，因为这个推理过程体现了思考和分析这种社会议题的基础框架。虽然每个国家的具体情况不同，但同样的思维框架可以拿来分析不同社会里的相同议题。

比如，“奥贝格费尔诉霍奇斯案”中，肯尼迪大法官用来支持同性婚姻的四个理由，都有一定的普适性：

（1）自由选择结婚对象是公民的基础权利，根植在“人人生而自由”这一项根本的人权框架中。

（2）自由选择结婚对象背后的含义是，公民有权自由选择与什么样的人建立终生的、有法律保护的亲密关系。

(3) 除了亲密关系，婚姻这种法律框架也保护了公民拥有法律认可的家庭和后代的权利。

(4) 婚姻关系是形成稳定社会秩序的基石。

为了向读者介绍这四条理由为何在不同的社会里也具备一定的普适性，我需要进一步阐释这四个理由背后的逻辑关系。比如，“婚姻”为什么是一项基础人权？作为法律制度的“婚姻”究竟包含了什么样的权利？受到这种法律制度的认可，对于个人和社会又有什么样的意义？

另外一条可以深挖下去的线索为：为什么在美国，最高法院可以定义人们基础权利的外延和内涵？这种通过法律程序来推动社会变革的过程是如何实现的？法院的立论基础在哪里？是否要考虑社会主流意见和文化的发展？

想到这里，文章的大框架就出来了：

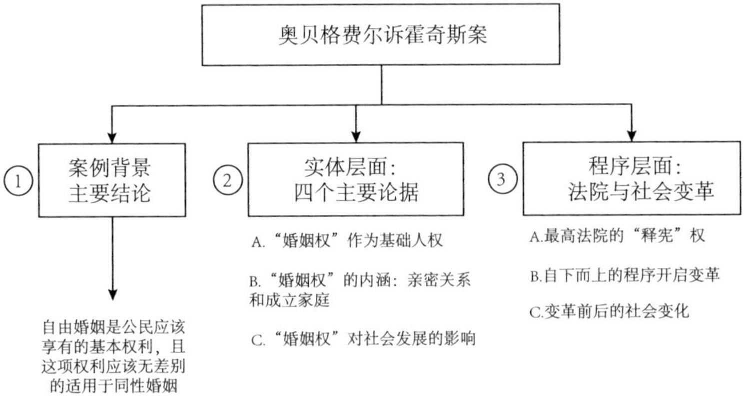

创建文章结构一般是一个自内而外的发散性过程。激发你写作欲望

的往往是一个具体的“点”，如同一个命题作文一般。但很多人会遇到面对一个主题“不知从何开始”的困惑。

这种时候，我形成文章框架的办法就是一步步地对主题进行拆分细化。对待一个模糊的主题，先争取缩小范围，寻找最核心的写作动机。然后看能不能将这个动机拆分成基础的两点：比如，实体和程序两个方面。我把这篇写作方法论分成结构、段落和句法三个方面，也是一个对主题进行拆分细化的例子。

一生二，二生三，三生万物。往往对主题进行了第一次拆分细化后，剩下的结构搭建过程就可以自然而然地展开了。

段落

敲定了结构，就要进行具体问题的描写了。写作方法论中，“段落”的意思其实在于——如何把一件事情写清楚。

我们在法学院的写作课上，都会进行一项叫作“描述案情”的基础训练。比如，把三页纸的案情压缩到两段话。自己尝试压缩后，老师会让我们对比范例，交换看同学的稿子，再来反思自己的总结方式。

这个过程会让我们不断去对自己的描述进行简化，把不必要的逻辑和语言给剔除掉。这就要求我们要明白自己写的每一句话是如何服务于最终结构的，追求的是文章的内容和意义的终极统一。

对一个段落内在结构的把握，要求更加精细化的思维，这跟构思文章整体结构的宏观思考不太一样。它不是由点及面地发散出去，而是对有限的信息进行重组，排列成最容易让人理解的秩序。

在构思文章整体结构的时候，你面对的信息其实是无限的。这就要求你寻找一个切入点，在无限的信息中找到一条你希望展示的联结通路。但是当这条通路确定后，服务于每个节点的信息是有限的；你的任务不是再继续寻找额外的信息来填充节点，而是追求有限信息的高效排列。

许多文章常犯的毛病就是“扯远了”或者“虎头蛇尾”。根本原因是让段落超越了结构，整体逻辑的根基不稳固，让本应该只属于一个节点的信息无限外溢，旁征博引了许多没有服务于主线的场外信息。

那针对有限的信息要如何排列呢？又到了举例时间，对比一下下面三段对于同一个案情的描述：

> 2002 年 5 月，被告大卫与玛丽一起从 X 大学毕业，结婚后育有一女。2010 年，大卫与玛丽离婚，女儿 7 岁，因为玛丽有家族精神病史，父亲大卫获得了女儿的抚养权。2011 年 6 月，玛丽去学校探视女儿后报警，举报父亲大卫对女儿存在虐待行为。2011 年 10 月，检方对大卫提起公诉，罪名为虐待儿童。

> 大卫在 2002 年 5 月从密歇根大学的机械工程专业毕业，9 月进入跨国企业 ABC 做机械工程师，获得多次晋升，2012 年开始担任高级技术经理，在行业里具有良好的声誉。大卫在 2002 年与玛丽结婚，婚后才发现玛丽有家族精神病史。2010 年大卫与玛丽离婚，获得女儿的抚养权，但玛丽每周末可以探视。2011 年 6 月，玛丽在没有事先告知大卫的情况下，在非约定时间到了女儿的学校，强行要求与女儿见面。玛丽离开后便报警声称大卫对女儿进行了虐待，警察在调查时，发现女儿手上有伤痕。女儿学校的老师作证说，之前从未在女儿身上看到过伤痕。2011

年10月，检方对大卫提起公诉，罪名为虐待儿童。

玛丽是一名具有十年从业资格的护士，一直受到病人和医生的尊敬，定期体检，身体状况良好。玛丽在2002年与大卫结婚，婚后育有一女，2010年因大卫工作繁忙且时常喝酒，两人感情破裂离婚，大卫获得了女儿的抚养权，玛丽每个周末都会探视女儿，和女儿单独待上一整天。2011年以来，玛丽发现女儿时常闷闷不乐，而且在提到父亲时面露恐惧，在和玛丽分别时会哭着说“不想离开妈妈”。2011年6月，玛丽因为医院人事调整而获得了额外半天的假期，遂临时决定探望女儿。见面后，玛丽吃惊地发现女儿手上有硬物抽打的伤痕，她根据女儿的表情立刻判断出是大卫殴打女儿留下的，便立刻报警要求调查大卫是否有虐待行为。2011年10月，检方对大卫提起公诉，罪名为虐待儿童。

很明显，第一段是一个“中立”描述，第二段站在大卫的立场，第三段站在玛丽的立场。

后两种不同的案情描述服务于双方的两套说法：

大卫的说法是——玛丽是一个有家族精神病史，可能会撒谎的偏执之人；大卫则是一个具有良好声誉的高级工程师。玛丽因为没有得到抚养权而怀恨在心，因此特意避开大卫直接到学校找了女儿，在女儿身上弄出伤痕，反过来诬告大卫虐待孩子，目的是夺回抚养权。

玛丽的说法是——大卫是一个只顾着自己事业发展，私下经常喝酒，行为失控的不负责任的父亲。而自己是护士，身体健康、头脑清楚，没有任何问题。离婚后，玛丽几乎每个周末都与女儿待在一起，非常疼爱女儿，也因此注意到了女儿的异常。玛丽周中去探望女儿纯属偶然，也因此看到了女儿身上还没来得及消退的伤痕，获得了大卫虐待女儿的直接证据。

每次在进行这种写作训练的时候，我都忍不住要感叹：人类发明的文字真是太有弹性了。从读者的角度看，明明是同样的事实，添上一些细节，调整一些顺序之后，就可以暗示着截然不同的叙事。

从写作者的角度看，段落写作的重要性意味着文章里的每一条信息都是要经过挑选的，并且要仔细推敲信息的排列方式。这也从侧面说明了好的作品要求创作者自己打磨所有的信息，而不能够直接将别人作品中的段落“修改”一下直接使用。

一篇好的文章就好比是一台精密的仪器，每个零部件都有自己的位置，每个段落都服务于文章的主线结构，有自己的逻辑和意义。

句法

句法的直接意思就是“句子要怎么写”，背后其实有很多值得仔细琢磨的地方。

虽然文字是人类之间非面对面的间接交流，但同样是具有强烈的共情作用的。读一本书或一篇文章时，我们往往像是能直接看到作者的情绪一样——是冷漠中立、激情澎湃、愤怒辩解还是平静如水。

2019 年底的一个综艺节目里，一个嘉宾在反驳“校园青春小说价值观败坏，对年轻人没有价值”这种观点时，说了这么一句话，一时间被全网热传。

- 你可以永远不喜欢你不喜欢的东西，但请允许它存在。你可以继续讨厌你讨厌的东西，但请允许别人对它的喜欢。

试想把这两句话改写成下面的样子，那种义正词严的“道德制高点”的既视感就好像一下子少了许多。

- 你不喜欢但是别人喜欢的东西，也许有它存在的道理。你讨厌的东西别人可以喜欢。

这两句话背后的逻辑其实是典型的诡辩——不同的人讨厌和喜欢一件东西，的确都有各自的道理。节目中讨论的是“这件东西惹人讨厌的原因是为什么”，但这种诡辩术却把命题偷换成了“指出一件东西为什么讨厌”就等于“不允许它存在”。这一招实际上等于先给对方扣了一个“不允许存在”的大帽子，再将自己摇身一变，打造成一个“为生存而据理力争”的形象，直接避免了讨论“这件东西为什么惹人讨厌”的问题。

这个巧妙的立场转换诡辩术，实际上就是通过对句法的巧妙设计实现的。第一个技巧是转折句式，“你可以”做 A 事情，“但”不要做 B 事情，实际上就是在暗示着做 A 事情的人也可能打算做 B，比如：

- 你可以去倒垃圾，但是不可以把可回收物扔错地方。
- 你可以吃零食，但是一天摄入的热量不能超过 300 卡路里。

但实际上，A 和 B 可能是风马牛不相及的两件事，只是通过这种句式而被联系到了一起。比如，A 是一个就事论事的具体议题，但是 B 是一个普遍不能接受的结果。这种句式会强行将 A 的性质等同于 B。

- 你可以不喜欢，但你不能不让别人喜欢。(事实上批评者只是想表达自己的不喜欢)
- 你可以不热爱工作，但不能放弃自己的人生。(但是工作和人生在逻辑上并不等同，工作只是人生的子集)

另外一个句法上的技巧就是连续两个“你可以”和“请允许”的使用，强化了自己作为弱势一方被排挤的立场。“你可以”和“请允许”的对比更是透露着委屈，实际上就是在暗示，对方对作品的批评是蛮横强硬地不允许这种作品存在。

对句法的拆解同样要从读者和写作者两个角度去体会。从读者的角度说，我们对一些具体词语、句式、转折词已经形成了条件反射，导致一看到这种“公式”就会假定其背后存在一定的逻辑联系，或者习惯性地被激发起某种情绪。了解了不同句法在诡辩术中起到的作用之后，才能逐渐养成真正的批判性思维，在不断地阅读中逐渐形成自己的观点。

从写作者的角度来说，如何将自己的观点进行输出，写出令人印象深刻、回味无穷的文字，就要注重对句法这种细节的把握。文字是思维之间的深层交流，但人脑的直觉总是容易疲倦且短视。精心雕琢的结构和段落，有时可能不如结尾一系列直观的句法技巧叠加更有效果，更能起到传播的目的。

但是句法也是一把双刃剑。它能帮助你扩大传播，让人印象深刻，但有可能被人所记住的，是一个句子背后所表达的结论和情绪，而不是你精心设计的文章想要表达的完整形态。

方法论的适用

结构、段落和句式其实可以用来拆解任何文字作品，而不仅仅局限于说理性文字，只是不同类型的创作在这三个方面都会有不同的套路和技能。

说理性文字，如学术论文、深度报道这种“把一件事情说清楚”的写作，结构通常都是比较工整的。甚至可以用“每段首句大法”这种操作直接总结出大纲。但是偏文学性的创作，如小说、剧本、散文，其结构是被埋藏在无数细节中的。如果从空中俯瞰，大概一个是钢筋混凝土所造、有规律可循的建筑物，另一个则是错综复杂充满创意的迷宫。

文学性创作“迷宫”一样的结构设计，不代表这类作品不存在结构。相反，作者在开始动笔之前，往往要花费更大的时间来设计结构，反而很难采用“一生二、二生三、三生万物”这种拆分细化的方法。

设计文学作品的结构，就好比设计迷宫一样，因为你不能让读者轻易就能看到这趟旅程的终点，而是要设计出似是而非的道路、柳暗花明的惊喜，让读者体会到探索的乐趣，随着剧情而心绪起伏。对读者来说，读小说好像是在经历自己的人生，因为你永远不知道下一刻会发生什么。但读论文就是总结自己过去的经验，将历史变成信息铺开在眼前，可以抽象出适用于未来的规律。

所以这两种文字的结构对于创作者“脑回路”的要求是不一样的。说理性文字要求创作者尽量穷极所有的可能性，在结构上体现出丰满的论证，并且给结构加粗标注，引导读者找到可以适用的结论。文学性创作要求作者去寻找结构中的对比点，增加不可预知的趣味，兼具视角转换的新鲜感。

从段落的方面来说，说理性文字和文学性创作都要求筛选和排列信息，区别在于说理性文字要求段落服务于结构性的论证，但文学创作的段落是偏视觉化的，重点在于挑选关键信息来展示一个栩栩如生的场景。

比如，钱锺书的《围城》开头的第一段话，我当时读起来非常震撼，仿佛看到了印度洋上的日落，现在回想起来还是记忆犹新。

> 红海早过了，船在印度洋面上开驶着，但是太阳依然不饶人地迟落早起，侵占去大部分的夜。夜仿佛纸浸了油，变成半透明体；它给太阳拥抱住了，分不出身来，也许是给太阳陶醉了，所以夕照晚霞隐褪后的夜色也带着酡红。到红消醉醒，船舱里的睡人也一身腻汗地醒来，洗了澡赶到甲板上吹海风，又是一天开始。这是七月下旬，合中国旧历的三伏，一年最热的时候。在中国热得更比常年利害，事后大家都说是兵戈之象，因为这就是民国二十六年【一九三七年】。

很多时候我们想提高自己的写作水平，都会有一个特定的目的，想锻炼自己对某一种题材的写作能力。结构、段落和句法这个框架，作为一个写作方法论的初步拆解手段，可以用来分析几乎任何类型的文本，让我们有节奏地自发进行写作训练。

在具体训练时候，句式往往是最容易模仿的，很容易掌握各种技巧的精髓。段落的描写讲究快准狠，要训练大脑在信息池里面快速抓取和排列信息的能力，需要固定一种个人风格后熟能生巧。结构是最难把握的——因为其背后是一个人对事物认知思维的体现，需要很强的抽象思考能力和想象力。

所以，写作能力的训练不是在真空中实现的，而是要配合着大量的阅读和输入。

回想起我在读法学院的时候，觉得写诉讼文书最难的一点就是，如何给己方立场构思出巧妙的论证？应该从哪个角度切入，展现一个有利于我们的逻辑？对着案情空想是没办法找到论证的窍门的，只能扎扎实实地去读案例。看看在一个个千奇百怪的案子里，法院是如何从历史和将来、规则与现实、正义与公平这些互相对立冲突的立场中，平衡、归纳出一个决定的。

读案例当然不仅仅是要读，还是要做大量的笔记，最后整理成几百页自己的复习笔记。当时以为自己只是在吸收知识，学习法律规则，但很多年以后想起来，当年敲下的那些字，把几十页判决书归纳成一页纸的论证重点所做的努力，才是不知不觉培养我的思维方式和写作能力最重要的东西。

如何提高自己的写作水平呢？我有几条比较实际的建议。

- **确定目标：明确自己想要培养哪种题材的写作能力，选10篇目标文本。**
- **分析结构：把每篇文本的结构，用自己最容易理解的方式，重新“生产”出来。如果是小说，可以画出主要人物之间的关系、不同时间线上剧情的发展。如果是结构工整的说理性文字，就用列提纲的方式，找到清晰的层级关系。**
- **分析段落：找到一个目标文本里你觉得写得最好的段落，开始分析这个段落是如何服务于主线结构的。然后开始思考，是否有一种替代的描写可以对主线结构起到同样的作用。自己试着写一段话，尽量去模仿这个段落的信息排列方法。**
- **分析句法：跟分析段落类似，找到目标文本里最打动你的一个句子，然后**

去分析是它使用的哪个技巧打动了你。排比的运用,精妙的比喻,还是逻辑的替换?试着去换一个情景、一个主体,利用同一个技巧去再写一个句子。

关于分析段落，举个例子——我因为特别喜欢《围城》开篇的第一段话，就自己试着做了个替代描写。在进行这个练习的时候，我能清楚感觉到自己大脑里新的神经通路被激活了。相比起只是盯着纸面苦苦研究别人的写法，自己尝试做替代描写是一种更积极的学习方法，能让大脑更深度地参与到写作这个活动中来。

> 船驶过了地中海，海面无风，水面如纸一般平静。太阳依旧迫不及待地在卯时就从海面跃了出来，将日子拉得很长。晨间海上有雾时，那雾仿佛是洗澡后的蒸汽，让人湿漉漉地心生困意。它裹住了太阳，缠绕死死地，可能太阳就那样渗透了过来，所以日出朝霞间的雾气也金光迷离。船舱里的人被那朦胧的金光照醒，匆匆吃过饭到甲板上晒着太阳，又是一天开始。这是七月下旬，合中国旧历的三伏，一年最热的时候。在中国热得更比常年利害，事后大家都说是兵戈之象，因为这就是民国二十六年【一九三七年】。(我练习的替代描写)

写作的意义

最后我想再来谈一个有些主观的价值问题——写作这项活动对我们来说有什么意义?不同的写作方式会有不同的意义吗?

排除那些比较现实的意义，比如，写作能力是我职业核心技能的一部分，对我来说，写作的意义有感性和理性两个方面。

从感性的角度说，我一直觉得写作是有强烈的心理疏导和人格塑造作用的。我人生最孤独的时候应该是少年时代，在我上大学之前十岁到十五岁的期间，也就是我初中、高中的时候。因为年龄比同学小很多，又转学、搬家、换了陌生的环境，那段日子里我总是有许多与周围环境格格不入的感觉。

但那几年又是我与自己交流最多的时间，是我对文字和表达最有热情的时候。有几年的时间里，我每天都会在一个私密博客里写几千字的日记，坐在电脑前面敲一两个小时的字。有时就是一天事无巨细的流水账，把那些不敢在其他人面前表露的心事都付诸给文字。有时会自己写小说、写诗、写一些自己对哲学问题和当时社会现象的思考。

我还清楚地记得，那时候不管每天在外面有多么不开心，晚上回来只要开始打字，我就会进入到另外一个世界里。有时那些白天无法消化掉的情绪、无法理解的自我反应，都在文字里得到了排解，有了自己的价值和意义。写作是我分析自我的过程，也帮助我更好地了解了自己的内心活动。

可惜的是，那几年我写了几十万字的博客，在我上大学后，那个网站就忽然消失了，完全变成了另外一种产品。我找了很多年都再没能找到曾经的登录入口。我只能告诉自己，那些文字最重要的使命是帮我度过人生中比较艰难的一段时光，他们也早已成了我意识和人格的一部分，有没有存在于世界的某一个角落，已经没那么重要了。

从理性的角度说，写作是帮助我对问题进行深入思考的工具。

我写过的大部分东西，从日常工作的邮件、法律备忘录，在学校时写的论文或者公众号文章，动笔的时间点一般都在我构思出文章 10%—

20%的内容时。有时是先有了一个大概的框架，有时是想好了一个很好的开头。长久的写作习惯让我发现，有一点构思后先动笔写起来，这个写作的过程往往可以激发更多的灵感，将意识深处的一些念头用逻辑串起来。

比如，在计划写这篇写作方法论的时候，我构思到了结构、段落和句法这三个点，并且大致想到了如何实践这个方法论和写作的意义，就开始动笔了。具体每一段怎样展开、举什么样的例子，都是边写边想的。

“写”为什么能够促进“想”呢？因为人的大脑总是在与外界交互的时候最活跃。这也是为什么我们要去上学，而不是自己在家背课本。对大脑来说，“交互”是一个双向互动：输出一个信号，获得反馈，再根据反馈来调整自己的信号。与另外一个意识的沟通是交互，但是与自己的沟通同样也符合交互的定义。在写作的过程中，我能清晰感觉到，写出文字的过程是输出信号，而读一遍自己写的这句话又是一种反馈，能够激发新的输出过程。

无论从哪个角度来说，写作对我来说都是一个快乐的过程，让我平静和专注下来，也让我觉得自己平凡的人生有了一些朴素的意义。

人类学家会说，人类与动物最显著的区别就在于人类可以使用语言，进而用语言创造出许许多多本不存在的东西，构建“想象共同体”和独属于我们的社会和文化。

要珍惜自己生而为人的天赋，不要让那些想法只留在自己的脑子里。去把它们转化为语言吧！

写给自己看，也在写作中发现自己。

如何成为一个领域的专家?

每个人都有自己认识世界的方式,而我认知构造里最常用的逻辑就是“知识的三层论”。我从法学院的第一课就学到,知识内部有 level 1、level 2 和 level 3 的三层关系,这构建了我许多思考的底层逻辑。

除了知识分类以外,人类在任何一个专业领域的进阶路径,也遵循这样一种三阶关系:

- Level 1:入门水平,掌握了该领域的基本知识和概念,具备进一步探索上层知识的能力。典型身份为拿到某一专业的本科/硕士/博士学位的人(何种学位能完成 Level 1,每个专业有所不同)。
- Level 2:专家水平,在该领域具有相当长一段时间的实际操作经验,积累了大量的“隐性知识”(也就是“schema”,后文会讲到的概念),对于该领域新出现的任何情况具备独立进行深度分析的能力。典型身份为在某一领域耕耘上三到十年甚至更久,并取得一定行业认可的资深人士。
- Level 3:大师水平,在该领域能够提出前无古人、后无来者的划时代的见解,具备宏观模式识别和导向分析的能力,有些人甚至因为理论过于超前而不被时代认可,只有随着时间的推移才证明其分析的准确性。典型身份为学术大家、专业奖项的获得者。

从美国法律行业的角度来说，JD 毕业到从业的前两年算是勉强达到了 Level 1。而且根据学校教育质量、法学院成绩和实际经验的多寡，Level 1 的水平也有高有低。

在律所做到合伙人或资深 counsel、有过丰富经验的法官和检察官、刚踏入学术研究并在细分领域发表过几篇论文的初级学者，都可以算作 Level 2——可以成为各自领域的“专家”。

历史上著名的法学理论家是典型的 Level 3 层面的大师。当代的 Level 3 大师包括各个专业领域制定政策的高级智囊、宏观理论横空出世的学界大牛、创造经典判例奠定时代基调的大法官等。

从别的行业角度来看，这个思路也很好理解：比如，对金融来说，Level 1 是具备基础金融知识的底层分析员，能从原始信息中提炼出关键点并进行初步整合；Level 2 是具备无数实践经验、对市场走向非常敏感的基金经理、高级交易员，能够从整合好的信息中看出 Level 1 看不到的模式并做出预判；Level 3 则是能在更大的范围内进行抽象思考，甚至将本领域与其他各行各业动态相连接，从全球和人类历史的角度做出预判，甚至能操纵整个资本市场的传奇人物。

对于普通人而言，能在一个领域成为 Level 1，意味着已经具备入行的能力，可以依靠这份专业成为劳动者，换取工资。Level 2 则往往是一个行业的资深/主管人物，从社会地位而言一般已经步入中产。Level 2 的人凭借对这个行业的深入了解和专家级能力，在任何一个市场和地域都能换取丰厚的报酬，受人尊敬，衣食无忧。

我们想凭借职业技能在社会上进阶升级，最有意义的显然是探究从 Level 1 升级到 Level 2 背后的方法论。也就是本篇会讨论的话题——如何成为一个领域的专家？

想要知道怎么成为专家,需要先知道专家与普通人有什么不一样,他们的技能到底突出在什么地方。

*　　　*　　　*

刚入职的那几年,我看了许多人工智能和机器学习领域的书。这些领域在不断探索着“机器要如何成为专家”,也对我思考人类要如何成为专家带来了很大的启发。人类 Level 2 专家的特殊之处,在于具备超强的模式识别能力(pattern recognition)、与同行进行复杂交流的能力(complex communication),以及进行元认知和建立共有知识的能力。

1. 模式识别

模式识别其实就是我们在很多时候那种忽然灵光一现、意识到“哦,这个问题应该这么解决”的一瞬间。

任何专家都要有解决层出不穷的新问题的能力,而新问题不是无中生有,终极细化下去总是一些既有问题的排列组合。模式识别就是一种直观上“根据经验做出判断并提出解决方案”的过程。

对医生来说,模式识别=诊断病人,观察询问症状,根据经验和知识进行推断、排除和实验,最后确诊病因,开药治疗。

对程序员来说,模式识别=用计算机语言来实现某个目的,根据经验和知识来达到最终目标的框架、路径和具体阶段。

对基金经理来说,模式识别=根据信息来做出投资决策,利用经验和知识来分析信息,寻找共性,判断市场走向,并做出预判。

对律师来说,模式识别=对新问题进行法律分析,确定从哪些角度进行切入,利用经验和知识来分析法律上的实现途径、判断最终结果。

我读法学院的时候，学到的一项很重要的技能是学会“制造论点”，也就是所谓的“how to make an argument”。法律从业者常见的情景是“对一件事情做出合法与不合法的判断”，所以总有一个立场在里面。

在这种情景下，典型的思维方式有三步。第一步：先找到 N 个相似的案例，组成部分包括案情+判决。第二步，将眼前案例与历史案例的案情进行对比，相似的案情应该得出相似的判决，而案情中不相似的部分也支持了偏离既往判决的理由。第三步，将相似和不相似的部分进行定性和定量的分析，再叠加上其他历史案例的案情和判决，最终形成一个充满各种论点的“思维矩阵”，导向一个平衡各种因素后的结论和立场。

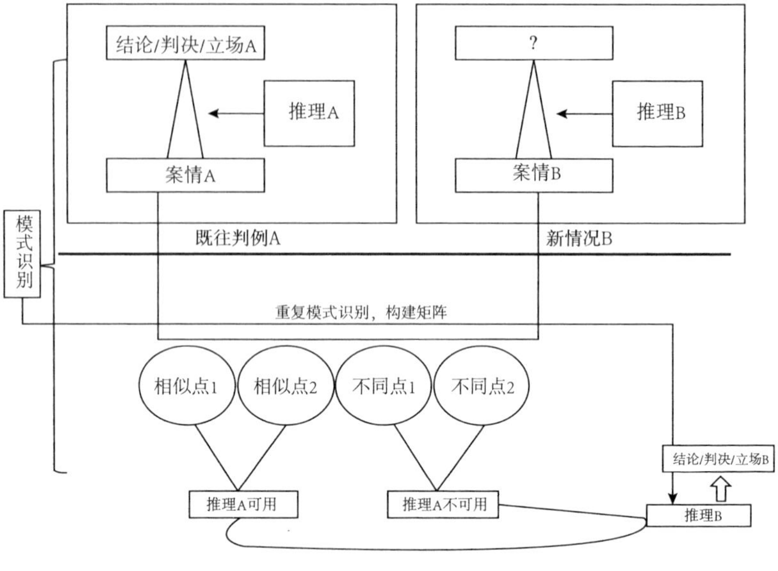

这也是为什么美国法学院总是教我们要“argue from both sides”——律师的技能在于形成矩阵的能力，而能力的完整性要求同时分析正面和

反面、相似和不相似的部分。

这种分析就是典型的模式识别。我们必须能够发现新案子和旧案子之间的联系和区别，并顺藤摸瓜识别出旧案子中的哪些推理部分是可以使用的，通过一系列反复的模式识别来总结出适用于新案子的推理模式，然后得到一个经过充分推理和论证的结论、判决或立场。

律师执业技能的差别，就在于运用这一系列思维模式的熟练性，判断联系和总结推理的准确性，或者说，“模式识别”能力的强弱。

2. 复杂交流

“专家”的定义本身就包含着能传递信息的能力，因为其必须能够解决行业里瞬息万变的复杂问题。根据行业的特质，这种信息可以是文字符号、声音信号甚至是身体姿态，但想成为领域的专家，必须能够掌握该领域特有的沟通模式。

复杂交流之所以“复杂”，是因为作为专家，高效传递信息的能力必须是多维的：不仅是与他人进行一对一的信息传递，还必须对信息的流动有宏观整体的掌握，对于讲究团队协作多过于单打独斗的行业，比如，法律和金融，更是如此。行业内的顶尖人物在遇到新问题的时候，在通过模式识别来找出解决路径之后，必须通过复杂交流来把解决路径贯彻下去：

- **解决这个问题需要什么样的路径？我的思路要如何贯彻到具体的决策落实者身上？**
- **从我到底层的落实者，有多少条信息传递的枢纽，决策向下传递的过程中，每一层枢纽需要知道什么样的信息？**
- **我如何来获得自下而上的反馈，应该从哪一层直接获得我需要的信息？**

Level 2 所面临的复杂交流，除了自上而下的贯彻决策之外，还必须搭建、熟悉以自己为中心，横向辐射和纵向往上的交流系统。

我做律师的前三年，各种非诉项目都接过一轮，一直觉得并购简直是所有业务中最考验复杂交流能力的一种。

上市公司的并购项目往往涉及客户公司双方、双方律师加上双方投行，最少六个信息源主体。现代资本体系中做项目的人员构成又都是上级决策→中级协调→下级贯彻的结构，就导致每一个信息源主体内部都还有不同功能的上下分级。

并购项目中，公司负责提供信息，投行负责财务/价格数据，各自分工，只有律师除了要负责法律文件的起草和谈判之外，还要主动出击协调公司和投行来推动项目的进展。更难的是，“律师方”也不是上下统一的铁板一块，一个大项目，光是一方的法律团队就可能有 30 人之多，包括核心的公司法团队、外围支持的专业领域的小团队（如知识产权、ECB、融资、诉讼等）。

法律团队再细分，圈出一两个核心人物来，就是公司法团队的中层律师：压力最大、责任最重，也是并购项目中真正必不可少、无可替代的关键一环。在项目进展最快的时候，中层律师一天收到四五百封邮件都不算多，而且来自图中方框内的各方，每一方涉及的人员均为复数（2或以上）。作为所有信息的汇总者和发送者，中层律师所面临的复杂交流的考验，除了面对单一交流（单个邮件）时要迅速理解其含义、作用和所要求的行动之外，还必须对整个项目的宏观局势进行把握，在合适的时机主动输出信息，推动各方行动。

3. 元认知与共有知识

元认知（metacognition）是一个非常有用的概念，本质是“对自己的

典型并购项目的人员结构

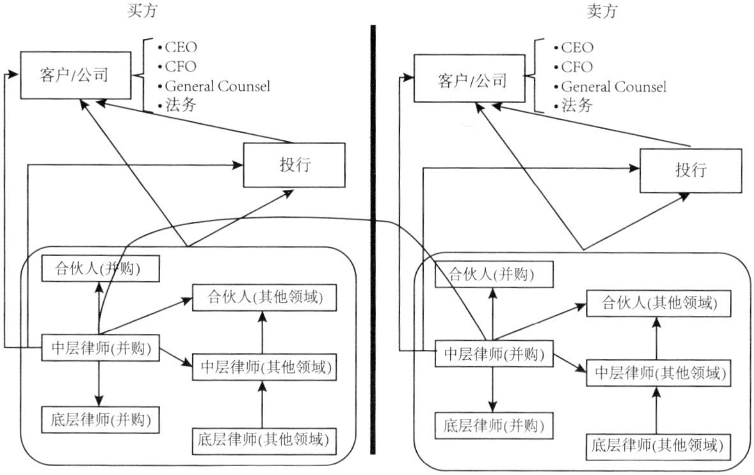

认知过程进行思考”。我见过的在专业领域取得了不凡成就的人，都会有意无意地进行元认知。

在耶鲁读书时，一位教公司法的教授Roberta Romano曾经给我们讲过她早年专攻公司法学术领域的经历，给我留下了极深的印象。

公司法是法学所有分支领域中，最具有“交错学科”精神的一门。公司法界的大牛必须要对金融体系、经济学和数学有一定的了解，因为“公司”作为现代资本体系中所有经济流通和金融运作的基本单位，任何对其进行规制的法律，都必须考虑到其他领域种种盘根错节的背景。

Romano教授本科和硕士都不是经济/数学的背景，而是典型的历史+英语这种文科组合，在决定进军公司法学界的时候，她意识到自己的认知体系有经济/数学/金融这些领域的短板，就特地在她短期任教或学习过的芝加哥大学和斯坦福大学去旁听相关领域的课，自学基础理论，甚至自愿参加考试。

元认知不仅会在学术领域体现，而且对于任何技能的习得都有影响。我一直觉得自己过去四五年成长最大的一点，就是逐渐搞明白了自己擅长什么和不擅长什么，以及擅长和不擅长的原因是什么。

我擅长跳钢管舞和滑雪，但是跑步和球类运动的天赋都极差，于是我总结出来是自己肌肉爆发力强、对身体的控制力好，但是心肺功能、耐力和手眼协调能力差（典型体现就是别人扔给我的东西我接不住）。于是我自然推断认为我不适合任何球类运动——直到有一天开始跟朋友学着打篮球。我非常诧异地发现，我投篮很准，力气又大，学会了正确的姿势后，十分钟投八个三分球能进六个。我想了一下，发现并不是所有的球类运动都讲究“手眼协调”，篮球作为一个相对比较大的球类物体，对身体肌肉的控制力要求更高。投篮就是典型的要控制手臂的发力和角度，身体一并进行配合的活动，对身体的控制力越强，投篮的走向也就越精准——并不是特别需要视觉信号的高速传递来配合。

在生活、工作和学习中不断进行元认知的人，会逐渐得到一整套关于自己认知能力、情绪秉性和运动能力的模型。有模型作为基础的人，如果再寻找到清晰而明确的人生目标，配合自控力与行动力去进行贴合自身模型的针对性培训，应该在任何领域都能所向披靡，无所不能吧。

与元认知不同，共有知识的本质不在于个人的思维模式，而是基于机构精确设计而形成的人类群体的协作。

人类是一个聪明的物种，很早就意识到了“人多力量大”这种生物链顶端的终极哲学，并设计出来各种各样的制度和文化，来形成一个个大规模的人类共同体，比如，国家与社会。制度和文化的力量越强，这个共同体能发挥的力量也就越大，一个典型的体现就是历史上曾经强盛的国家，必定伴随着稳定而有序的政治体制、统一而相互认同的文化、强烈的民族情绪。

具体到各个领域而言，专家从来也不是单枪匹马地闯关，而会不断汲取一个机构所带来的共有知识。

在做律师的那几年，每次接到一个新项目，我要做的第一件事就是去找律所内部做过的类似的项目，把所有的相关文件都拿过来看一遍。

美国大律所内部有一种全面、高效、成体系的“经验收集系统”。任何一种业务，一家在行业内已经耕耘了几十年甚至上百年的机构，一定已经有人做过。大律所规定一个业务上所有的文件都要保存，项目做完要写报告、整理关键文件发到内网。内网上每个业务部门都有自己的“知识库”，也就是一个内容丰富、结构清晰的知识网站，涉及该领域方方面面的操作指引和文件模板应有尽有。

此外，每个业务部分有专门的1—2个律师，拿着全职的薪水，负责做“知识管理”——统筹内网上大家总结的各种先例和文件，随时关注行业领域的动态，并定期更新知识库。

除了“系统搭建”之外，擅长知识共享、培养专家的机构还会刻意培养一种团体协作的文化。

我在律所每结一个项目，项目上的高年级律师都会特意把我们做过的有先例意义的文件挑出来，配上使用说明、文件创建的情景和目的等，发给专门做知识管理的人保留。

我的办公室所在的楼层是做银行监管的。银行监管领域的法律规章非常复杂，细分领域极多，而我们律所在这个领域的专业水平基本是全美国数一数二的。律所合伙人曾经告诉过我，因为这部分法律太复杂，为了维持我们行业领先的地位，合伙人之间会定期开会讨论，检验每个人的专业分工是否能覆盖银行监管领域的所有主要法律问题。如果我们组作为一个整体在某个领域的知识相对薄弱，就会指定一个合伙人去研究学习，成为这方面绝对的专家。

所以，在一个成熟的机构和行业里，“专家”从来就不是凭一己之力而成长，而是借力打力、互相学习，甚至是大规模的协作和讨论后刻意产生的结果。

*　　*　　*

我每次在计划达到一个目标时，都会先花很久的时间来思考要“怎么做”。因为很多人不知如何达成一个目标，并不是不会行动，而是不知道目标在哪里，无头苍蝇一般乱撞。我的思维习惯是把目标一点点细化，就好像学一门高深武功有了内功心法，修炼起来只是时间的事情了。

在我想要努力提高自己的职业能力、成为行业专家时，我想到了模式识别、复杂交流、元认知和共有知识这四个方面，也总结出了个四条直观实用的口诀：

- **增加工作经验，培养模式识别的能力**
- **进行复杂交流，学会统筹管理信息流**
- **定期进行元认知，反思和提高自己的认知路径**
- **去一个有强大机构力量和共有知识的地方就职**

这四条口诀都直观易懂，无须多言。但是后来实践起来，我发现有一些背后的逻辑还需要理清。

1. 隐性知识和重复劳动的意义

模式识别的能力是怎么来的？一个工作了十年的人为什么就能从事物中看到我发现不了的联系？专家们都去什么深山老林修炼过吗？

我之前也没想明白这个问题，刚当律师的时候还一直抱怨总是做些最基础的工作，所里安排的业务培训一点用也没有，比法学院教授讲的差远了，技能的提升实在缓慢。直到我做了一年多律师后，再进行与新手时期同样的工作，能力有了质的飞跃之后，我才开始不断思考：我是怎么走到这一步的？我的认知发生了什么变化？

Level 1 和 Level 2 的知识和技能，有一点最本质但很多人都没有意识到的区别：教育是一项需要耗费大量人力和物力的事情，因此 Level 1 作为一个行业的基础知识和入门级别，早就有该领域无数 Level 2 和 Level 3 的人钻研、实践、提升了无数年，设计出的一整套普遍使用的教育体系。

而到了 Level 2，合格的人数锐减，比如说最多有 20%的 Level 1 能成长为 Level 2，而 Level 3 更是凤毛麟角，一个显而易见的结论是——谁有这个精力和时间来为 Level 2 设计进阶路径和教育体系呢？

所以说，一个人想从一张白纸建立起对某个行业的基本认识，成为 Level 1，读一个相关学位就可以了，或者像 Romano 教授那样自学 Level 1 的知识。但是从入门到专家，必须要深深地扎根到行业里，去摸爬滚打、从事一线工作，从无数的实践经验中来得到模式识别、复杂交流的能力，从而变成这个领域的佼佼者。

这背后的深层原因，可以借用人工智能领域对于机器学习的探索来阐述。

在漫长的对人类大脑的探索中，人们逐渐发现了“schema”（隐性知识）对于人类学习的种种作用。简而言之，就是大脑像是一台永不疲倦的记录机，你日常所经历的一切：遇见的人、处理过的邮件、说过的话，都被大脑捕捉并将大部分信息储存成为 schema。

Schema 是长期、隐形的知识，在你努力回想上个星期三在邮件里说了什么时，schema 往往安安静静，不给你一点提示。但当你遇到了新的类似的情况，schema 中存在深处的记忆“哗”的一下就被点亮了，为你进行模式识别来提供助力。

诚然，利用 schema 来学习和成长，是一种相对来说效率较低的模式。Level 1 的教育体系中，前人列出清晰的结构、自然递进的逻辑和随时随地的问答，才是千百年来最适合人类扩大自己认知的途径。只是在职业领域，从 Level 1 到 Level 2，并无人为你铺路，也无人手把手带你成长，除了靠自己积攒 schema，并无他法。

这也是为什么任何行业的底层新人必须先要无休止地重复基础的 Level 1 工作。一是任何工作总需要有人来处理 Level 1 的任务，二是人类在各自的领域也早就摸索出新人成长的关键，要尽可能地去做一线工作、去积攒 schema，去构建多样而广泛的经验池，才有有朝一日成长为专家的可能。

2. 机构的作用和个人的能动选择

成为专家的四个要素（模式识别、复杂交流、元认知和共有知识），除了第三条元认知只靠自己之外，其他三点都需要一点外界助力。

先说 schema 的搭建和模式识别能力的养成。

之前提到过，Level 2 的知识是 Level 1 知识的抽象整合，而 Level 3 的人才往往能进行跨学科跨领域的宏观思考。那这三层知识在范围上自然而然是一个逐渐递减的关系：

因为 Level 2 比 Level 1 的知识更抽象、更宏观，所以成为 Level 2，必

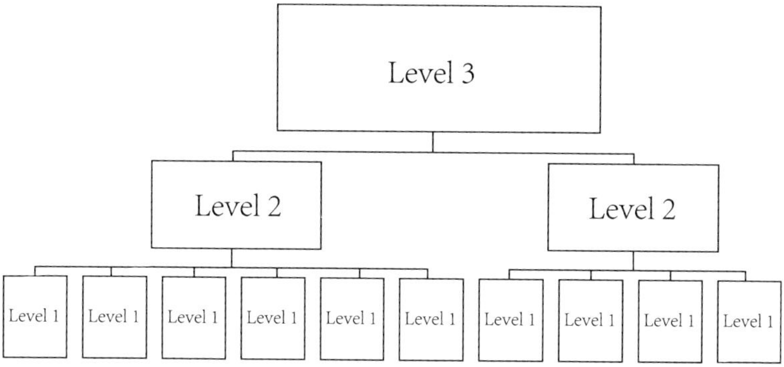

须先在多个不同的 Level 1 领域搭建 schema。模式识别需要大量的经验池，而 Level 2 遇见的新问题往往更加多样，一个广阔的隐性知识背景是不可缺少的存在。

这也是为什么美国 Vault 排名第一梯队的大律所，在培养新人的时候，都会要求新人在工作的头两年尽量去接触不同类型的业务。有的律所甚至规定，律师在成为合伙人之前永远不固定分组，在一个组干满九个月之后自动轮换到下一个组，周而复始。而我做律师的前 18 个月也是做遍了所内各种类型的业务。合伙人们在年轻时也是各种业务的基层训练都有所涉猎，所以会非常鼓励年轻律师多接触不同种类的业务。

从入行到专家的成长，就是要多做不同领域的 Level 1 工作，融会贯通后形成自己专业的 Level 2。

我一直在想，假如我当律师的头两年一直专攻资本市场，那即使我做了 20 个项目，对于我所在行业的理解和认知，也不可能比现在这样尝试过不同业务的我要来的深刻。Level 2 的形成需要在大量领域 Level 1 的层面上积累 schema，如果新入行的人长年累月只在一个领域的 Level 1 做重复性劳动，那一个必然结果就是成为 Level 2 专家的概率极低。

复杂交流能力的提高同样需要机构进行自上而下的外界支持。

做律师以来我经常感叹，邮件写得好不好其实非常能体现一个人的能力。一封几百字的邮件，从标题、抄送栏，到内容、落款和签名，每个细节都能体现出一些问题。自然不是每个新手律师一上来就会写邮件，但好的团队会培养新人对内和对外沟通的能力。我做新人律师的时候，在任何项目上遇到的上级都会尽可能地给我机会，让我用邮件去跟其他关系方沟通。最典型的情景是，上级律师会明确说这个事情我们要写邮件汇报，你先给我写个草稿。然后上级律师会一字一句改我拟好的邮件，仔细告诉我要发给谁、标题栏怎么写。这种训练重复过许多次，自然而然就会提高邮件上复杂交流的能力。

有的时候在并购项目上，责任最重、负责四方协调的中年级律师会有意识地把一部分的协调工作分配给新人，并有针对性地做出提示。会带人的上级会给新人律师一个比例合适的自由空间，确保提供足够多的监督和支持，不会让新人觉得自己只是一个傀儡。

如果在任何领域、任何项目上都能得到不同上级始终如一的对待和培养，更是充分说明了这家公司已经代代相传，形成了培养“专家”的良性循环。今日已具备一定 Level 2 能力的上级律师，自然是昨日已经接受过类似培训的 Level 1 小兵。

所以，在一个领域成为专家到底需要什么样的能力，又要如何培养这种能力？

一个关键点是意识到自我奋斗和良好的系统支持都必不可少。具备了入行资质的 Level 1，最明智的选择是到一个拥有“专家培养系统”的体制下工作，充分接触广泛种类的 Level 1 工作，构建丰富的 schema 和经验池，抓住机会学习和提高进行复杂交流的能力，再借力打力，善用共同知识来强化自己的弱项。同时在成长过程中，不断进行元认知来反思和提炼自己的认知模型。

如何判断一家企业、一个雇主是否具有能帮助新人提高职业技能，向 Level 2 迈进的系统？

- **看它是否鼓励新人尝试不同类型的工作，而不是一味地把人限制在一个很窄的 Level 1 领域做廉价劳动力。**
- **看它是否大胆给新人进行复杂交流的机会，并提供指引，而不是一味地让人做幕后工作，默默无闻生产文件。**
- **看它是否鼓励系统内部的同事毫无藏私地进行交流和分享，而不是流行一种各立山头、秘技不外传的文化。**

如果以上三点全都做不到，这家公司必然不是久留之地。

所以我一直觉得，对刚开始工作的人来说，“吃苦”和“加班”应该是一种充分考虑各种因素后的策略性决定。企业需要有底层的人来做 Level 1，但同时也会在 Level 1 的工作中给予模式识别、复杂交流和共有知识的指引，帮助新人成长为专家——这本质上应该是一种互惠互利的过程，我把青春和时间奉献给公司，而公司用经验和体制帮助我成长。

如果只有前者没有后者，那我们在辛苦工作之余，就要仔细用元认知思索一下前程了——我想要成为这个领域的专家吗？我现在做的事情能帮助我成为专家吗？

时间管理与自律背后的方法论

不知道从什么时候开始,“时间管理”逐渐成了一种人们争相传颂的“武林玄学”,似乎一旦掌握这门功夫,便能领悟这世间和人生的真理,从此做任何事情都战无不胜,无往不利。

在刚转学进入耶鲁法学院之后,我因为忽然没有了法学院第一年的那种巨大的时间压力,开始进入了一种对待课业缺乏自律的拖延状态。我还是会按部就班地做 outline,在截止期限前完成所有作业,但生活节奏发生了巨大的变化。我经常晚上回家后拖延到很晚才开始看书,等准备完第二天的课业已经是凌晨两点,每次到了要考试、交作业的时候,我更是要疯狂赶工,丝毫没有了法学院第一年那种一切赶早、尽在掌握的感觉。

很快我就发现自己的生活出了问题,也尝试做出许多调整来改变自己的生活状态。我每次在网络上看到那种“七招教你学会时间管理”“时间管理的九个小窍门”这种文章,都会迫不及待地点进去看,什么番茄工作法、列出明确计划分段完成、坚持早睡早起都尝试过。那时的我,还真以为自己与一个能够自律进行高效时间管理的状态,差的只是一些技巧和工具。

但其实,时间管理是一种能力。对能力差的人,再巧妙的方法和工具也没法弥补能力的缺陷。但对于本来就十分擅长管理自己的人来说,借用工具和方法可以进一步规范自己,优化原有的时间管理策略。

真正想把自己变成一个自律的人，拥有强大的时间管理能力，就要抛弃一切抄近路到达山顶的幻想。要意识到时间管理不是一个解锁了“葵花宝典”就能练成的神功玄学，而是需要踏踏实实、一招一式才能练出来的基础功夫。

时间管理到底是一种什么样的能力？

我们对时间管理能力的想象，往往是这样的：一个人好像拥有了用不完的时间，一年的时间里既努力工作升职加薪，又培养了许多新的爱好，还没忘了恋爱社交，永远活跃在朋友们的视野里。同样都是一天 24 个小时，有些人仿佛有了超乎寻常的时间管理的能力，能高效利用时间来完成许多常人无法想象的事情。

其实，时间管理的本质并不是管理时间，而是管理自己，是自控——控制自己在正确的时间做该做的事，也是自律——克制自己不要在不正确的时间做不该做的事。

人类作为生活在四维时空的三维动物，本质上是不具备“管理时间”的能力的。时间是单线往前，不能折叠倒退和快进，唯一能“管理”的，只有自己的行为。所以，“时间管理”这个词其实很有误导性，让人觉得时间像是一堆物品，只要学会了某种管理小窍门，就可以开始分门别类、有序利用了。许多人没有意识到时间管理的本质是自控和自律，就会像曾经的我一样，妄想只要看几篇文章，学会用几个小工具，就可以成为那种效率奇高的人，似乎有永远用不完的时间，来过上无限可能的人生了。

规划时间并不难，谁还没有雄心勃勃地列过几个寒暑假计划和读书清单呢？难的是如何控制自己按照做好的计划行事，严格根据提前分配好的时间去完成目标。

在思考如何才能让自己变得更加自控和自律时，我开始观察耶鲁法学院的那些教授和同学——这些已经生活在美国的阶层顶端的人，却都比平常人活得更加自律。他们有清晰的目标，有合理的计划来分配时间，有各种各样的理想，也有强大的自我控制和管理能力。他们每一天的生活都像上了发条的钟表一样，没有丝毫停滞，坚定不移地走向最终的方向。

我在耶鲁法学院最佩服的一位教授伊安·艾瑞斯(Ian Ayres)，五十多岁的人了，每天固定早上五点起床备课，下午五点固定跑五公里，永远是精神矍铄、彬彬有礼，又思如泉涌的状态。一学期发了144篇论文，从知识产权、财产法到医学和生物，似乎是个无所不能的超人。生活规律，做人教书一丝不苟，学术高产而创新。这是怎样的人生啊。我思考了很久如何才能变成艾瑞斯教授这样的人，或者说，艾瑞斯教授究竟特殊在哪里。

有一个显而易见的结论，自律和自控是一种既有先天基因影响，又要通过后天培养和训练的复合能力。

生活中有很多类似的复合能力，比如，跑马拉松的能力。想跑完一场马拉松，仅靠知识和技能是不行的。一个人即使是掌握了人类关于生物、医学和人体的全部知识，也可能跑不完两公里。跑步本身似乎也不涉及什么特殊技能，不需要特殊的肌肉记忆。它在一定程度上取决于天赋，天生心肺功能强的人在长跑时比较有优势，可他们似乎也需要大量的训练来跑完全程马拉松。

那一个人到底要具备什么样的条件，才能跑完马拉松呢？

首先要有比较发达的腿部肌肉和核心力量，能在长时间有氧运动的情况下源源不断地提供能量。其次还要有良好的心肺功能，这个虽然有天赋的因素，比如，有的人天生VO2 Max(最大摄氧量)较大，血液输送氧气的能力更强，可以支持长时间的高强度运动，但也有实验证明，通过后天训练可以提高跑步时的血氧水平，增加自己的耐力表现。

所以，跑完马拉松也需要知识储备。一个人需要先了解呼吸、代谢和运动的原理，并且熟悉自己身体的强项和弱项，才能给自己制定合理的训练计划。技能方面也很重要，比如，还要纠正自己的跑步姿势。不同的跑步姿势会带来不同的效率，对身体的负担和损伤也不同。想要让自己掌握一套最省力、对身体的冲击力最小的跑步姿势，就需要不断地以这个姿势训练，让身体养成肌肉记忆，学会“以这个姿势跑完马拉松”这一技能。

最后，在训练的时候还要时刻关注自己情绪和心态的变化。马拉松训练是长期斗争，因此要在训练时不断地观察自己，看自己是为今天的训练感到鼓舞，想要继续坚持，还是因为不合理的安排或者某种意外而开始变得失落和沮丧，想要放弃。在观察到自己的变化后，还要有针对性地来改变外部环境和自己的思维方式，让自己能够继续坚持训练。

所以，有了“想跑完马拉松”这一目标，要先想清楚到底是哪些因素在起作用，再针对不同的因素思考出不同的训练方案。比如，针对腿部肌肉和核心力量就去健身房做力量训练；针对心肺功能就用高强度间歇的方法来刺激心率，提升心脏的供氧能力；知识储备方面则需要研究理论认真学习；技能方面则需要不断地重复跑步姿势来养成肌肉记忆。

思考如何训练自己跑马拉松，对我而言相当于是在做逻辑上的“思维实验”（thought experiment）。通过分析两种直观上很相似的“复合能力”是如何养成的，我开始试着把这种分析思路转移到时间管理与自律上。到底是哪些因素决定了这种复合能力？针对不同的因素又要如何训练？

如何培养自律和自控的能力?

人类对自己行为的控制,涉及大脑的一个比较高级的功能分区,叫作脑前额叶(prefrontal cortex)。脑前额叶主管人类复杂的认知行为,负责整体规制人类的自我表达、决策制定、社交行为等。当我们给自己确定了一项目标时,脑前额叶就是那个坐在幕后的将军,将我们的思维捋顺,并且控制我们完成一定的行为去达成最终目的。

大脑作为人体内部的一个器官,不同的人发育的情况会不一样,各个功能分区的发达程度也取决于后天的行为习惯。现实生活中,那些自律性更强、可以控制自己不断完成具有挑战性的任务的人,很有可能是脑前额叶更发达。

我时常想象着当我要完成一个目标时,我的大脑会先把这个目标告诉脑前额叶,然后拍拍它的肩说,接下来该你调动资源、规制她的行为,让她每天都付出一些精力来达到这个目标。脑前额叶的工作可就辛苦了,因为这项目标可能要分解成许多不同的任务,它每天都要控制我保持几个小时的专注。它还要对付总是和这个目标作对的思维和情绪——我可能会编故事,给自己找一些今天不努力完成目标的借口;我也可能因为今天心情不好、因为生活中的一点小挫折而感到沮丧,做什么事情都毫无效率。

我要怎么才能锻炼脑前额叶的能力,让它在每次接到目标的时候,能够规范自律地完成任务呢?

首先是给自己一些小的目标,逐步训练和强化脑前额叶的能力,让它适应这个调动资源、规范自我的流程。就好像为了增肌而去健身一样,我们不可能在一天内长上十公斤的肌肉,只能通过每天一点点的训练和饮食,来促使身体合成蛋白质,才能逐渐从外观上看到肌肉的变化。

脑前额叶作为大脑的一个功能分区,强化其功能的过程,本质上应该跟锻炼肌肉是相似的。只是相比起锻炼肌肉,锻炼自律能力更为困难的地方在于,我们无法看到肉眼可见的变化,因此也少了一些训练带来的成就感。这就要求我们每次都设定具体、可执行、有固定阶段的目标,并且给完成目标后的自己设定一个奖励,告诉自己虽然没有办法直观测量大脑内部的变化,但这次训练已经实实在在地提高了脑前额叶的能力,让自己变得更加自律。

这个小任务可以是每天早起半个小时,坚持一个星期;每周五晚上去健身房,坚持一个月;每天做一篇英语精读,坚持一个月。这个训练过程可以跟我们提高英语水平、准备重要考试、练习阅读和写作等结合起来。给自己布置任务的时候,有几点需要注意:

- 任务要符合自己的实际能力和时间安排,立下远大的志向并没有什么意义,但逐步完成目标会有真正的长期价值,不管它们看起来是多么微不足道。
- 任务的意义不一定是在于达成某种效果,比如,把某项成绩提高到多少分,而是在于坚持本身。每天大脑在把自己从其他事情切换出来、进入完成任务模式的时候,实际上就是在运用脑前额叶规范自己的行为,起到了锻炼自律和自控能力的效果。
- 训练自律的小任务一定要按照自己设定好的频率坚持完成,不能有今天请假明天补上的想法。因为这个过程最大的意义在于让脑前额叶去练习规范自我的能力,所以频率要比效果更重要。如果有一天出了意外情况,那可以减少任务的定量,比如,从健身一个小时改成健身半个小时,但应该坚持让脑前额叶完成一次自我规范的训练。

- 任务完成后，一次自律自控的训练周期就算完成。如果按照设定好的频率完成了所有任务，就应该给自己奖励，比如，做一些一直很想做的事情，再依此类推开启下一次训练周期。

通过设置小任务来提高自律自控能力，背后的原理跟我们准备升学考试、学习一项爱好、培养一种运动能力是一样的。本质上都是让脑前额叶经历“分析目标——调动身体资源完成任务”的过程，来训练自己的能力。所以，我们在人类社会遵循正常的教育轨迹，为了完成大人和学校给我们设置的种种任务时，都会培养出一定的自律和自控能力，只是我们对这背后脑神经科学的运作毫不自知而已。

厘清了背后的规律后，我们会发现，变成一个高效自律的人并没有什么神奇魔法，而是需要一点一点脚踏实地的积累和改变。想要完成这个改变，又要求我们利用智慧和对自己的了解，为自己设计好训练频率、进阶路径，而不是许下一个过于宏伟的愿望，并发誓用意志力去坚持实现。

在与自我的斗争里促进自我的成长时，我们应该是明智的，学会借力打力，以最有效、最节约资源的办法达到改变自我的目的。预先规划好努力的方向，可以让一切针对我们自身能力的训练变得事半功倍。

在不断完成这些自我管理小目标的同时，还有两个技巧可以极大增加我们训练脑前额叶的效率：自我观察和创造环境。自律与自控力的训练应该是科学而系统的，这意味着经过一段时间的训练后，我们需要观察和了解自己，总结出在训练中的优点和弱点，再通过创造环境来给自己提供更好的训练环境。

自我观察有两个对象，第一是观察思维，第二是观察情绪。

我们通常在概括一个人思维水平的时候，总会想到一些很模糊和广义的词,比如,这个人“智商高”“记忆力好”和非常有“想象力”等。但其实,如果我们认真观察大脑的认知过程的话,会发现思维能力可以具体细分成许多种适应不同环境的专项能力,比如,法学院所要求的抽象思维能力。

对于时间管理、自控和自律能力的培养来说,有一项重要的思维能力往往很少被人注意到,那就是“快速集中注意力”的能力。我们需要管理的是自己的“有效时间”,让自己能够迅速专注下来,按照计划完成每天的任务。所以,自律并不能止步于我们坐到书桌前,开始试图集中注意力的过程,而是要让自己能够真正投入有效的专注力,踏实完成任务。

然而,对于许多人来说,把思维和精力全部集中到眼前的事情上,需要一定的精神状态、外部环境和一段过程。比如——

- 很多人在嘈杂的环境下就无法做到专心(外部环境)。
- 很多人睡不好或比较疲倦的时候容易走神(精神状态)。
- 很多人需要相当长一段时间才能进入专心的状态,比如,要坐在书桌前面20分钟才能真正开始阅读(一段过程)。

通过观察身边的人就能发现,这种快速集中注意力的能力是需要一定天赋的。比如,我从小就是那种不管在任何环境、任何精神状态下,只要我想,只需要几分钟就可以进入聚精会神状态的人。小时候我特别喜欢看书,但凡被爸妈带出去玩,路上总会带一本书,不管是在公交地铁还是公园长椅上,只要我一开始看书就能迅速投入进去,周围的什么声音都听不到了。

但有许多人是却是那种“在家里无法工作”“在宿舍无法学习”的人,对这种人来说,进入专心的状态要求有良好的外部环境——安静、气氛、压力。

那这种集中注意力的能力跟时间管理又有什么关系?

因为这直接决定了我们能否利用琐碎的时间啊。

我们都听说过“每天地铁上背单词”或者“每天抽出20分钟来学英语”的故事,这种“每天都做但是一次只做一点点”的计划,听起来很美妙又很简单,但其实根本就不容易做到。

因为,每天只集中注意力20分钟来做一件事情,就像上面分析的一样,对很多人来说是需要很多条件的——外部环境、精神状态和足够的时间来进入状态,然而并不是每一天都有这样的条件。所以对于无法快速集中注意力的人来说,这种每天抽出20分钟的计划,往往不如在周末集中花几个小时的时间来完成更有效率。虽然最后事情都一样是做完了,但是如果能够利用周中的琐碎时间,那周末自然就可以不用再留出那几个小时的空档了。从时间管理和自律自控的角度来说,能快速集中注意力是一项进阶技能,可以将生活的效率提高到最大值。

除了观察自己的思维习惯之外,观察情绪对思维的影响也很重要。

我曾经以为自律和自控是一种十分艰苦的状态,一定要咬着牙、满头大汗,用坚强的意志力才能撑下来。但其实自律和自控的原理完全相反,是在训练大脑形成新的奖励机制。

有些人需要足够的外部环境、良好的精神状态,还要坐下来酝酿一段时间后才能专注,是因为自律带来的专注对他们来说是一个痛苦的、消耗能量的过程。但是对于习惯了专注的人来说,集中注意力来完成一项任务、思考一个问题或者进行创作,是一个快乐的、积蓄能量的过程。专注本身能够带来快乐,让大脑释放多巴胺,形成一套正向奖励循环,鼓励大脑去做更多自律和专注的任务,刺激新的多巴胺的产生。像艾瑞斯教授那种做任何事情都自律严谨,不断通过严格要求自我而达到新的成就的人,大概是在长年累月的自律生活中,在大脑里建立起了坚固的奖励机制,鼓励他们去坚持这种生活方式。

我们普通人在训练自己变得更自律时，并不需要也追求将自律变成自己的人生信条，但可以通过利用大脑的这一套奖励机制，去固化一种正面的行为习惯。比如，在最开始设定“脑前额叶练习任务”的时候，可以选择那些自己一直想要掌握的技能，一旦学会能带给自己巨大成就感的那种——画画、弹琴、跳舞、做饭、学会新的运动等。这样，当大脑通过脑前额叶的自律功能完成了任务，获得“成就感”这种快乐的神经反馈时，大脑就会记住这一套回路，总结出专注可以带来更多的快乐。也许下一次你再试图专注完成别的任务时，专注本身就没有那么痛苦了。

要关注自己正面的情绪反馈，但也要观察那些可能影响效率的负面情绪。

我在“LSAT 备考策略与原理大解析”中提到过，法律专业对我们的训练，就是要最终达到一个理性与情绪分离的状态，让律师可以长期、稳定、高效地进行抽象思维的输出，尽量少受到情绪波动的影响。对于非法律专业的人来说，让情绪完全不影响自己的理性输出是不可能的，毕竟我们都是红尘中有血有肉有感情的生物。但是观察自己、对自己情绪的变化更加敏感，可以让自己及时给情绪创造出休息和恢复的空间，为以后自律的时间管理做准备。

我在大学期间准备 LSAT 的时候，每个月的生理期情绪都会剧烈波动，整个人陷入烦躁、抑郁、焦虑的负面情绪中。有时候我会试图强行压下这种情绪，继续咬牙坚持模考，但不仅模考的成绩很差，自己的情绪状态还会被这次不顺利的模考进一步影响，陷入恶性循环。

但是更糟糕的地方在哪里呢？因为我没有及时疏导这种负面情绪，反而变本加厉地通过模考去使它变得更强烈，我的大脑也许会把专注模考同加强负面情绪联系在一起，认为是准备 LSAT 的专注给我带来了痛苦，让我在潜意识里开始厌恶这种专注。如同正面情绪可以形成奖励，给自律行为提供更多的动力一样，负面情绪会让自律蒙上阴影，让你变得更加不想自律，不愿努力。

所以，在进行了一段时间的自律训练后，应该停下来对自己的训练过程进行反思，从思维和情绪两个角度，反复、彻底地剖析自己。剖析完自己后，才可以有针对性地给自己创造更合适的环境。这个过程只有我们自己通过不断的自律性训练，做周期任务总结规律后，才能给自己量体裁衣打造出最佳训练方案。没有任何统一的方法与技巧可以替代这个过程，因为每个人的大脑构成都是独一无二的。

环境的创造过程，有点像是一个需要平衡多项因素的生态游戏。我们要先了解促成生态平衡的因素有哪些，才能像厨师做菜一样，通过调配食材配料的比例来打造一个最优的混沌系统。影响我们自律的这些因素，很多时候是互相矛盾的，这也让自律的训练过程变得无比艰难。

比如，我们恼火于自己无法有效利用时间，所以即使在情绪不佳的时候，也坚持进行自律训练，结果反而因为训练结果不理想，加重了负面情绪，让自己对自律变得更加抵触。但又或者，我们意识到了情绪不佳的时候要给自己放假，但没有掌握好休息和训练的比例，让自己遇到任何情绪问题都开始找借口来逃避专注和努力，反而加剧了拖延，让训练变得更加困难。

可是，生活中的所有问题，不都是这样的一套混沌系统吗？没有什么解决方案会一劳永逸地适用于所有人，即使是对我们自己来说，走过的路、犯过的错，下次再遇到的时候，也要深思熟虑、仔细权衡要如何处理，但再怎么小心翼翼，有时也还会在同一条路上跌倒。人生就是这样的难以控

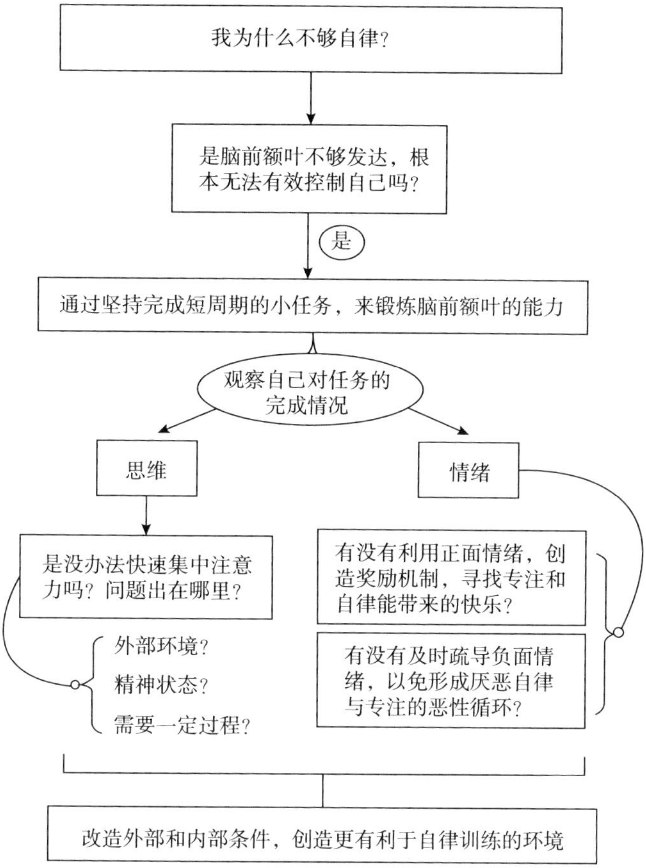

制、无法预料，但也正因为如此，也许在某个瞬间，宇宙万物都将美好的能量汇集到了下一个转角，给我们的生活带来了意外惊喜。

自律训练的变量的确很多，就如同我们有起有落又丰富多彩的人生一样。要试着去拥抱这种不确定性，通过观察、反思和训练，在变化中不断调整自己，创造环境。也许就这样不知不觉，我们就变成了更好的自己。

自律和自控的意义在哪里?

在转学到耶鲁法学院后三个学期的时间里,我都处于一个缺乏自律、拖延成瘾的状态。不过同大学的时候比,我的拖延症已经好了很多了,只是睡眠和作息比较不规律。但是在混乱的生活习惯下,通过截止期限前高度专注的连续冲刺,我还是按部就班地完成了所有课业,还坚持在课余时间在网络上写点东西。

但是,那三个学期跟我想要的生活状态差得太远了。因为缺乏饮食管理,睡眠也不规律,我一直在发胖,做一点点运动都很困难。我没有发展出新的爱好,没有专注在一个领域里取得什么特殊成就,甚至也没怎么社交,我将大量的时间都浪费在拖延症发作时看剧、刷社交网络、看网络小说上。

真正开始尝试通过自律来改变自己的生活状态,是2016年的冬天,在耶鲁的最后一个学期。我通过饮食管理和规律的锻炼,第一次体会到了让脑前额叶控制自己,每天按照计划完成任务,最后看到自己身材变化的那种巨大欣喜。我当时没意识到的是,几个月的健身减脂训练让我收获的,远远不止身体机能的变化,还训练了大脑规范自我的能力。

2016年秋天,到了纽约之后,巨大的工作压力让我不得不开始审视自己的人生。我养成了工作上随叫随到、有任务立即完成从不拖延的习惯,也从此对人生有了更大的追求:我不想仅仅是一个在华尔街为工作耗尽一切的非诉律师,还想做一个世界的积极体验者。我要在有限的人生中,尽可能去追求自我身体的极限,拓宽精神领域的可能性,去和更多有趣的灵魂达成深度联系。对我来说,人生重要的不仅是深度,还有宽度。

因为有了这种人生追求,自律、自控、时间管理才成了我生活习惯的一部分。

我会有意识地给自己制定小任务，比如，10天读完一本书，每天要完成35页。比如，这周要去三次健身房，跳两次钢管舞，要从每天的工作中努力找到空隙去完成。我会逐渐扩大自己的“舒适区”，特意让自己去尝试没那么容易坚持、一开始无法得到满足的活动。

于是，我慢慢让努力达到目标的过程，也变得如此愉快而有意义。我是真的喜欢在地铁上看书，在去练钢管舞20分钟的地铁上，掏出电脑来写上1000字的文章，比在地铁上发呆要开心得多。在等着上级工作反馈的半个小时里跑下楼健身，会让我觉得生活更加丰富而多样，比单纯健身更有意义。我的大脑是如此执着追求专注所带来的美好体验，以至于它不肯放弃任何一个体验专注的机会，像杂草一样野蛮生长，用专注填满了我人生的每个空隙。

但是我同时也渐渐明白，专注与自律并不是人生唯一的意义。

我几年前看了一本短篇小说集叫《皮囊》，作者是蔡崇达，里面一个故事让我印象很深刻。

有大学做室友的两个男生——厚朴和“我”，他俩都很穷，但却是完全不同的活法。“我”因为家里父亲重病，想要快点挣钱，大学一直在拼命地规划时间，强迫自己自控自律，按部就班地实习、工作和挣钱。厚朴则天马行空，有无穷无尽的梦想，不在意现实的蝇营狗苟，在大学开乐队、参加诗歌社，只求随心随性、轰轰烈烈。

故事的结局是，厚朴的乐队和诗歌社都一塌糊涂，因为他只有理想，没有脚踏实地的管理和经营；还因为太沉浸在梦想的美好中而忽视了现实，大学肄业回家乡当了个普通教师，最后抑郁症自杀了。

而脚踏实地的“我”，虽然获得了世俗意义上的成功，有了稳定的收入和体面的工作，却在人生的某个节点忽然被击中，开始痛哭——因为“我”一直被生活逼迫着去努力，去赚钱，却没有想过自己真正想要的是什么，想过的是哪种生活。

这个故事让我回味了很久。厚朴知道自己想要什么，但是却没有能力去实现，最后死在现实和理想对应不上的巨大痛苦之中。“我”有脚踏实地的坚韧，能实现一切目标，却不知道自己要的是什么，最后也是活得十分迷茫。

时间管理或者说自我管理的能力，并不是一切事情的终极目的，而是帮助我们实现理想的手段。所以做一个活得明白而知足的人，要在厚朴和“我”这样的极端状态下取一个平衡。

鱼儿活在水里，鸟儿飞在天上，从来就没有什么绝对正确的生活方式，自己安心就好。

如果对生活没有太大所求，时间总是够用的，也无须太自律，随性就好。但如果想要的多，自己又不具备足够的能力去实现，尝试去规划，却总追不上理想远去的脚步，那种失落和沮丧是最可怕的。

也许，这就是这本书最有价值的地方。我没有办法告诉每个人，人生应该追求什么。但我可以写出自己的故事，告诉大家我是如何从巨大的迷茫中走出来，逐渐找到自己内心真正相信和坚守的意义。如果有些幸运的人已经早早地知道了自己想要什么，那我实现人生目标的这些方法论，也许可以帮助这些有梦想的人进行更好的自我管理，通过有效的自律和规划来走向理想的人生。

情绪管理的方法与意义

如果是时间管理是在管理自己的外部活动,那情绪管理在研究的就是自己头脑内部的精神活动。

情绪是什么呢?我觉得情绪是大脑这个系统最原始的代码。回忆、思维、自我这些东西都是后天形成的,甚至是要经过严格的训练才能养成,但情绪确实是人与生俱来的一种反应。动物和婴儿只有很低的思维能力和很浅的记忆空间,但都能体会到强烈的情绪。

也正因为如此,情绪似乎对我们大脑内部的操作空间有着极大的影响力。这一套与生俱来的代码,仿佛扎根在我们意识深处,我们穷极一生都要与其做斗争。不管我们后天的思维和自我已经有多么强大,我们还是极其容易受到情绪的影响。外界一点点的环境变化,有时会引发我们不受控制的情绪反馈,当情绪积累到一定程度忽然爆发的时候,我们好像忽然失去了控制,整个系统被情绪这种“病毒”占领,我们也会做出完全出乎意料、事后后悔不已的行为。

到底要怎么管理情绪?我觉得分为三步:第一步是理解情绪的本质,第二步是观测,第三步才是管理。

情绪的本质

我们的情绪本质上就是对外界环境变化的一种反馈。我们的大脑这套系统里,情绪就是出厂设置的源代码,对不同的刺激会给出标准化的信号反馈。这种信号反馈的作用,是给我们叫作“思维”和“理性”的中央决策机制提供信息,促使我们往一个方向做出选择。

从进化心理学的角度来讲,情绪是一种针对环境变化的评价机制,其反应速度甚至先于理性和思维。比如,我们在野外徒步的时候看到一条蛇,在我们还未能从记忆库中调取信息,分析这条蛇的外形和表现,确定它是否有攻击性时,我们的恐惧情绪已经溢满了全身,手脚冰凉,后背发麻。我们一边对蛇的危险程度进行理性分析,一边要努力安抚自己的情绪,让自己冷静、镇定。

我们经常会提到的“情绪干扰”就是类似的机制。情绪似乎总是在不该出现、明明没有危险的时候,拼命释放出让我们逃离的信号。

这种在现代社会已经有些不太灵光的预警机制,实际上是几万年自然选择、物种自然进化的结果。在人类最初进化出认知能力之前,其思维水平并不足以判断出自然界大部分的情况是否危险。比如,今天我们通过生物学研究,认识到有些蛇是无毒无害,不会主动攻击人类。但人类的祖先在森林里靠采集和捕猎为生,还没有发展出文明和知识,无从判断哪些蛇没有危险,只能根据经验意识到有些蛇是会伤害人的,从此在记忆和基因中铭刻下所有的蛇等于危险的情绪信号。

人是具有自由意志、能够对环境的变化做出选择的生物,而情绪系统就是一种对环境的“先验”甄别机制。情绪系统的反应极快,与大脑中的杏仁核相连,在判断出危险后会直接发出强烈的危险信号,神经元释放大量的神经递质来刺激决策系统做出逃离危险的选择。

这种信号是如此的强烈,让我们时常习惯了让它来主宰我们的行为。在被情绪驱动的时候,我们甚至没有意识到情绪对于环境的判断是错误的,而是心甘情愿地被情绪控制,把情绪的指令接受成“自我”的一部分,下意识地按照情绪判断出来的方向做决策。

要想把自己和情绪的关系调过来,让自己去管理情绪,而不是被情绪所控制,第一步就是要观察情绪是如何产生的,又是如何释放出强烈的信号,来影响甚至控制我们的决策的。

现在先试着去回忆一下,你上一次产生负面情绪时是怎样的?

我想起来的是我昨天下班去公司旁边的快餐店买饭,因为找了半天钱包,被态度恶劣、不耐烦的收银员催了半天。那一瞬间,我心里闪过羞辱、愤怒、委屈等情绪,觉得自己遭受了不公正的对待。我试着跟她争论了几句,结果遭受了加倍的恶言恶语。我气鼓鼓地离开快餐店,整个晚上都莫名其妙的不开心。

从理性的角度来讲,快餐店的收银员都可以说是我们生活中无关紧要的人,不管我们怎样被对待,这种短暂的交集都不会对生活再有影响。可为什么收银员的恶劣态度会激起我强烈的负面情绪,并让我有反击、争论、投诉的欲望?

我们的大部分情绪信号都是在漫长的进化过程中形成的。原始人类在丛林中以一百余人的部落形式生活,一辈子的社交圈都固定在这个部落之中,因此与每一个同类的互动都关乎自己的生存策略。在这种环境下,情绪开始进化,形成强大的信号系统。当我们被任何人冒犯的时候,情绪都会发出强烈的负面信号,促使我们去解决这种矛盾,与对方进行争吵,树立自己的权威，确保自己在小部落社交圈的环境下能够生存下去。

这种信号预警机制很显然已经不适用于人口密集的现代社会了。技术发展带来了高度分工，人类可以与数百万个同类共同生活在一片土地上，但日常有交集的许多人，如收银员、出租车司机、售货员，都不属于那个会影响我们生存状况的社交圈。可是情绪反应这套原始的系统无法分辨出区别，他们会将任何与其他同类的冲突划作优先需要解决的危机，通过发出负面的信号来干扰我们的决策系统，让我们被情绪裹挟，做出错误的决策。

而且，并不是只有负面情绪才是有可能失灵的信号机制，有时正面积极的情绪同样可能需要警惕。一个典型的例子就是吃太多的甜食。甜食对人类有着不可抵抗的诱惑，我们在吃到一口冰激凌的时候，大脑的神经元被激活，释放出大量的多巴胺，让我们感到快乐、喜悦的情绪。但是吃太多的甜食会导致肥胖，所以我们不能沉溺于这种愉快的感受，而是要控制自己每日摄入糖的总量。

糖对于人的身体来说是重要的能量来源，而且在原始社会极其罕见，只能从少数的水果中获得。所以在漫长的进化过程中，我们的情绪系统学会了将吃糖的感受迅速转化为喜悦的情绪，操纵我们的决策系统，让我们继续摄入大量的糖。这种机制在人类祖先的年代是完美的——从自然界中获得糖分十分困难，因此如果捡到了果子就一定要多吃，为身体储存能量。但是在现代社会，糖成了工业化生产下的廉价产品，而这种情绪机制却没有随着环境的改变而进化，依然不断驱动我们的决策系统去获取糖分。

当然，即使人类发展到现代社会，情绪也并非在任何情况下都是一个失灵的决策机制。比如，前面那个快餐店收银员的例子，如果冒犯我们的人是同事、同学,那我们的情绪反应就是完全正当的,是一种有效的预警信号机制,督促着我们去解决问题,缓解这种难受的感觉。

还是以我们看到蛇为例,我们的本能反应是恐惧、想要逃跑。这种反应也是完全合乎生存策略的——除非具备一定的生物学知识,否则我们很难判断这条蛇是否有毒、是否有攻击人类的习性,而即使只有那万分之一被蛇攻击的概率,我们也应该尽一切可能来躲避这个可能的危险,以保护自身的安全。

从进化心理学的角度剖析了情绪产生的原因,以及对我们决策系统的作用之后,我们可以得出一个结论:情绪是与思维和理性平行的一套信号系统,在受到环境刺激的时候,会依据一定进化产生的机制而自行做出迅速反应。但是这种反应不一定是准确的,因为这套机制作为最初进化的产物,时常无法适应处于现代社会的我们,所以有些情绪会发出错误的预警和信号,从而促使我们做出错误的决策。

所以,我们在有些时候需要通过理性思维对情绪的预警机制进行“纠错”,而不应该放纵自己去听从情绪的影响。

观测情绪

想要能对情绪的预警机制进行纠错,首先要对每一次情绪的性质做出判断。如果是错误预警,就要解决掉这个情绪,但如果是“正确”的预警,就要解决情绪背后真正的问题。

可现实中,情绪往往来得十分突然,甚至情绪的力量是如此强大,让我们沉浸其中,似乎连思维和行动都不受自己控制了。所以,通过训练提高自己对情绪的觉知力,才能让自己在情绪对环境做出反应的时候,依然有清晰的头脑先去思考这种情绪的本质。

如何提高自己的觉知力？一个很实用的操作技巧是先做一段时间的情绪观测和记录。每天分早、中、晚三个时间点来观察自己情绪的变化，并且用笔记记录下来。在记录的时候不是仅仅要关注负面情绪，而是所有类型情绪的产生。在记录的时候，可以从（1）情绪的归类，（2）情绪的诱因，（3）情绪产生的影响三个方面开始。

- 情绪的归类：这是一个正面的还是负面的情绪？这种情绪是什么？是愤怒、悲伤、喜悦、开心、焦虑、烦躁、痛苦还是兴奋？
- 情绪的诱因：这种情绪是由什么事件引起的？比如，今天早上晚起了十分钟，担心赶不上地铁，体会到了焦虑的情绪。但是出门天气很好，风和日丽，体会到了喜悦的情绪。地铁上的人比往常要多，挤得很难受，体会到了烦躁的情绪。早上打开手机刷社交网络的时候，看到一个非常可爱的猫咪的视频，体会到了开心的情绪。
- 情绪产生的影响：情绪产生的影响可能没有那么直观，因为有时我们一些微妙的情绪反应并没有太激烈的特征，但却无声无息地融入了生活中的每一个选择。比如，因为早上地铁人更多了，挤得不开心，本来打算减少热量摄入的我，一走出地铁就买了一杯奶茶。这两者之间的联系甚至可能是在潜意识的层面，都没有经过思维的运作，导致我可能只是觉得自己忽然想喝奶茶了。这就要求我们在日常生活中增加对情绪的敏感度，多观察自己每一个选择背后的逻辑，并且尽量在记录的时候深挖情绪对我们生活的微妙影响。

作为情绪管理的第二步，这个记录和观测过程可以持续五天到一个星期。在这个阶段,应该尽量做最全的观测,留下全面的数据和记录;先不涉及判断情绪的对错、好坏,以及管理情绪的层面。仅仅是以一个旁观者的角度去观察,然后忠实地从归类、诱因和影响三个角度,记录下这个情绪的完整内容。

坚持和重复这个过程,即使一开始只是记录一些微小、平缓的情绪,也可以提高我们对自己情绪的觉知力。下一次我们再面临比较激烈的情绪的时候,也许相比于在情绪的驱使下近乎本能地做出行动,我们会多几秒的思考时间,来分析这种情绪的归因和影响,更加清晰地意识到情绪是如何促使我们做出决策的。比如,下次再面对一个粗鲁的收银员,与其立刻进行反驳和争论,我可能会意识到,这种想要反驳和争论的冲动有很大一部分是情绪的作用,绕过了我的理性决策系统。

管理情绪

有了一定的观测数据之后,我们才有进行情绪分析和管理的基础。我一直觉得情绪管理并不是一个教人等情绪来了才进行管理的巧妙法门,而是对自己的情绪问题进行全面、系统地梳理,拆分出"理性"情绪和"不理性"的情绪,再分门别类地设计出管理办法。

每个人的性格、成长环境、文化背景和生活习惯都决定了独属于他的情绪问题,因此真正有效的情绪管理,一定是一套极度个人化的解决方案,没有能够"一刀切"的万能方法论。

在对自己的情绪进行系统分析的时候,同样可以通过写笔记的方式,先找出所有的负面情绪,然后问自己这样几个问题:

1. 我过去一周经历的负面情绪，有哪些是来自于生活中可控的因素，哪些是来自于完全的意外事件？

2. 对于意外事件导致的负面情绪，我能否迅速做出一些行动上的调整，来解决掉这种情绪？

3. 那些可控因素导致的负面情绪，是否说明了我的生活里有一些深层的问题，需要通过更长期的计划来改变？

情绪的变化并非都是坏事。有些情绪其实是一种有别于思维和理性的、对于自我和周遭环境的直觉上的判断。每当这种情绪出现时，需要解决的不是情绪本身，而是导致这种情绪频繁出现的问题。

比如，我曾经在梳理自己一周的情绪变化后，发现最生气、最烦躁的几次，都跟自己因为迟到而没办法完成原定的计划有关。我翻了一下自己钢管舞课的记录，发现我居然平均每十节课就有一次因为迟到而没办法上课。而迟到的原因并不是因为地铁晚点、堵车等不可抗力，而大部分都是由于我没有计划好时间，拖到最后一刻才出发，导致在赶过去的路上就很焦虑，最后没办法上课又变得沮丧而烦躁。

这种情绪实际上是一种正确的预警信号，督促着我去改掉不断迟到的习惯。每次迟到后的那种沮丧和烦躁的情绪，是在给我自己行为的一个负面反馈，强迫我去改变自己的行为。但是每次这种情绪袭来的力量太过强大，让我彻底陷入一种无法反思自己的负能量状态中，很难去思考这背后的因果链，一直推到行为根源上。相反，我可能会把情绪的负面反馈推卸到别人的行为和外界环境上——比如，都怪地铁来晚了、都怪前台的人不体谅我迟到、都怪出门前拉着我说话的男朋友。

这些近乎本能的、对于负面情绪条件反射似的反应，若非隔了一段时间后进行整理和回顾，很难意识到自己频繁的行为模式所带来的负面后果。

有一些情绪的产生，却是完全在我们的控制之外的。比如，旅行的时候明明安排了周密的计划，但却遭遇了飞机晚点、司机迟到、旅游景点忽然关门等一系列意外情况，浪费了时间和钱，还收获了许多很糟糕的体验。在遇到这种情况的时候，几乎没有人能够保持平和的心态，一定会感到难受、愤怒和失望。

但这种由生活中的意外变化而导致的负面情绪，仅仅是我们大脑的一个“出厂模式设置”而已。我们的大脑需要对我们的生活有一种胸有成竹的控制感，它无时无刻不在根据五感接收到的信息，来编织我们存在的故事、我们对待世界的态度、我们对自己的认知。大脑是一个辛勤进行世界观搭建的机器。

所以，当意外产生时，习惯掌控一切的大脑会感到愤怒。这种愤怒也许是在督促我们更好地规划和控制自己的生活，尽量少出现意外。在史前文明时代，尽量预判未来的情况，躲避意外和危险，可以帮助生活在自然中的人类部落更好地生存下去。

然而这种“出厂模式”并无法适应瞬息万变、充满意外的现代生活。工业革命后，人类的社会变得日益庞大和复杂。科技的发展和信息的流通并没有让我们对生活有更多的控制力，反而每天从睁眼到闭眼，衣食住行样样都要依赖社会机器的运转。这也就让我们在意外来临时，更难通过改变自己来改变周围的环境。

这时候，大脑的出厂设置程序还是不断在意外来临时给我们负面的情绪反馈。其实我们需要对抗的不是环境，而是错位的情绪本身。

对待这种情绪变化，我会逐渐培养出一种抽离自我的思维习惯。我会想象真正的自己轻飘飘地浮在上空,低头看着下面那个在红尘中苦苦挣扎、试图拼命控制一切的假的自我。我会看到困扰我的问题的本质,告诉自己人生的意义不是在于控制一切,也不可能控制一切。人生应该是不断创造快乐、深刻的体验,当意外到来的时候,为自己无法控制的事情而陷入痛苦,纯属庸人自扰。

“抽离”是一个需要长时间的训练才能培养起来的习惯。当生活中的意外来临时,我们总是会被汹涌的负面情绪淹没,很难觉知到这背后是一个大脑自动化的反应过程,反而会去迎合这种负面情绪,甚至进一步将情绪发泄到别人的身上。培养自我觉知、自我抽离的能力,就要从不断的情绪观测和记录做起。

对抗不可抗力导致的负面情绪,在“抽离”之外还可以试着主动转移大脑的注意力,来刺激正面情绪的产生。在观测和记录情绪的过程中,我们会建立起详细的积极和负面的情绪矩阵,对自己情绪的产生、变化和转移有了更深刻的了解。

当意外来临,我们整个人陷入焦躁、恐惧、愤怒的负面情绪时,我们还可以利用情绪矩阵,找到那些能使我们迅速开心起来的元素,使大脑暂时不那么关注周围的环境,而沉浸在让它更兴奋、更积极的事情里。比如,遇到飞机晚点的时候,听一些舒缓的音乐,或者去看一些令人捧腹大笑的脱口秀。在快餐店如果遇到了不讲理的服务员,就给自己买一个冰激凌或甜甜圈,让自己去享受甜食带来的美妙喜悦,忘掉方才的不快乐。如果有一天工作不顺利,晚上回到家就大声地唱歌、放有节奏感的电音来跳舞,专注于身体和音乐节奏契合而产生的多巴胺上。

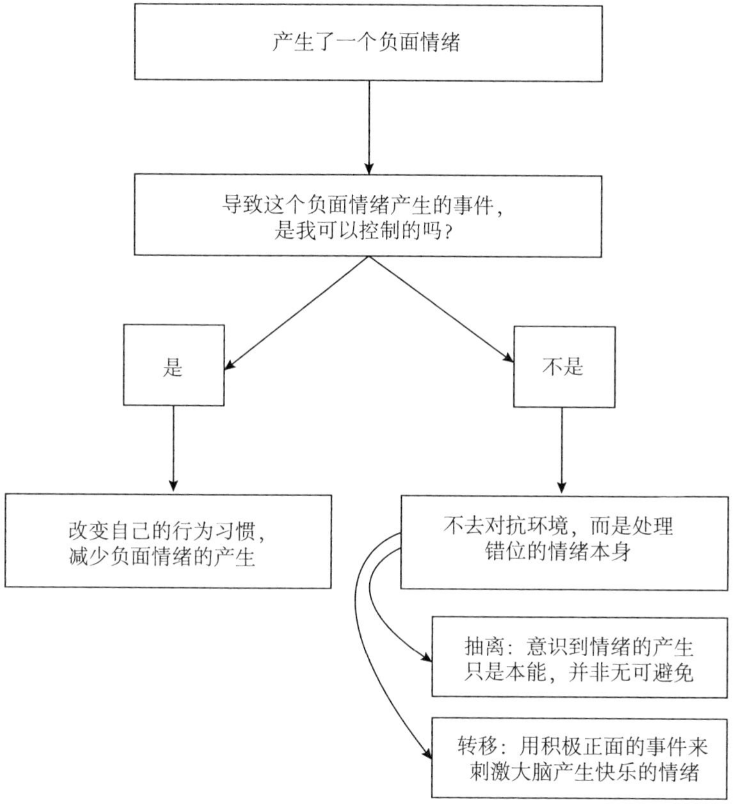

体察和引导他人的情绪

丹尼尔·戈尔曼在《情商》这本书中提到过，情商分为两种：一种是对内的，即觉知和管理自己情绪的能力；一种是对外的，即观测和引导他人情绪的能力。前者是后者的基础，一个人要先将自己的情绪理顺，对自己情绪的反应和习惯了如指掌,可以自如应对各种情况下的情绪变化,才能去将这种知识和能力应用到对外交流中。

与对内的情绪管理类似,对外的情绪管理也要先从观测情绪开始,而且可以先从关系比较亲密的人,比如,父母和恋人开始。

观测他人的情绪其实涉及完全不同的训练,因为情绪是一个独属于我们大脑内部的反应,无法从外界进行透明观测。我们只能通过对方的表情、行为和语言来推断对方真实的情绪,或者通过语言引导让对方把情绪表达出来。

更难的一点在于,我们在同他人进行交往时,如果对方带有强烈的负面情绪,我们自己往往也会被影响,很难扮演一个抽离的、理性的观察者角色。这也是为什么对外的情绪管理要先从管理自己的情绪做起。遇到他人的负面情绪,先要保证自己的情绪不受影响,才能进行观测和分析,设计出长期的情绪和人际关系管理的方案。

在对他人进行观测时,因为不涉及自我"觉知"这个过程,其实无须像观测自己一样做出详细的记录。最关键的部分是要收集几个关键的信息点:(1)能使对方感到积极情绪的事情有哪些?(2)对方的消极情绪通常都来自哪些情况?有哪些是可以通过改变行为习惯而缓解的?(3)对方对自己的情绪有没有足够的觉知力?是否能够自行调节情绪?

了解了这些信息之后,我们才能确定,自己要在对方的人生里扮演什么样的角色,可以负责解决对方的哪些情绪问题。

最理想的状态——如果对方对自己的情绪有足够的觉知,能够分清楚可控和不可控的事件,并且知道怎么分别调节情绪,我们只需要在恰当的时候给予引导,配合对方转移注意力处理错位的负面情绪,比如,主动做一些能使对方产生积极情绪的事情,或者一同建立一个全新的生活习惯。

在这种状态下,对方理性处理情绪的能力对我们自己也是一种引导。如果对方已经具有强大的自我情绪管理能力,也许能够更加清晰地帮助我们认识到自己的情绪问题。有些由于自己的生活习惯问题而不断出现的负面情绪,我们很难清楚承认自己的错误,反思自己的生活方式是否需要改变。这时有一个能够从外部观察我们,并且能跟我们探讨情绪产生的原因的角色就很重要。

若对方的情绪管理能力较弱,平时饱受负面情绪的困扰,但是在理性状态的时候愿意分析问题、反思自己,可以接受也有能力来改变自己的思维方式和生活习惯,那我们可以在这段关系中扮演一个情绪引导者的角色。我们可以帮助对方建立起一个情绪矩阵,分清楚常见的负面情绪产生的原因,改变那些可控的、影响情绪的负面的生活习惯,在遇到不可控事件的时候,提醒对方不要陷入情绪的无用反馈之中。

最差的情况,是遇到了这样一种人:他们无法控制自己的情绪,但即使在清醒状态时,也由于过强的个人性格而无法接受改变和建议,或者对自身的行为缺乏长期控制,无法建立起改变自我的执行力。这种人仿佛是一个不断循环的定时炸弹,总是会一次次陷入同样的坏情绪里,伤害自己和他人,无法跳出这种循环。

对于这种人,如果实在无法改变,又无法将其从自己的生活中屏蔽,那唯一的应对办法就是不断修炼自己,将每一次对方释放出来的坏情绪作为噪音能量,隔绝在我们的认知系统之外,不要去与之交互。把他们无法控制、自己又无法逃离的坏情绪当作不可控制的自然力量,如同应对坏天气、飞机晚点这种意外事件一样,进行“抽离”和“转移”的操作。

情绪管理的意义

情绪作为一种时常失灵和错位,但一旦被激活又能彻底控制我们的预警机制,可以说是人类在进化路径中非常独特的一种能力。因为情绪对我们的强大影响,我甚至时常会怀疑——这些情绪是我自己的吗?如果是,为何它的出现、产生和发展都没有经过我的同意,反而像一个平行运作、权限比我意识还高的系统?

学习和实践了情绪管理的一系列方法后,我才渐渐意识到,情绪并非无法被管理和控制,只是要花费长期的规划和时间投入。但也正是这种主观的努力侧面证实了自由意志的存在。

情绪的自动化出现,的确会让人怀疑,自己究竟是不是一个已经被写好代码的操作系统,一切只是按照外界环境的变化机械做出反应。

当我不断提高自己对情绪的觉知力,可以清晰地看到它为何而产生,而我要如何去规训这股情绪的力量,让它我所用时,我才慢慢发现,我是拥有自由意志的,可以选择和改变自己生活中的一切,只是我在之前的人生中,混混沌沌跟着情绪的指引走,任由自己如一叶小舟一样在情绪的汪洋大海中沉浮,对自己每一个当下的反应缺乏基本的觉知力。

回顾我们从小到大受到的教育,"情绪觉知"和"情绪管理"从来都是被忽视的人生目标。相反,强行压抑情绪、忽视他人的情绪反应才是主流的标准。我们被要求在对外的时候表现出成熟稳重、理性自制的形象,可并没有被教会如何平衡自己内心的惊涛骇浪。

压制情绪并无法让我们更好地管理情绪,因为情绪管理最重要的是提高觉知。我们要去观察自己情绪的变化过程,像认识新朋友一样认识这些与我们共处了许多年的神经回路,彻底理解它们的运作机制,再主动设计长期的生活习惯、心态和思维惯性,来把情绪的自动反应疏通引导成适应我们的每一个选择。

大自然赋予了我们许多保存基因、增加生存概率的能力,自由意志可以让我们对这些能力进行反思和调整。生而为人,我们拥有的最好礼物就是可以反过来观察和思考自然的创造,既包括对外界环境的改造,也包括人类几万年积累下来的身体运行规律。我们不是输入程序就可以自动运行的机器,而是具有反思能力的自由的灵魂。

这也是情绪管理最大的意义吧——超越了肉体的局限,让灵魂更自由。

PART THREE

我的哲学论

如何寻找人生的意义?

2020 年 4 月的某一天,就在我快要过 26 岁生日的时候,忽然很偶然地读到了《牧羊少年奇幻之旅》这本书。这是一本出版于 1988 年的小说,曾经风靡全球,而我却到了 2020 年才第一次读到这个故事。

纽约一个春光明媚的上午,我坐在窗前读完了这本书,感觉每一个字都像是老朋友一样,轻柔地敲打在我心扉。我感觉自己仿佛是故事里那个牧羊少年,在冥冥之中找到了自己的"天命",却又兜兜转转,绕了弯路,也几次差点放弃;最终还是找回了自己的本心,明白了自己真正应该坚持的、无所畏惧的人生是什么样子。

在我坐下来,回顾自己之前这二十几年的人生,并试图将其总结成一本书时,我发现我最想与读者分享的一点,还是如何寻找人生的意义。我自己一直未曾意识到的是,其实这些年从中国到美国,我一直都在追寻自己的意义。

我曾经习惯了让外界环境来赋予我意义。听父母的劝告去追求更高的平台,也随波逐流地选择了去美国读法学院这条人生道路。然而当我实现了这个意义,当我到了我人生中已可能达到的最高平台时,却陷入了迷茫。究其根本,还是因为所谓的飞跃更高平台,并不是我因热爱而想要追寻的人生意义,也不是我的"天命"。

在我觉得迷茫的时候，我回忆起了“热爱”一件事的感觉，那是一种积极向上的力量，在我一片漆黑的人生中点上一盏灯，告诉我那里就是我要去往的方向。依靠着这盏灯，我不断在人生的迷宫里穿行，我遇到过形形色色的人和事，在宇宙的生命洪流中起伏，最终如同牧羊人少年一样，渐渐找到了自己心里最想要做的事。

因此，在这本书的最后，我想跟大家分享一些关于如何寻找人生意义的感悟。这些感悟并非什么普世而皆准的大道理，甚至你可能只有在读过我的故事和方法论，随着我在文字中一起重新体验了这些年的成长之后，才会对这些感悟会心一笑。

寻找一种“热爱”的感觉

人究竟要如何才能成功？回忆起我的人生，好像那些我做得比较成功的事，都伴随着“热爱”两个字。相反，如果我做一件事情并非出于热爱，而是为了达到某种特定结果、满足一个外部标准，那十有八九是失败的。

我在大学里做了去读 JD 的打算，只是急切地想要达到一个结果，对于考 LSAT、托福，申请 JD 的过程，从来就无太大兴趣，所以我的备考申请之路也是一波三折。但进了美国法学院之后，法学院第一年对于法律与哲学的深度思考，让我找到了热爱的感觉。我每天投入所有时间听课、阅读、做 outline，过得充实、忙碌且快乐。也正是在这种积极热情的投入中，我收获了一份好成绩。

“热爱”其实是对于过程的热爱、对于事情本身的热爱，是一种动态持续的状态。当我们处在热爱之中，我们无须在乎结果，因为过程本身已经足够快乐。也正是当我们没有去思考结果时，我们的所有潜能都被释放，变成了真正的活在当下,也自然而然创造了生命中最美好的现实。

这一点我在后来开始练钢管舞时深有体会。如果我在某一天训练时见到老师示范了一个高难度动作,心里开始计划着我一定要学会这个动作,甚至想象出了我在课后录视频的样子,那我大概率无法练成这个动作,总是由于一些心理因素而功亏一篑。但如果我只是热爱训练本身的过程,对于能否完成动作并没有太大的执念,那我的身体会自然而然给我最好的反馈,我不会惧怕一些需要瞬间腾空的动作,反而会尽情体验、热爱着那一瞬间的失重感。

小时候我常常被教导要做一个有目标的人。在我刚转学到耶鲁时,见到几乎每个同学都在全神贯注追求自己的人生目标,更是坚定了我要"寻找目标"的想法。我也因此尝试了各种各样的事情,努力让自己的每一天都变得专注而忙碌,可结果只是让自己更加迷茫。

直到后来我才知道,我们的人生需要的不是一个恒定不变的目标,而是一种"热爱"的状态。只要处于这种状态下,那我们所做的任何事情,都会有一种"对"的感觉。有一种从神经传到大脑的信号,清晰地告诉我们,那就是我们应该追求的命运。

这种状态未必对应着同一个目标,这也是为什么寻找目标其实是没有意义的。"热爱"这种状态可能会将我们带去任何地方,我们可能向着同一个目标走了很久,也可能半路折返,走进了一条曲径通幽的小路。但这些都没有关系,因为我们都终将老去,当回忆起自己这一生时,我们会意识到,人生并非一定要完成什么,或者给世界留下永恒的印记,因为死亡会带走一切。到那一刻,唯有我们的体验、热情与爱才是真实的。

去寻找热爱,并不仅仅是因为热爱能让我们发挥最大潜能去实现目标,更是因为这种状态是我们唯一可以取得内心平静的方式。热爱其实是幸福的同义词。

在我转学到耶鲁后，我不断思考这样一个问题——对我们每个人来说，真正重要的到底是什么？是外界的眼光、羡慕和评价，还是自己内心的快乐与平静？

如果一个人拥有万贯家财，也有极高的社会权力地位，但是内心空虚而痛苦，找不到人生的意义，这种人生值得拥有吗？但如果一个人一贫如洗，除了维持温饱之外没有多余的财产，甚至连社会关系也极其简单，在默默无闻中度过了一生，但这个人毕生都在做一件自己热爱的事，因此直到死去，内心都满足而平静，这种人生是否更有意义呢？

*　　*　　*

2019 年 5 月，我在《纽约客》这本杂志上，读到了一个让我感动许久的小说，也终于想明白了这个问题。小说的名字叫《逃离》(*The Escape*)，讲的是一对独居的 80 多岁老夫妻的故事。老头在人生古来稀的时候忽然爱上了油画，一开始只是画静物，拿着妻子年轻时的照片画肖像，后来爆发了自己的艺术灵感，开始画那种特别有风格的悬崖、荒山和枯草。

然而不久老头就患上了帕金森病，左手先逐渐失去知觉，后来半瘫痪，人也开始有时痴傻，每天几个小时清醒的时间，他都把自己关在地下室画画。他的妻子比他还大一岁，本来发誓要守护和照顾爱人到死，但是身体能力有限，越来越力不从心。儿子每周都过来探视，后来跟母亲商量把父亲送到专业的疗养院去。

做了决定后，老太太因为不得不跟丈夫分开生活而悲痛欲绝。两人一起去地下室跟老头说这个决定时，发现老头已经消失在他那张画的裂缝里，逃离了这个痛苦的世界。

这篇小说的语言简洁又朴实，没有一句废话。字里行间对于衰老、疾病和死亡的那种平静更让我有点感慨，于是看完后我就去搜了一下这个作者的信息，才发现作者在 2019 年 4 月 22 号就已经过世了，这篇发表于 5 月 6 号的小说是他的遗作。

作者叫约翰·拉赫鲁克斯(John. L heureux)，生于 1934 年，在斯坦福大学做过文学教授，一生出版过 20 多本小说和诗歌，但并没有特别出名，维基百科上的介绍也只有寥寥几句。

纽约客还发表了约翰的另外一篇散文，算是《逃离》这部小说的注脚，名字叫《死亡与尊严》。原来约翰在晚年也患了帕金森病，如同他小说里描写的老头一样，但是他还是坚持每天写作。他放弃了手头正在写的长篇小说，怕在自己丧失智力前无法完成，开始转而写献给他妻子的短篇小说，其中就包括这篇《逃离》。

完成他人生中最后几篇小说后，他开始找医生咨询安乐死。在加州安乐死是合法的，但是需要两位医生评估他的状况后决定。

约翰的病其实还在可控制的范围内，他还能拄拐杖行走，智力也还正常。因为他父亲晚年就是患帕金森病，在神志不清中死去，他不希望自己最后失去智力、记忆、人格，只是一具可以在护工照料下勉强吃喝拉撒的躯壳。所以约翰选择在自己还清醒的时候，在家人的陪伴下结束自己的生命。

于是，2019 年 4 月 22 日，在妻子和医生的陪伴下，约翰喝下了一小瓶药之后睡着了，一个小时后死去。

人这一生，总觉得自己需要抓住些什么，但难得的是意识到自己其实什么也抓不住。虽然一切终将归于尘土，但我们活过的这一生又是真实的——我们的事业、爱好、情感和亲人都是活生生存在着的。

网上能找到关于约翰的信息很少，只有一个低调的个人页面，两篇简短的访谈。从这些有限的信息中，我猜他应该是那种真正达到了内心安宁、这一生都过得平静而幸福的人吧。

在一篇访谈里他被问到为什么要写作，约翰说，不是为了出名、赚钱，甚至不是为了给人看。他热爱写作，是因为写作带给他的满足和愉悦，让他能几个小时持续专注着来构建一个世界。所以他这一辈子都在不停地写，直到死去。

死亡到底是什么呢？也许真的是一种解脱，世上大部分人都在欲望与理性的博弈中挣扎着度过一生，能让两者真正达到平衡的人少之又少。生命的存在就像眼前吊着胡萝卜的驴子，总要为了一些欲望去努力，也总要为了满足欲望而努力地控制、鞭策自己。死亡是两者归零的时刻。

在那篇《尊严与死亡》的结尾，约翰描写了自己生前最后的时刻，他这样写道：

After all the words squandered on right and wrong, failure and desire, love and the tragic failure to love, I am ready for the eternal rest. Even the sound is soothing.（在那些关于对与错、失败和欲望、爱和无法去爱的词句结束了喧嚣之后，我准备永远休息了。这声音是如此平静。）

*　　*　　*

约翰的故事带给了我极大的触动，也在2019年坚定了我离开大律所的决心。我无法想象自己在即将离开这个世界时，这辈子投入最多的是律师这份事业。我很清楚做律师并不是能够使我获得内心幸福的事情。但我也清楚地知道,能够找到一份让自己获得幸福的事业是极其奢侈的事情。能先远离一份大量消耗我的能量与幸福感的工作,总归是一些微小的进步。

想要永远获得内心的幸福,最重要的是在生命中寻找那种热爱的感觉。

想象这世界上有三种人,一种人运气比较好,通过机缘巧合,遇到了一件让她感到热爱的事情,这个时间点如果发生在她年轻之时,则更是幸运中的幸运。当热爱到来时,我们仿佛在耳边听到天籁之音,也仿佛品尝到了世间少有的美食,幸福与动力接踵而至,在那一刻,我们的灵魂获得幸福,也找到了自己的意义。

第二种人则浑浑噩噩,一直没有遇到让她太感兴趣的事情,但由于运气不好,生活环境也有极大的局限性。这就导致她在漫长的人生中不断重复着单调的体验,无法拥抱新的可能性,也就一直无法找到那份让她热爱的事情。没有了热爱的感觉,人生仿佛如机械木偶一般前进。那些犯过的错误总是不断出现,人生变成了一个失去意义的因果循环。

第三种人则会有意识地去寻找那种热爱的感觉。对于他们来说,运气和局限都已经不再重要,因为他们拥有了为自己创造新的环境,通过小步改变现实来获得热爱的能力。在这个过程中,他们也获得了做事无往不利的驱动力,以及内心的平和快乐。

在现实中,我们大部分人都是第一种和第二种的结合。我们都在生命中体验过热爱,可出于人生境遇的变化、自身的局限与恐惧,我们放弃了这种感觉,转而追求一个固定的目标。即使这目标带给我们的只是无穷无尽的迷茫,我们也未曾意识到是自己追逐的方向有了错误,反而以为那便是人生残酷的现实,也是我们不得不接受的唯一一种可能性。

我们需要后天学习的，是如何去做第三种人。寻找热爱，其实并非一件一劳永逸的事情。这世界上唯一永恒不变的事情，就是万事万物都处在永远的变化之中，人生亦如是。在人生的不同阶段，我们的能力、心态、资源会发生变化，于是那些能让我们感到热爱的事情也会不一样。因此，我们不能寄希望于上天在我们年轻时，就将我们会热爱的事情送到眼前，而是要自己学会去寻找热爱的能力。

这种能力要求我们时刻对周遭的环境保持理性上的批判与警惕，但又维持着情绪层面丰富深刻的感知力。我们要去观察自己的内心、自己情绪的变化，在万事万物的变化中，识别那种一瞬间美好通透的感受。

寻找热爱的能力，是获得幸福的能力，也是人生最重要的能力。

学会分辨"恐惧"的声音

获得幸福是如此重要，但在现实世界中，也许大部分人终其一生都是不太幸福的。这并非因为我们不具有拥有幸福的能力，而是我们的欲望、执念和恐惧太多了。

很多时候，我们疯狂地想要得到一件东西，想要去一个地方，想要成为一种人，并非因为我们热爱那个结果，而是我们恐惧接受现在的自己。或者说，我们恐惧活在一个自己无法达到那个结果的世界里。这种恐惧带来了一种"非他不可"的执念，最终只会让我们感觉痛苦与空虚。

为什么这种想要成功、想要一个结果的欲望和执念，无法带来幸福呢？原因是多维度的。

第一，如果只有结果是重要的，那我们就无法面对过程中的失败，并且极易因为一些挫折而变得愤怒沮丧。

既然我们只在意结果,那中间那些我们不得不经历的过程就只是达到目的的手段,毫无任何快乐可言。在过程中经历失败时,我们会觉得自己离目标又远了一步,陷入内心烦躁的困境之中。这种困境有时会进一步磨损我们做事的动力,让我们陷入失败的恶性循环。

我在备考 LSAT 与托福时,因为只在乎最终的分数,时常会因为一次模考的不顺利而备受打击。心态的不稳定让我很难变得自律而专注,我开始排斥每天早上出门去模考,即使到了自习室,也要拖延上一个小时才开始做题。因为我不在意过程本身,这过程也并未回馈给我幸福和满足。所以备考那两年,我心态时起时伏、焦虑痛苦,也时常沉浸在拖延与绝望中。对过程没有热情、缺乏动力和自律,最后也给我的备考之旅带来了惨痛的结果。

第二,如果只有结果是重要的,那当结果实现后,我们又应当如何自处呢?

我们的人生究竟是什么?是达到一个顶点后,那种举世瞩目、锣鼓齐鸣的状态吗?人生不是由一个个的"高潮之点"组成的,而是漫长而琐碎的过程,是旅途中的风景,而并非下一个城市的机场。从人生的长度来看,我们绝大部分的时间都是在创造过程,而非体验结果。既然过程占据了我们绝大多数的生命体验,仅仅追求一个个固定的时间点,难道不是几乎错过了整个人生吗?

关于这一点,当我转学进入耶鲁后,得到了刻骨铭心的体会。我曾以为耶鲁这所全美第一法学院会是我的终点,也是在大学时的我做梦都想努力达到的结果。可真的获得了结果、来到这个平台,我却失去了继续享受过程的能力。我将自己填补得充实忙碌,却依旧追寻不到意义与热情。相反,我不断将自己与他人比较,重复着自己曾经追求结果的焦虑。在耶鲁的两年，理应是我人生中最快乐的两年，可我却几乎没留下什么真正愉快的记忆。直到毕业后的四年，我都很少回到纽黑文，甚至一直逃避和法学院的同学联系。

第三，如果只有结果是重要的，那我们不会懂得满足，会不停处于一个追逐执念的状态中，重复着那些过程中的空虚和痛苦。

人生最大的痛苦在于不满足。这项命题的本质在于，我们事先改写了自己的程序，让我们只去热爱“结果”到来的那个时间点，而忽视了在我们人生中占据更大比例的“过程”。当结果到来后，我们也许会短暂地享受到胜利的喜悦，而后却是无尽的空虚。因为目标已经实现了，我们只能人为地给自己再设定一个目标，如追着胡萝卜的驴子一样，继续投入耕耘未来的过程中去。

来到纽约后，我开始热爱滑雪、潜水和旅行。渐渐开始觉得，我每年一定要在这些爱好上完成一些目标，自己才能获得进步，才算是实现了人生的意义。因此，我每年会花大量的时间来计划旅行，提前一年就把滑雪旅行的行程都确定好。唯有如此，我才能获得一点内心的安慰，知道自己今年可以完成“滑雪 30 天”这个目标。

我真正警醒的一刻，是有一年我去加拿大的惠斯勒雪场滑雪时，穿着雪板坐在缆车上，忽然发现我完全没有在享受我期待已久的这次旅行。我满脑子都在想着今年剩下的滑雪行程！有哪几次旅行还没有订酒店，租车也要尽快搞定，还有听说那个雪场有非常好的树林道，到时一定要去刷一下……

那一瞬间，我心中的“观察者”被激活了。我在做什么？我追求的到底是滑雪这件事情本身，还是一种表象和执念？难道我要一直这样下去吗？不停地追逐一个目标，而在到达终点时，却又忘记了自己曾经的热情，转而继续追逐下一个目标。就在这样在无止境的、无意义的追逐中,一点点耗尽自己的生命。

*　　*　　*

除了对结果的执念,或者说无法达到一项结果的恐惧,我们人生中最常见的另外一种恐惧,就是脱离主流环境的恐惧。这种恐惧阻碍了我们去尝试新的事物,也大大减少了我们在新的挑战中收获热爱,获得人生指南针的概率。

我们大部分人在成长过程中,总是习惯于去接受"我们应该做什么"的信息。在应试教育阶段的小学、中学、高中,我们每个人都被告知,成绩是这个阶段唯一重要的事情。上了大学,很快又要面临就业、考验、出国等种种下一步的人生抉择,如果无所事事度过大学生活,很快就会感受到与环境格格不入的压力。工作以后更不必说,收入水平、社会地位和婚姻情况又成了新的主流标准。有了下一代之后,我们又会以同样的标准去要求孩子,让他们进入新的循环……

在这个步步充满标准答案的人生之路中,如果有一步走得没有符合主流期待,我们便会面临巨大的心理压力。

曾经的我,也是认为人生有一条主流路径,存在着客观的评价标准。我认为人和人是不一样的,是分等级、平台和能力的,在我们能想象到的各种领域,人都要是被根据外界的标准切分成不同类别,从而获得不同待遇的。

这种世界观,回过头来反哺了我的人生哲学。我会不断根据外界的标准来审视自己,通过跟别人比较来寻找自己的定位。在我认为自己比别人有优势的地方，我喜欢去传授经验、普及知识，字里行间都有一种写作者的虚荣心，希望通过这些文字来获得别人的赞美。但这种心态，也会让我在遇到这种价值体系里更“优秀”“美丽”“聪明”的人时，瞬间败下阵来，心情跌入谷底。

我们在形容一个人的状态时常会说“比上不足，比下有余”。这背后暗示的仿佛是：虽然我们不是这个社会最顶尖、最厉害的人，但我们已经超越了许多更普通的人，所以我们应该感到满足与快乐。

然而，“比上”和“比下”是一对孪生子，你不能只要一个而抛弃另一个。如果你在“比下”的时候，会为自己的阶级和群体感到沾沾自喜，那你在“比上”的时候，几乎注定会感到被碾压和羞辱，永远无法获得真正的快乐。

回想起2014年到2015年，我被耶鲁录取的时候有多么飘在云端，认为自己与众不同、该受万人膜拜，到了耶鲁之后，跌得就有多惨。我不是没有意识能进耶鲁已经满足了我对“阶级”的幻想，而是在进了耶鲁后，因为觉得自己在所有领域都追不上别人，还发现别人都完全沉浸在自己的世界里无心与他人比较，而陷入了失去人生目标的巨大迷茫。

我花了很久，从纽黑文来到纽约，又换了一份工作，才认识到——人和人之间本质上是没有什么不同的。我们客观上也许的确有能力和境遇的差别，但这些都是由一个时代的特色所决定的。今天我们认为LSAT考了满分，能进顶级法学院的人算作精英，可在农耕时代，也许只有对土地的熟悉和农业劳作的技巧才能让我们活下去。

沧海桑田，星云斗转，在历史的尺度上，我们其实没有什么不一样。可不管在哪个年代，我们都喜欢用一套标准来划分人群，这些标准也许脱胎于自然界适者生存的考量，但经过了种种演化，早就脱离了纯粹的生产和繁衍领域，而变成了一种彻头彻尾的人类“创造”，用来评判与规训最普通的个体。

我们在创造阶级与标准的时候,内心好像有一个嗜血的魔鬼,让我们爱上了“优越感”这种魔幻的体验。人类沉浸在自己幻想、设计出来的阶级标准里,乐此不疲地给自己和别人打标签,标榜自己的与众不同,热衷于认为自己在某些事情上高人一等,并孜孜不倦地追求更多的标签和更高的阶级。

对这种虚幻标准的执着,不仅会给我们每个人现世造成更多的痛苦,还会造就数不尽的纷争与仇恨。放眼整个世界,甚至回顾整个人类历史,这种挣扎似乎是人类无法逃脱的魔咒。我们从来都不满足于已经拥有的一切,总是希望能从别人手里拿走更多。为了壮大自己的力量,我们形成团体、民族、国家、联盟……我们用虚幻的价值来联合相似的人,再把持不同认知的人划成异类,陷入无休止的冲突和竞争。

有时候我也会想,我们会有这种心态,也许只是因为社会现实是这样的。适者生存,在一个处处给人标价打码、阶级和生存环境密切挂钩的时候,去迎合这种价值观是一种无奈的选择,是一种被环境逼到角落的生存策略。

但我们真的没有其他选择吗?

我们总是以为周遭的环境就是世界的一切,即使是在有了互联网之后,这种心态也并没有改变。表面上,科技的发展让我们能接触到更多的信息,可每个人似乎只是在选择接受自己喜欢的信息。明明是我们先用主观的信息选择给自己打造了一个密不透风的世界,塑造起一套无可撼动的认知体系,然后再告诉自己——我也没办法,世界就是这个样子的。

改变认知和行为体系不是一朝一夕的事,大脑总是有强烈的惯性让我们按照已经接受的标准行事,抗拒接受新的信息。而道理想得再明白,真要在现实生活中甘于平凡,接受自己,远远没有那么容易。

要不厌下、不媚上,对境遇不如自己的人报以悲悯和怜惜,意识到自己和对方并没有什么不同,只是时运和巧合让自己的路比较好走;对待飞黄腾达远胜于己的人,道一声人各有志的祝福,转头专注于满足自己内心的道路;对待价值观、世界观与自己不同的人和群体,相互尊重彼此不同的人生选择,意识到我们终将都归于黄土,我们信仰的东西也并无高下之分,可以共同存在。

《金刚经》中说“是法平等,无有高下”。也许人修一世,就是为了在红尘中尝尽酸甜苦辣,历尽人生起伏,而后才能意识到,不管是财富、地位、外貌、关系、能力,都是永恒变化的,没有恒久的成功与失败,没有绝对的善与恶,甚至这些概念本身都是被人类所创造,随着时间的流逝而不断浮动变换的。一切如梦幻泡影,皆为体验。

在人生这场幻象中,也许只有内心追逐热爱的感受才是真实的,也只有在让自己不断去寻找热爱,不屈服于内心那种满足主流期待的恐惧,才能获得真正的幸福体验。

* * *

最后一种恐惧,是跳出舒适区的恐惧。

我们从婴幼儿期开始,就会不断通过与世界的交互,形成一套稳定的自我认知。我们知道自己是什么样的人、擅长什么样的事情,我们的职业选择、交往的朋友、愿意投入时间的兴趣爱好,都在时刻体现着这种自我认知,也就是所谓的舒适区了。

久而久之,我们的身体也会形成一种保护机制,当我们处于一个符合自我认知的舒适区时,会变得容易懒惰,身体释放出激素鼓励我们停留在这种状态里,不要去尝试新的事情。从进化心理学的角度而言,这种保护机制对于生活在残酷自然环境中的人类,的确有很大的生存意义。在弱肉强食的自然条件里,这种机制会鼓励人类一旦找到一种有利于生存的行为模式就将其固定下来,不要寻求太大的改变。

可是进入了现代社会,当生存已经不是问题时,人们活着的核心命题便是追求人生的意义。对我来说,这种意义取决于一种“热爱”的心理状态,而获得这种状态的前提便是跳出舒适区,不断去探索生活中的可能性。

当身体想停留在舒适区时,我们往往不愿意承认,自己是因为恐惧而不愿尝试新的事物,而是不停地找出各种各样的理由——

“这不是你擅长的领域,别浪费时间了。”

“这事情麻烦死了,还是别去尝试了吧。”

“我肯定不会喜欢这件事的,还是不凑热闹了吧。”

这些声音,其实都是恐惧的声音,在阻止我们找到自己真正热爱的事情。我在来美国之前,一直认为自己从小就是四肢不协调的类型,并不擅长运动,也无法从运动中得到快乐。所以即使到了美国的头两年,我也一直抗拒运动,即使这已经是新环境的主流标准。

可自从我开始跳钢管舞之后,随着一点一滴的进步,我竟然开发了新的热爱。钢管舞开始成为我生命的一部分,而我也在训练的过程中不断破除内心的恐惧和执念,收获了新的可能性。久而久之,不断鼓励自己跳出舒适区,反而成了我新的人生信条。我热爱尝试新的兴趣、新的冒险,也会时刻警惕身体里那些拖延和懒惰的声音。在培养新的技能时,我会将自我管理的“十八般武艺”都用上,让自己在有限的时间内尽可能去探索新的领域,在心里点亮更多的小火苗。

* * *

所以，找到人生的意义，不仅仅需要明白自己热爱的是什么，还要不断克服内心的恐惧——那些担心一切努力都无法达到一个结果的恐惧，那些不敢去踏出主流标准之外、害怕他人审视眼光的恐惧，还有那些不敢踏出舒适区、只想闲散留在原地的恐惧。

热爱和恐惧，是两种性质不同但又很难以分辨的心理状态。有时我们因为恐惧而不得不做出一种人生选择，又因为在这条人生选择上消耗了大量的时间，所以不断告诉自己说，我能从中体会到热爱。就如同我在大律所的三年一样——我还是在用平台、地位这些无法带给我真正快乐的概念来不断说服和鼓励自己，继续在这条我曾经梦想过的路上投入热情。

也许，比寻找热爱、克服恐惧还重要的一点，是拥有觉知；是懂得自我观察；是明白人生中有些选择是出于热爱，但有些终究只是恐惧所带来的执念。

观察自己，拥有实现梦想的能力

如果我能“穿越”回过去，重新活一遍自己的人生，而且我可以拥有任何资源、任何运气，甚至连长相、身材都可以定制，那我要如何保证自己获得幸福呢？

这个问题我琢磨过很久，但最终的结论是，再多的外在条件都只是表象，都无法保证我可以内心平静地过完一生。容颜会老去，财富会流失，人生没有任何初始设定可以保证达到永恒幸福。但有一件事情是在时间的长河中恒常存在的——那就是我们的内心。它决定了我们看待问题的视角,我们的灵魂与意识。

因此,我时常想,如果我有了孩子,我能带给她最宝贵的东西,绝对不是物质财富、社会地位,也不是什么基因优势。而是从小教会她,如何去寻找自己热爱的事情,如何去克服内心的恐惧,以及如何在玩人生的这盘游戏中,时刻保持清醒,观察自己、改变自己、调整自己,在变化中寻求不变的内心,获得稳定的幸福。

人生就仿佛是物体在做相对运动,唯一保持内心不变的方式,就是拥有时刻调整自己的能力,让自己可以在面对外界环境的变化时,通过内心的主观运动来保持相对静止。

如果我有了孩子,我会带她从小体验人生的多种可能性,对于任何她表现出兴趣、愿意尝试的事情,我都会尽我所能、提供最多的资源让她去探索,去品尝热爱的感觉。我不会对她要探索的事情有任何期待,也不会强求她一定要花时间在我觉得“有用”的兴趣爱好上。只要她的状态是对的,她能够体会到那种灵魂在燃烧的热爱,那便是唯一重要的事了。

我也会尽量不让主流的评判标准影响到她的成长。在家庭生活中,我不会给她设定任何评判标准,也不会让她觉得自己必须照着一种模板活着。如果她在与社会接触的过程中,认为自己必须要活成某种样子,或者用一种固定标准去审视别人,我会试着告诉她,那些都是不必要的限制,也是人类痛苦的根源。

但我也会试着帮助她对抗难以跳出舒适区的恐惧,这种恐惧是人类基因里与生俱来的,她也一定会遇到。当她在一种状态待得太久,不愿意接受任何改变时,我会提醒她“热爱”的感觉,让她重拾接受挑战的动力。

在这个过程中,我会教会她自我管理的技巧,让她学会自主对抗人类基因中的拖延与懒惰。我会告诉她,自律的方法论本质上是一种四两拨千斤的技巧,她要将长期目标转化成短期激励,在每一天的琐碎任务中,去寻找支撑自己的热爱。

在她的成长过程里,我会不断告诉她,我所做的一切,只是尽量教会她在接下来的人生中,凭借自己的意识与头脑去获得幸福的能力。我对她的人生没有任何客观期待,但希望她能够找到一种快乐和幸福的主观状态。如何达到这种状态,则是她要自己去探索的,可能永远没有一个固定的答案。可能在人生中的每个阶段,达到最优解的公式都是不同的。但只要她保持清醒,懂得观察自己,有能力去调整和训练自己,她一定可以收获一种幸福的生活。

在想明白这些之后,我接下来的人生要怎么过,似乎也已经有了答案。我将不给自己的未来设置任何限制,而是在人生的每一步都不断观察自己,试着回答几个问题:

- **我现在做的事情,是因为一种热爱的感觉吗?我是不是受到外界标准的影响?我有没有一定要达到一种结果的执念?**
- **我是否沉浸在一个不愿改变的舒适区里?是不是对新的生活状态充满恐惧?这种恐惧是否阻碍了我去追求热爱?**
- **我是否陷入了拖延、懒惰的行为模式?是否还在不断给这种行为找借口,而没有通过自我管理的方法论来改变自己?**
- **我在与外界的交流中,是否是持之以恒地输出这种人生哲学?我有没有在鼓励我身边的人去追求热爱的感觉?还是我成了固化一种社会拟制标准的帮凶?**

只要我能够清楚回答这些问题,那我在每一刻的人生中究竟在做什么,其实是无所谓的。我也许还在做律师,也许开始环游世界,也许专注文字输出，也许回归家庭养育孩子，也许在过着一种我从未想过的人生……但重要的是，只要内心依然稳定和幸福，我可以接受任何人生的可能性。这世界的外在形态也许是客观存在的，可是这一生过得是否有意义，却完全取决于我们拥有什么样的内心世界。

当我能通过观察不断调整自己、摆脱恐惧的控制时，我人生全部的动力都来自热爱。也只有这时，不管外界环境如何变化，我依旧能够通过调整自己，来收获内心永恒的幸福。

也许这就是人生最大的意义吧！

后　记

这本书可以说是非常难产了。

早在2015年的夏天，就是我转学到耶鲁的一年后，刚刚结束在纽约的实习时，麦读的编辑就联系到了我，邀请我写一本书来讲一下自己在美国读法学院的故事。

我满口答应，随后大笔一挥，一个小时就列出了40章的内容。那时觉得自己过去在美国两年的生活励志又精彩，值得大书特书。但大概是潜意识里觉得有哪里不对，列完提纲后，我并没有真正动笔。那时的我，一边沉浸在自己这条人生赢家的故事线里，一边又在现实的耶鲁校园中，因为失去了人生的意义而陷入痛苦挣扎。

内心不自恰，又怎么可能与人讲述自己的故事呢。

在那之后的四五年，我每年都会打开电脑写上几章，最长一次写到了三万字。但写着写着，那种隐隐有哪里不对的感觉就又回来了，于是便把文稿又搁在一边。

直到2019年，我经历了巨大的转变，先是下定决心要离开大律所，又看清了自己曾经执着过的许多东西其实毫无意义。而我也终于领悟到，我真正应该坚持的，是一颗懂得“热爱”的心。

我决定不再给自己设限，也不再追求任何人生目标，而是在漫长琐碎的生活中，不断寻找来自热爱的预兆。那将如同黑暗中的一束光，不管它将我引到哪里，我都会无条件地信任这种感觉，因为那才是我获得幸福的唯一办法。

于是，2019 年，这本书的进展势如破竹。想明白了自己到底要过哪种人生后，我的生活开始变得前所未有的平静和快乐。也只有到了这个时候我才清楚，我到底要写一本怎样的书，呈现一个怎样的故事。

2019 年 11 月底，我结束了两周的假期回到美国，开始全力以赴完成这本书。在大概两个月的时间里，我一鼓作气写了 20 万字，写得酣畅淋漓。

在写稿的过程中，我对这本书的反响也从未有过任何期待。写书并不是一个目标，而是一个我必须要去做的过程。我经历过的这些人生、我内心曾经的痛苦与煎熬、我打破迷误走出来的过程，也许都有它存在的意义。此时此刻，内心的声音告诉我，它的意义就是被我变成文字，留作一些人生记录。这就是我在这一瞬间应该追寻的“热爱”。

终于完稿的那一刻，我反倒如平常每次写作那样平静。我内心清楚地知道，这本书中记录的一切，绝对不是我人生的终点抑或顶点，而只是更广阔创造的开始。

也许，十年后，从 2020 年到 2030 年，我又会经历完全不同的人生。也许，到那时，如果我们有缘的话，还会有这样一本书，从我的电脑到你的面前，让我们跨越时间与空间，在我小小的人生故事里，让你我的灵魂交汇,让我的故事参与到你为自己创造的人生中。

谁知道呢,世界这么大,你我皆有无限可能。

最后,我想感谢我的爸爸妈妈。这本书没有费太多笔墨来描绘我和父母之间的关系,但其实他们是对我影响最深刻的人,是他们塑造了我从小到大的性格,也在人生的岔路口不断影响着我的选择。我与他们其实是一个命运共同体,他们的经历、认知、性格塑造了一个独特的我,而我为自己创造出来的人生,也在时时刻刻挑战他们的人生哲学与选择。这种对立与冲突、多样性的矛盾和创造,其实才是人生最美妙的部分,也是我们生而为人能获得的最深刻的体验。

感谢我的男友孟昱辰。我们在 23 岁的时候遇到彼此,自那以后仿佛灵魂归于完整,他便是我一直在寻找的、心灵上能与我完美契合的另一半。他带给了我最美好、最心动的恋爱体验,从此成了我人生的一部分。他让我体验了甜蜜和愉悦,也让我经历过失落和妒忌,只有他才能让我如此完整地经历一个生命体验的大循环,也最终让我看破了自己的执念。

他见证了我的转变、我的觉醒,也与我同呼吸共命运一样地经历了精神上的突破。我们无话不说,我们亲密无间,我们逐渐学会了给对方无条件的爱,我们是人生这场游戏里携手前行的战友,我们也将对方刻在了自己的生命符号里。

他是我最忠实的读者,也是我最严厉的导师。这本书能问世,离不开他的欣赏和努力。

感谢麦读的编辑为这本书做的所有工作,感谢我生命中遇到的每一个人,也感谢每一个读到这本书、有机会让我的故事被阅读的你。

图书在版编目(CIP)数据

不负热爱:法大、耶鲁、华尔街历险记/赵丹喵著. --北京:中国民主法制出版社,2020.8

ISBN 978-7-5162-2267-6

Ⅰ.①不… Ⅱ.①赵… Ⅲ.①赵丹喵-生平生迹 Ⅳ.①K825.19

中国版本图书馆CIP数据核字(2020)第161093号

图书出品人:刘海涛
出版统筹:乔先彪
图书策划:曾 健
责任编辑:陈 曦 柳承旭 贾萌萌

书名/不负热爱:法大、耶鲁、华尔街历险记
作者/赵丹喵 著

出版·发行/中国民主法制出版社
地址/北京市丰台区右安门外玉林里7号(100069)
电话/(010)63055259(总编室) 63057714(发行部)
传真/(010)63056975 63056983
http://www.npcpub.com
E-mail:mzfz@npcpub.com
经销/新华书店
开本/32开 880毫米×1230毫米
印张/10.875 字数/258千字
版本/2020年11月第1版 2020年11月第1次印刷
印刷/三河市东方印刷有限公司

书号/ISBN 978-7-5162-2267-6
定价/49.00元